디지털 부자가 꼭 알아야 할 NFT

NFT that must know for rich people in digital field

NON FUNGIBLE TOKEN

백남정, 임명수, 김형중, 박상민, 강신범, 김주은

nobook

목 차

Part 3.
NFT 블록체인 예술을 만나다 ··· 강신범

Part 4.
NFT와 블록체인에 대한 알아 두면 좋은 상식 ··· 임명수

Part 5.
분산금융의 이해 ··· 김형중

Part 6.
가상자산·NFT·메타버스의 법률 이슈 ··· 김주은

프롤로그

NFT를 이해하고 아는 것은 미래 부자로 나아가는 첫 단계

'대체 불가능한 무엇(토큰)'을 우리는 NFT(Non-Fungible Token)라고 부른다. 그 말은 우리 주변의 평범한 사물이나 이미지에도 '대체 불가능'이라는 단어를 붙이면 미래 사회에서 살아남을 수 있는 희소성과 독자성을 가진 특별한 것으로 변모할 수 있다는 것을 의미한다. 그래서 'NFT'는 평범함에 '대체 불가능'이라는 이름을 붙여줄 수 있는 블록체인이라는 기술과 맥을 함께 한다는 특징을 갖고 있다.

기계와 인간이 경쟁해야 하는 시대, 현실과 가상이 경쟁해야 하는 시대가 도래하고 있다. 저만치 떨어져 있던 미래가 코로나 19로 인해 좀더 앞당겨지면서 우리는 다소 얼떨떨하게 이 시대를 맞이하고 힘겹게 적응하고 있다. 그리고 어려운 기술적 개념이나 현상은 잘 몰라도 현재를 살아가는 그 누구나 결국, 이 모든 경쟁의 핵심에는 '불변성'과 '독자성', '창조성'이 있음을 어렴풋하게 인지하고 있다. 그것이 우리가 '대체 불가능'한 속성을 갖고 있는 NFT에 대해 공부해야 할 이유다. NFT는 미래사회에 대처할만한 경쟁력을 갖고 있기 때문이다.

실제로도 국내 최대의 거래소인 업비트에서 NFT 거래가 활성화되고 있고 카카오 메신저를 통해 작년에 진행된 경매에서 배우 하정우의 NFT 예술작품이 시작가보다 2배나 높은 5,546만 원에 낙찰되기도 했다. 이러한 사례들은 'NFT'의 가치와 인기를 가늠하게 해준다. 그래서 파손이나 노화의 위험이 없고, 모조품의 제작이나 불법 복제가 불가능하며 그 자체로도 독자성을 확실히 보증받을 수 있는 NFT의 인기는 날로 뜨거워지고 있는 것이다.

이러한 NFT의 인기는 투자와도 직결된다. NFT 전선에 뛰어든 원로 화가, 자신의 그림을 NFT 거래소에 올리는 일러스트레이터, 자신의 셀카 사진을 올려서 거래를 시도하는 일반인, SNS 메시지를 NFT로 만들어 판매하는 유명인까지 그야말로 NFT 시장은 다양한 모습으로 실생활에서 모습을 드러내고 있다. 예전에는 부동산이나 주식 등의 실물 자산이나 기업 자산을 공부하면서 돈을 벌 기회를 노렸다면 이제는 디지털과 가상세계, NFT를 이해해야 돈을 벌 기회를 찾을 수 있게 된 것이다.

최근에는 NFT 외에 P2E라는 단어가 많이 들리기 시작했다. P2E는 말 그대로 게임을 하면서 돈을 버는 새로운 개념의 투자처이다. 비단 P2E뿐만 아니라 다양하게 변화하고 파생되는 가상 세계의 모습들과 활용법, 각종 서비스들을 이해하는 것이 미래 부자가 되기 위한 첫 단계가 아닐까?

이 책은 블록체인과 핀테크 전문가, IT와 NFT 기업 대표, 블록체인 전문 기업의 이사, 법무법인의 변호사 등의 다양한 시각에서 일반인들도 NFT를 쉽게 이해할 수 있도록 사례 중심으로 구성하였다.

1장은 메타버스 시대의 여권인 블록체인 DID부터 NFT와 디파이의 실전 투자 방법을 정리했다. P2E를 넘어서는 M2E(걸으면서 돈 벌기)와 NFT가 거래되는 가상 거래소와 디파이, NFT의 사고를 예방하는 정보 보호 방안도 짚어보았다.

2장은 블록체인이 NFT 비즈니스를 만나서 P2E(돈버는 게임), 국내외 CDBC 도입과 차세대 엔터프라이즈 블록체인에 대한 것이다.

3장은 예술과 블록체인이라는 영역에서 “블록체인의 가치는 무엇인가?”, “NFT 작품은 예술품인가?” 라는 질문에 대한 답을 생각해 보도록 했다.

4장은 블록체인과 NFT에 기초가 되는 암호학부터 NFT거래소의 종류와 거래할 때 유의할 점에 대해 정리했다.

5장은 디파이(Defi, 분산금융)에 대해 요즘 이슈가 되는 DAO(탈중앙화 공동체)의 등장부터 플래시론의 신박함까지 다양한 사례에 대해 정리해 보았다.

6장은 우리의 일상생활에 밀접한 관계를 가지고 있는 자금세탁 또는 자금세탁방지 관련 규제를 다루었다. 메타버스와 NFT에는 자금세탁방지 관련하여 어떤 규제가 필요한지에 대해 생각해볼 수 있다.

이 책이 NFT에 대한 모든 것을 알려주지는 못하지만, 미래 세계라는 거대한 흐름을 건너가는 작은 배의 역할을 해주었으면 하는 바램을 가져본다.

2022년 4월 25일

저자 일동

추천의 글

이 책은 NFT, 디파이, 예술, 법률 등을 주제로 각 분야별 전문가 6명이 참여한 NFT 종합선물세트 같다.

NFT는 매력적인 투자대상으로 부각중인데, 디파이와 매우 궁합이 잘맞아, 비싼 NFT를 담보대출로 사거나, 쪼개서 여럿이 살 수 있는 등 많은 새로운 금융상품들이 탄생하고 있다.

NFT는 예술분야에 종사자들에게는 자신의 작품을 대중에게 쉽게 팔수 있는 길이 되었다. NFT는 블록체인 밖에 있는 오라클이 큰 이슈로 떠오르고 있고, 많은 분쟁의 소지가 있기도 하다.

NFT를 투자하거나, 만들거나, 관련된 사업을 하고자 하는 사람들에게 이 책을 권한다.

송 인 규 고려대 겸임교수 / 인큐텍 대표

PART 01

NFT, 디파이가 쓰일 메타버스 세상 / 백남정

PART 02

블록체인이 바꿔 놓은 NFT 비즈니스 시장 / 박상민

PART 03

NFT 블록체인 예술을 만나다 / 강신범

PART 04

NFT와 블록체인에 대한 알아 두면 좋은 상식 / 임명수

PART 05

분산금융의 이해 / 김형중

PART 06

가상자산·NFT·메타버스의 법률 이슈 / 김주은

1. NFT, 디파이가 쓰일 메타버스 세상

1.1 그때 왜 NFT를 사지 않았을까

요즈음 유행하는 <월급쟁이 후회의 삼각지대>가 바로 '그때 비트코인을 샀더라면, 그때 집을 샀더라면, 그때 그 주식을 샀더라면'이라고 한다. 그러고 보면 많은 사람이 그때 그 자산을 사지 못한 것에 대한 아쉬움이 있는 듯하다. 투자의 모든 영역에서 정확한 '그때'를 예측하기란 정말 쉽지 않다. 이 책에서 소개하는 'NFT와 디파이' 역시 그러하다. 하지만 확실한 것은 1세대 디지털 세상 부자들의 메인 아이템이었던 비트코인의 광풍이 휩쓸고 간 뒤 'NFT와 디파이'라는 새로운 물결이 우리를 향해 지금 다가오고 있다는 점이다.

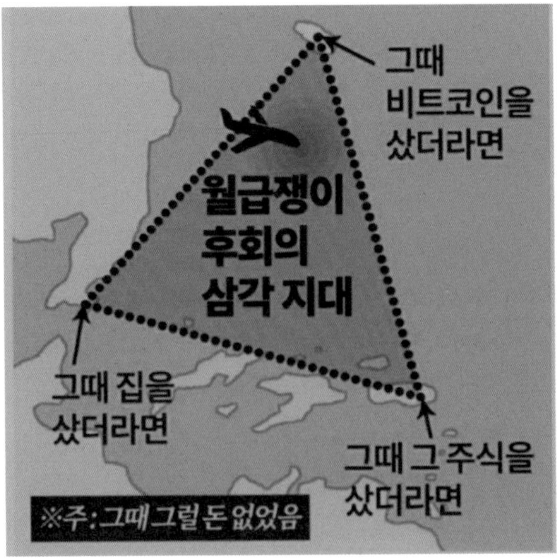

출처:https://theqoo.net/index.php?mid=square&filter_mode=normal&document_srl=1780713976

필자는 2015년에 비트코인 거래소에서 거래 화면을 개발했었다. 당시의 비트코인의 가격은 30만 원~50만 원대였다. 필자는 50만 원에 10개의 비트코인을 샀다. 원래는 천만 원으로 20개의 비트코인을 사고 싶었지만 문득 미래에 대한 불안감이 들면서 우선 10개만 사야겠다는 생각이 들었고, 내가 산 코인이 200만 원이 되었을 때 얼른 되팔아 대학원 등록금 대출을 갚으면서 얼마나 좋아했는지 모른다. 나중에서야 그 코인의 가치를 몰라서 그만 황금 거위의 배를 가르고 말았다는 것을 알게 되었다.

그때 필자가 비트코인과 블록체인에 대해 좀더 공부를 했었더라면 어떻게 되었을까? 2014년부터 현재까지 비트코인에 장기투자를 하고 있는 오태민 멘델체인 대표는 필자와 달랐다. 2014년 2월에 비트코인을 처음 발견하고 공부한 후 <비트코인은 강했다>, <비트코인, 지혜의 족보>등의 책을 펴냈고, 현재 유전자와 NFT 결합기술 특허를 보유하고 있다. 필자와 오태민 대표의 차이점은 무엇일까? 필자는 비트코인에 대해서 투자의 관점에서 사고 팔았을뿐 그이후의 과정이 없었던 반면, 오태민 대표는 자신만의 시각으로 비트코인과 그 영향에 대해 연구한 차이일 것이다.

테슬라 최고경영자(CEO) 머스크가 2021년 2월 트위터에 올린 도지코인 이미지. 출처=일론 머스크 트위터

경험은 무섭다. 2021년 2월 5일, '머스크의 달'에서 도지코인에 관한 뉴스를 보고 필자는 앞으로 NFT가 대세가 될 것이란 생각이 들었다. 그래서 리라이블(https://rarible.com/)에서 달에 관한 NFT를 하나 사 두었다. 비트코인 초창기처럼 NFT가 돈이 될것이라는 본능적인 느낌으로 말이다. 2021년 8월말 연예인들에게 인기가 많다는 우국원 화가의 전시회에 아내와 함께 간 적이 있다. 필자도 그림을 하나 사고 싶었지만 몇천 만원을 호가하는 대부분의 그림은 완판되었고, 두어 개의 소품만 남아 있어서 사지 못하고 그냥 돌아왔다. 우국원의 NFT 작품인 '본파이어 메디테이션'(2021년)은 시작가가 무려 35,000클레이(약 4,269만 원), 최종 58,550클레이(약 7,143만 원)에 판매되는 것을 보면서 필자도 카카오 클레이드롭스에서 우국원의 NFT 소품을 한 점 샀다. 그 이후 업비트의 NFT 베타서비스에 신진작가인 김선우와 장콸의 작품이 올라왔는데 첫 잉글리시옥션(경매) 장콸의 '미라지 캣 3'은 0.0416BTC(약 300만 원)로 시작하여 3.5098BTC(약 2억5000만 원)로 최종 마감됐다. 필자도 장콸의 NFT를 한 점 샀다.

미술뿐만 아니라 음악에도 NFT 이야기가 나오고 있다. 2022 [월간 윤종신] 1월호 'NFT'는 지금 가장 사랑하는 사람들의 이야기를 담은 음악이라고 한다. 윤종신은 사랑에 빠진 두 사람이 한창 만들어가고 있는 '대체 불가능한' 어떤 순간과 시간, 기억과 추억을 담고, 서로에게 자신의 한 시절을 기꺼이 내어주며 그것을 고유하게 완성해보려는 두 사람을 'NFT(Non-Fungible Token)' 개념을 적용해 'NFT(Non-Fungible Two)'라는 새로운 단어를 만들었다고 한다.

NFT 시장은 하루하루 변화하고 있다. 2015년 비트코인을 공부하여 자신만의 철학을 세우고 투자를 한 사람이 자신의 인생을 변화시켰듯이 2022년은 NFT와 디파이에 대해 공부할 시기가 아닐까?

비트코인이 2009년 1월 3일 발행되어 2018년 1월에 2천만 원이 되면서 우리들에게 강하게 각인되기까지 걸린 시간은 9년정도였다. NFT와 메타버스, 디파이는 이제 막 시작된 디지털 부의 큰 흐름이라 할 수 있다. 초기 시장을 이해하고 학습하면 독자 여러분의 인생도 달라질 수 있다.

이 책은 블록체인과 핀테크 전문가, IT와 NFT 기업 대표, 블록체인 전문 기업의 이사, 법무법인의 변호사 등이 참여하여 NFT를 처음 접하는 사람들이 NFT에 대해서 쉽게 이해할 수 있도록 시각적인 자료와사례로 구성하였다. 이 책이 디지털 부자가 되려면 왜 NFT와 디파이를 열심히 공부해야 하는지 알게 해준다.

2025년 <월급쟁이 후회의 삼각지대> 중 하나는 '그때 NFT를 샀더라면'으로 변해있지 않을까? 그때도 다시 후회를 하고 있는 '껄무새'로 남을 것인지 지금 공부해서 기회를 잡는 행운아가 될 것인지는 스스로의 몫이다.

지금 바로 실행하라.

1.2. 우리 앞에 다가온 메타버스

2021년 10월 28일 페이스북은 회사명을 메타(Meta)로 바꾸고 블록체인 기반 대체불가능 토큰(NFT)을 활용한 마켓플레이스도 준비하고 있다고 발표했다. 이제 우리는 메타버스, NFT, 디파이 같은 알아듣기 힘든 단어가 뉴스의 메인을 장식하고 있는 시대에 살고 있다.

표 1-1 디파이 NFT 메타버스 비교

	디파이	NFT	메타버스
정의	가상자산을 이용한 탈중앙화 금융	대체불가능 토큰	가상·초월(meta)과 세계·우주(universe)의 합성어로, 3차원 가상 세계를 뜻한다
현실	현실의 은행업무를 블록체인 적용	예술작품을 블록체인에 적용	메타버스 기반 게임인 로불록스 미국 초등학생 70%가 이용
비유	블록체인 시대 금융	블록체인 등기부	다음 세대의 놀이터, 인터넷 다음 세상

중학교 1학년인 필자의 아들은 집안일을 도와주면 용돈을 받는데 현금보다는 자기가 즐겨하는 로블록스(게임)의 머니인 "로벅스(robux)"를 더 좋아한다. 400 robux는 대략 5,000원, 800 robux는 10,000원이다. 아이는 자기가 좋아하는 로블록스에서 캐릭터의 헤어를 꾸미는데 필요한 90 robux를 위해 열심히 집안일을 돕는다. 아들은 로블록스에 나오는 알란 워커의 "spectre"라는 노래가 너무 좋다며 나에게 유튜브 영상도 보여주기도 했다. 이제 우리 아이들의 생활에서 게임은 일상이므로 아무리 막으려 해도 막을 수가 없다.

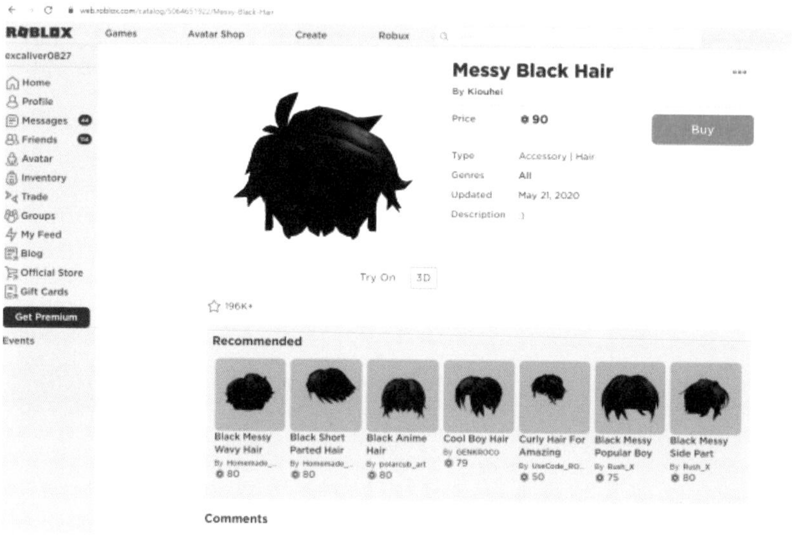

그림 1-1 초등학생인 아들이 사고 싶어하는 로벅스(robux)의 헤어

산업의 발전도 게임과 함께 이루어지기 때문에 게임을 즐기고 그 게임으로 컨텐츠 생산자가 되는 방법을 고민해야 할 시점이다. 조만간 이 아이들이 어른이 될 즈음에는 메타버스내에서 NFT로 된 예술 작품을 사고 재테크도 예금이 아닌 디파이로 하는 세상이 될 것이다.

https://www.youtube.com/watch?v=rsWFtaoRamk

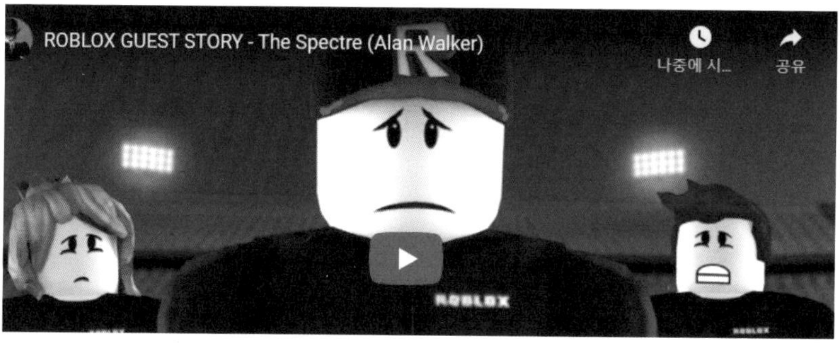

그림 1-2 로블록스의 spectre 노래 유튜브 화면

사실 아이들은 이미 메타버스 시대에 적응해서 살고 있다. 작년 어린이날에 아들과 함께 4D 영화를 보러갔다. 화면에서는 에어 샷, 물, 티클러 효과 등 리드미컬한 4DX 효과가 나오고, 모션체어가 움직이면서 바람도 나와서 생동감 있게 영화를 즐길 수 있었다. 영화를 다 보고난 후에 아이는 VR 스테이션에서 가상현실 게임을 즐겼다. 이렇게 아이들은 이미 메타버스를 일상에서 즐기고 있는 것이다.

https://www.h-vrstation.com/facilities/facilitiesView?flIdx=11

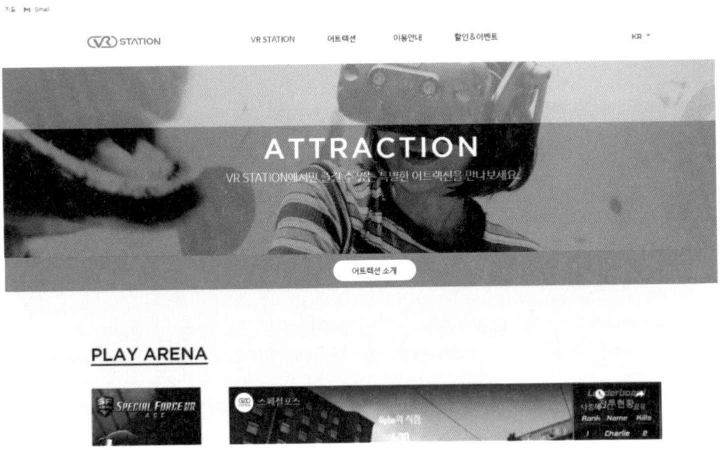

그림1-3 출처: VR 스테이션 홈페이지

VR게임에서 가상의 전투에 접속하기 위해서는 먼저 가상현실로 들어가기 위한 헬멧과 총을 장착한다. 가상현실내에서 다른 공간으로 바로 이동할 수 있는 순간이동 버튼도 있다. 이것이 일상에서 만나는 가상과 초월(meta) 그리고 우주(universe)의 합성이라는 메타버스의 가장 쉬운 접근이다.

2016년 뉴스를 장식한 《포켓몬 GO》를 기억하는 사람들이 많을 것이다. 포켓몬고는 나이앤틱이 개발한 iOS 및 안드로이드용 부분 유료화 위치 기반 증강현실 비디오 게임이다. 2016년 당시 이 게임은 강원도 속초시, 고성군, 양양군 등을 제외하고는 접속이 안 되는 게임이어서 그당시에 속초로 떠나는 사람들이 엄청 많았다.

표 1-2 VR, AR, MR 비교표

	VR	AR	MR
영어	Virtual Reality	Augemented Reality	Mixed Reality
한글	가상 현실	증강된 현실	혼합 현실
정의	사용자가 완전희 가상 현실의 세계를 체험하도록 도와주는 기술	현실 위치, 기울기 정보를 활용해서 추가적인 이미지나 정보를 보여주는 기술	VR과 AR 기술의 한계를 보완하고자 하는 기술
사례	2017년 포켓몬고	이케아 AR 앱(가구배치)	윈도즈 홀로그래픽 플랫폼

VR에서 시작하여 AR을 넘어선 가상융합기술(XR)은 정부가 2020년 8월 데이터3법을 개정하면서 나온 개념인 데이터(D)·네트워크(N)·인공지능(A)의 개념에 디지털기술이 접목되어 보다 정밀하고, 실시간 상호작용이 가능하며, 이동성이 극대화된 지능적 가상융합기술 서비스가 가능해져 산업전반으로 활용이 확산되어 갈 것으로 기대되는 기술을 말한다. 이러한 기술의 발전으로 우리는 점점 메타버스 환경에 익숙해져 가고 있다.

표 1-3 대표적 메타버스 서비스 비교

	Ifland	제페토	로블록스
출시	2021년 7월 14일	2018년 8월 30일	2006년 9월1일
회사	SKT	네이버 제트	로블록스
국적	한국	한국	미국
특징	회의, 미팅에 강점	Snow에서 촬영 사진 기반	샌드박스형 오픈월드
게임제작	-	2021년 하반기 출시 예정	5,000만개 게임 등록

"로블록스 · 제페토에 이프랜드까지...

MZ세대 지갑 열 주인공은" 요약 정리

- 오피니언 뉴스 2021년 10월 29일

미국의 "로블록스"는 2006년에 출시되어 계속 영역을 확장해왔고 네이버는 2020년 3월 16일 글로벌 증강현실(AR) 아바타 서비스를 별도 법인으로 분사한다고 발표했다. 거기에 국내에서 가장 많은 고객이 사용하는 통신사 SKT도 2021년도에 "Ifland"를 발표하고 2021년 7월 21일 네이버와 신한카드는 메타버스 특화 카드를 선보인다고 발표를 했다.

KB국민은행은 2021년 11월 26일 가상현실 기술을 활용한 새로운 금융서비스 실험을 위해 'KB 메타버스 VR브랜치' 테스트베드를 구축했다고 2021년 11월 29일 밝혔다. 우리 주변 일상에서 메타버스와 연결된 기업이 점점 더 많아지고, 은행의 오프라인 지점이 모바일 뱅킹으로 진화를 했듯이 인터넷 다음 세상인 메타버스로 서비스가 진화 될 것이다.

1.3 디지털 뉴딜 성공 초석인 가상융합경제

메타버스에 대한 민간기업의 정책도 중요하지만 정부의 정책을 알아야 전체적인 맥락을 이해할 수 있다. 2020년 12월 10일, 정부는 디지털 뉴딜 성공의 초석이 될 '가상융합경제 발전전략'을 발표하였다. 가상융합경제란 가상융합기술(XR)을 활용해 경제활동(일·여가·소통) 공간이 현실에서 가상·융합세계(현실·가상 공존)까지 확장되어 새로운 경험과 경제적 가치를 창출하는 경제를 의미한다.

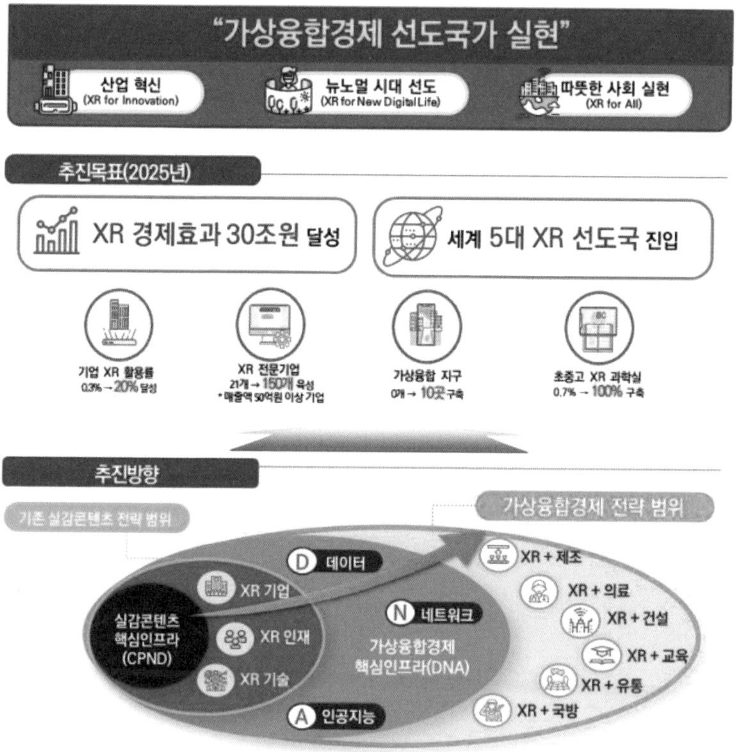

그림 1-4 가상융합경제 비전 및 추진전략 정부 보도자료

여기에서 핵심지표로 가상융합경제 선도국가 실현을 비전으로, 2025년까지 가상융합경제 경제적 파급효과 30조원 달성, 세계 5대 가상융합경제 선도국 진입을 내세우고 있다. 지금의 비대면 경제를 본격적으로 활성화한 '코로나19'사태를 계기로 전세계적으로 경제위기 극복의 혁신도구로서 제조·의료등 주요산업의 디지털전환이 가속화되고 있다. 제조업에서는 디지털 트윈이라는 개념이 도입되어 디지털 전환이 가속화되고 있다. 디지털 트윈과 메타버스는 가상의 공간이라는 점에서는 비슷하지만 현실을 기반으로 한 디지털 트윈과 현실을 기반으로 하지 않은 메타버스는 다른 개념이라고 할 수 있다.

표 1-4 디지털트윈과 메타버스 비교

	디지털 트윈	메타버스
기원	미국 가전업체인 제너럴 일렉트릭(GE)이 만들어낸 개념	스티븐슨의 SF소설 "스노우 크래시"에서 처음 사용
정의	실제품을 만들기 전 가상에서 실물과 똑같은(쌍둥이)가상의 실험체 만들어 사전에 문제를 파악 해결	가상·초월(meta)과 세계·우주(universe)의 합성어로, 3차원 가상 세계를 뜻한다

코로나로 출퇴근이 어려워지면서 줌으로 업무 회의를 하고, 학교 교육도 하는 등 세상은 점점 아날로그 세상에서 디지털 세상으로 전환되고 있다. 2021년 언택트 문화가 발전하면서 이제 회식도 없고 출퇴근 지옥도 없는 현실에 점점 더 익숙해져가고 있다. 며칠전 한 지인으로부터 7살인 딸이 8살인 사촌언니와 줌으로 한시간 정도 소꿉놀이를 한다는 이야기를 들었다. 가상융합기술은 현실과 가상(디지털)세계를 연결하는 매

개체로 현실과 가상의 공존을 촉진시키며, 현실에서 가진 물리적 한계마저도 해소하고 있다.

'코로나19'로 촉진된 '디지털 대전환'에 대응하여 전세계 주요국가는 디지털투자 확대를 통한 경제위기 극복과 글로벌 주도권 확보 경쟁을 하고 있다. 미국은 2020년 6월달에 5G 전국 통신망 구축을 위한 규제개혁을 골자로 "5G 업그레이드 명령"을 의결하였고, 유럽은 2020년 3월에 AI 산업을 향후 10년간 매년 200억유로 이상을 투자하기로 하였다.

< 가상융합경제 활성화를 통한 한국판 뉴딜의 성공적 이행 촉진 >

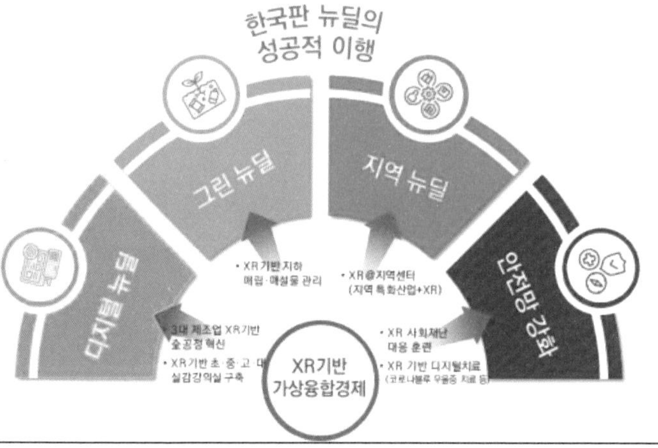

그림 1-5 디지털 뉴딜 성공 전략 가상융합경제 비전 및 추진전략 정부 보도자료

'한국판 뉴딜'의 기폭제로서 가상융합경제를 제시하고 코로나로 인해 비대면 사회로의 급속한 변화에서 가상융합기술은 산업구조 혁신 및 경제성장의 새로운 동력으로 주목되고 있다.

한국 정부는 2020년 7월에 밝힌 세계 최고수준의 디지털 인프라 및 디지털 뉴딜전략을 발판으로, XR 활용 확산을 지원하여 '가상융합경제' 선도국가 도약을 추진하고 있다. 이런 가상융합경제를 이루는 기술은 지자체나 정부에서 국책과제로 추진되고 있다. 과학기술정보통신부는 디지털뉴딜 사업의 일환으로 추진하는 「현실세계 XR 메타버스 프로젝트」 대상 지역으로 인천시가 선정되었다고 발표했다. 인천시는 2021년 5월 2일에 130억 원(국비 80억 원, 시비 25억 원, 민간 25억 원)을 들여 올해까지 'XR 메타버스 인천이음 프로젝트'를 추진하여, 부평역에서 메타버스와 연계하여 길을 안내하는 등의 생활 밀착형 서비스를 시작한다고 밝혔다.

그림 1-6 출처:인천시 XR 메타버스 유튜브

'XR 메타버스'는 디지털 가상공간에 축적한 정보를 현실세계 사용자들에게 제공함으로써 관광·쇼핑 등의 다양한 서비스를 지원하는 플랫폼이다. 구글, MS와 같은 글로벌 기업들이 3차원 정보공간과 XR서비스 플랫폼 구축을 통해 시장 선점을 위한 경쟁을 벌이는 가운데 우리 정부와 인천시도 'XR 메타버스' 생태계 구축에 나선 것이다. 'XR 메타버스 프로젝트'는 '공간정보와 플랫폼, 컨텐츠를 통합하는 개발 사업으로 3차원 공간정보 데이터를 구축하여 위치기반 콘텐츠를 개발하고 통합·오픈 플랫폼을 구축해 5G MEC(Multi-access Edge Computing) 기반 네트워크 환경에서 사회적 약자 지원을 위한 전용 디바이스 개발를 하는 것으로 XR이 단순 XR이 아닌 메타버스까지 확장할 수 있도록 하는 프로젝트이다.

네이버 제페토, SKT의 이프랜드와 같은 민간 메타버스 플랫폼과 정부의 가상융합경제가 유기적으로 작동하여 한국이 진정한 메타버스 시대의 주인공이 되었으면 한다.

1.4 메타버스시대의 신분증 DID

DID(Decentralized Identifier)는 탈중앙화 신원확인시스템으로 주민등록과 같이 데이터를 보관하는 중앙 거점이 없어도 디지털 환경에서 자기 신원을 인증하는 인프라다. 현재 비대면 실명인증을 위해서는 신분증을 등록하고 본인의 계좌에 1원을 입금하는 절차로 계좌를 개설하는 방식을 많이 쓰고 있는데 이때 금융기관은 데이터를 한곳에 집중적으로 저장하게 된다.

2020년 4월 1일에 금융보안원에서 DID 금융보안 표준을 제정하였는데 금융 산업 외 국내 다른 산업계, 해외서비스와의 상호 운용성 확보에 기여할 것으로 예측되어 선제적으로 추진하게 되었다고 한다.

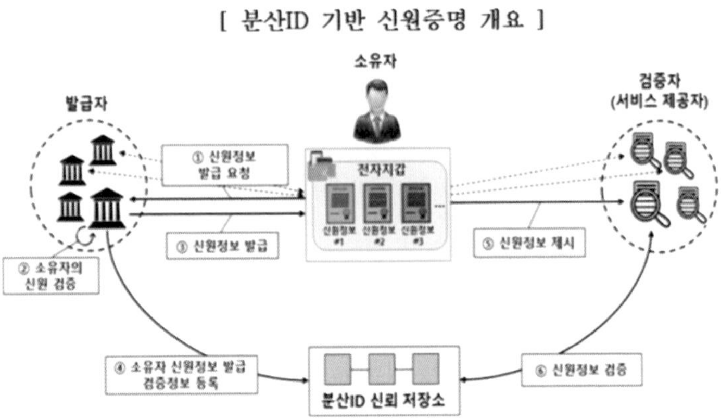

그림 1-7 DID 구현방식(출처:금융보안원)

2020년 10월 21일에는 신한은행과 블록체인 개발업체인 아이콘루프(ICONLOOP)가 함께 만든 분산신원증명(DID) 서비스 '쯩'으로 신한은행의 DID서비스로 비대면 계좌 개설을 할 수 있게 되었다. 하지만 다른 은행에의 적용은 안된다는 점이 아쉽다. 쯩의 기본 메뉴는 'MyID'와 '증명서'로 나눠져 있다. 사용설명서에 의하면 신한은행 실명인증은 사용자가 미리 신분증과 계좌 인증을 해두면 비대면 계좌 개설을 손쉽게 할 수 있도록 했다. 신한은행의 업무에도 활용이 되는 탈중앙화 신원확인 시스템인 DID서비스 영역을 확장하여 향후 메타버스나 NFT에서 신원을 인증해야 할때도 쓰일것으로 보인다. 금융기관이 중앙에서 집중적으로 데이터를 저장하는 것과 다르게 DID는 '내가 나라는 사실'을 인증하는 데이터를 블록체인 기반(분산형)으로 저장한다. 한마디로 분산 ID(DID)는 블록체인 기반의 모바일 신분증이라고 할 수 있다.

현재 한국에는 통신사 주도 이니셜 DID연합, 마이아이디얼라이언스, DID얼라이언스, 마이키핀얼라이언스 등 국내 4대 민간 분산신원확인(DID) 연합이 있다. 공인인증서가 3~4군데 회사의 서비스를 이용하듯 DID도 표준이 정해지면 국내의 여러 회사 혹은 전 세계의 여러 회사가 쓰는 형태로 발전할 것으로 보인다. 이니셜 DID 어소시에이션은 2019년 10월 설립된 컨소시엄형 블록체인 네트워크로 현재 SKT, 신한은행, 삼성SDS, 코스콤 등 14개사가 참여 중이다. 어소시에이션은 모바일 전자증명서비스인 '이니셜 앱' 기반의 서비스를 지속적으로 선보이고 있는 컨소시엄이다. SKT, 신한은행, 삼성SDS 3사는 2019년부터 '이니셜 DID 어소시에이션' 주요 멤버로서 블록체인 네트워크 및 제반 인프라구축을 위해 지속적으로 협력해 왔다.

2021년 10월 13일 SKT는 블록체인 분산신원증명 기반의 '이니셜'(initial)서비스와 DID를 활용한 서비스 활성화를 위해 신한은행, 삼성SDS와 공동사업 업무협약을 체결했다고 밝혔다. 2021년 7월 질병관리청은 한국인터넷진흥원(KISA)에서 블록체인 시범사업 예비 우선협상자로 지정된 'SK텔레콤·라온시큐어·아이콘루프·코인플러그 컨소시엄'도 백신 접종 인증을 분산신원증명 방식으로 할 수 있게 한다는 계획이어서, 이용자의 편의와 보안은 더 증대될 전망이다. DID의 핵심서비스인 신원·자격·권한 증명은 NFT 창작자의 작품이 누구의 것인지, 어떻게 거래가 되는지를 DID와 연동할 경우 모든 경로 추적이 가능해서 장기적으로 DID 적용이 메타버스 시대에는 꼭 필요한 일이라 할 수 있다.

비트코인이나 이더리움도 초기에는 익명으로 거래가 가능하였으나 지금은 실생활에서 결제되거나 비트코인 ETF와 같은 금융상품도 되고,

엘살바도르에서는 법정통화로 승인이 되었다. 초기에 익명으로 비트코인을 주고받을 때는 자금세탁과 같은 사건이 생길수 있어 전세계적으로 규제를 하고 있다. 이런 것을 일반적으로 고객의 신원을 확인하는 절차 또는 KYC(Know your customer)절차 라고 한다.

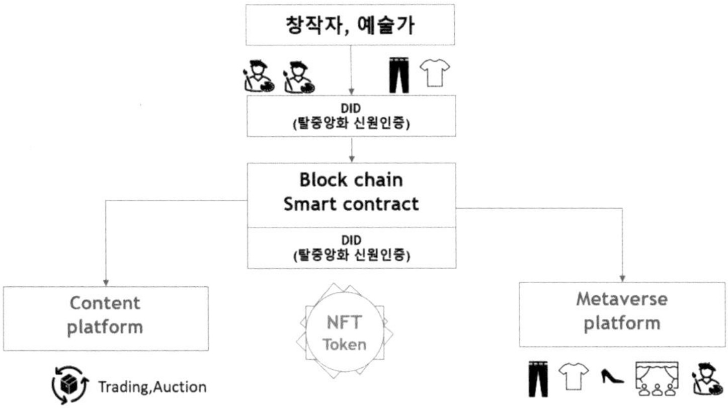

그림 1-8 DID가 적용된 NFT와 메타버스 연계

디지털 가상자산의 일종인 NFT도 익명 거래가 활성화되지 않고 투명한 거래가 될수 있도록 고객의 신원 확인을 하는 절차에 DID 도입에 대한 고민이 필요한 시점이다. 블록체인의 KYC절차와 자금세탁방지는 <쉽게 이해하는 블록체인, 암호화폐 자금세탁방지 실무자를 위한 핀테크 자금세탁방지 가이드>(백남정 저 / 지식플랫폼 / 2019. 11)를 참조하면 도움이 된다.

1.5 메타버스에서 금융 거래는 디파이(DeFi)로

한국의 대표적인 디파이(블록체인 금융) 사이트는 카카오가 만든 클레이스왑이라 할 수 있다. 클레이스왑에서 메타마스크와 같이 가상자산 거래소를 통하지 않고 개인 지갑으로 직접 타인과의 거래가 가능하다. 즉 개인적인 거래이므로 정부나 가상자산 거래소에서는 거래 내용을 알 수 없다. 즉 디파이는 개인과 개인이 직접 블록체인 기반으로 금융업무를 처리하는 시스템이라 할 수 있다.

은행은 고객이 낸 예금으로 대출을 하는데 디파이에서 직접 거래가 가능하려면 ATM처럼 누군가 항상 돈을 넣어두고 기다렸다가 지불을 해줘야 한다. 디파이에서는 개인이 직접 ATM기에 넣는 대가로 이자를 받는 것이 가능한데, 다음 그림의 29.2% 예상 수익률(2021년 10월 28일 기준)이 그 대가라 할 수 있다.

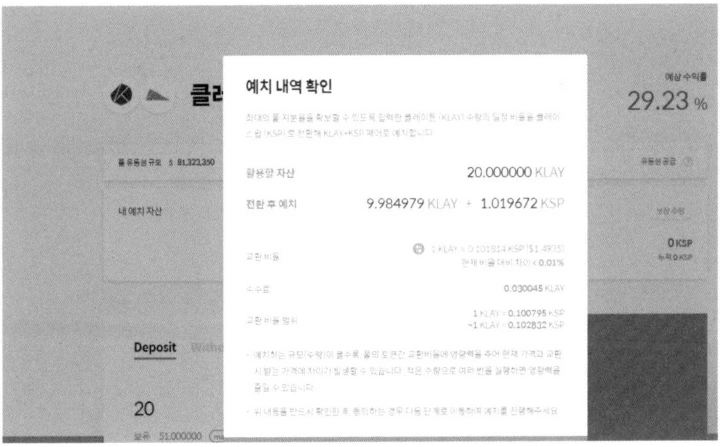

그림 1-9 클레이스왑에서 29.2%라는 예상 수익률 화면

그렇다면 일반 금융서비스와 비교하여 디파이는 어떻게 다를까? 예·적금과 대출, 투자, 결제 등 모든 금융서비스의 중심에는 법정화폐가 있다. 은행에 화폐를 맡겨야 정해진 이자를 받을 수 있고 주식을 사기 위해서도 화폐를 지불해야 받을 수 있고, 대출도 부동산 담보나 신용을 기반으로 받을 수 있다. 다시 말해 기존의 전통 금융에서는 화폐가 연계되어 있지 않은 금융서비스는 없다.

그렇다면 디파이 금융서비스는 어떨까? 2020년 12월에 KISA(한국인터넷진흥원)에서 나온 "블록체인_기반_혁신금융_생태계_연구보고서"에 따르면 디파이를 블록체인 네트워크상에서 스마트계약 기반으로 가상자산을 이용하여 동작하는 탈중앙화 금융서비스로 정의하고 있다.

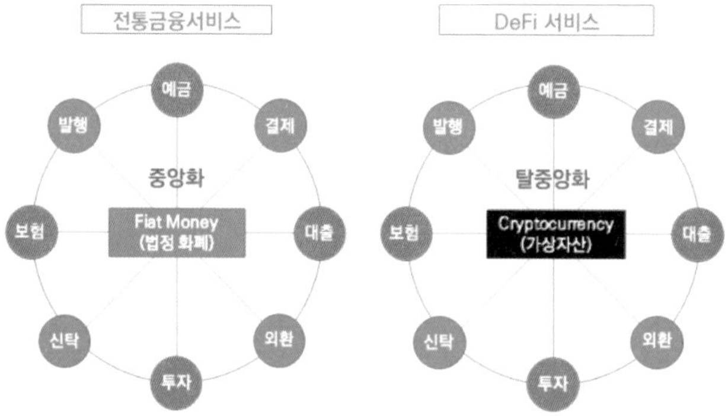

그림 1-10 전통금융과 디파이 비교 출처: 블록체인_기반_혁신금융_생태계_연구보고서(KISA)

이러한 디파이의 정의와는 달리 제페토의 코인(Coin)과 젬(Zem)은 제페토 스튜디오에서 의상을 살 때 필요한 재화이고 로블록스에서 아이템을 살때는 로벅스로 아이템을 구매하고 있다. 당장은 메타버스의 재화와 디파이는 크게 연관이 없다고 할 수 있다.

비자의 암호화폐 신사업을 이끌고 있는 카이 셰필드 부사장(크립토부문 책임자)은 2021년 9월 2일 암호화폐 거래소인 업비트가 개최한 '업비트 개발자 컨퍼런스(UDC) 2021'의 기조연설에서 "비자는 암호화폐 생태계의 거래를 돕는 브리지(가교) 역할을 할 것"이라며 "2019년 크립토부문을 꾸릴 당시 목표보다 시장이 빠르게 크고 있다"고 말했다. 그는 "암호화폐는 MZ세대가 열광하는 새로운 자산군이자 문화현상"이라고도 했다. 지금 20~30대는 암호화폐의 가격 변동성조차 오류(버그)가 아닌 자연스러운 특징으로 받아들이고 있다는 설명이다. 대표적 메타버스서비스인 로블록스에서 아이템과 의상을 살 때에는 로벅스와 코인이 사용되고 있다. 비트코인이 나온 이후 이더리움을 기반의 디파이와 같은 진화환 금융상품이 나타난 것처럼 로벅스와 코인이 단순하게 사용되는 메타버스에서도 디파이 상품과 비슷한 진화한 금융상품이 나타날 것으로 보인다. 필자가 설립한 회사의 이름은 테크파이(techfi)인데, 이런 기술과 금융을 결합한 상품이 지속적으로 발전할 것으로 생각 하고 만든 회사명이다.

이더리움 자체의 사고파는 거래와 스마트 컨트랙트를 활용한 단순한 거래에서 지금은 메이커다오(MakerDao), 유니스왑 과 같이 다양한 금융상품이 생겼는데 로블록스, 제페토도 아이템 구매뿐 만 아니라 가치를 담보하는 다양한 금융상품이 등장하게 되면 신조어인 "메타파이(MetaFi)" 라는 이름도 곧 생길 것으로 보인다.

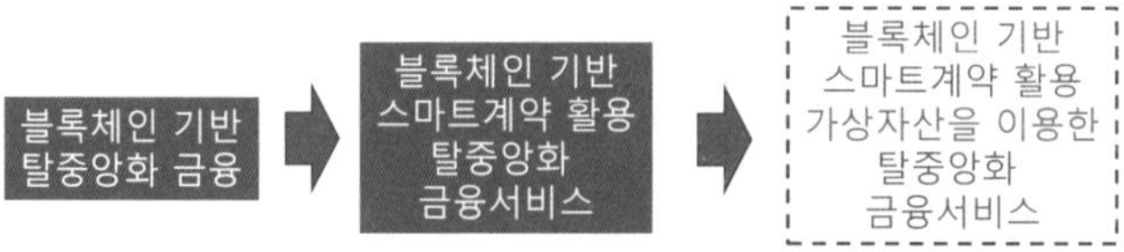

그림 1-11 디파이 정의 출처: 블록체인_기반_혁신금융_생태계_연구보고서(KISA)

표 1-5 네이버와 로블록스의 화폐 비교

	로블록스	제페토
사용 통화	로벅스	코인과 젬
원화와 가치 비교	400로벅스(대략 5,000원)	코인(3,900:1,200원) 젬(14개:1,200원)

NFT와 디파이는 대부분 이더리움 메인넷을 기반으로 돌아가고 있다. 이는 이더리움은 특정 조건이 충족될 때 자동으로 계약이 가능한 스마트 컨트랙트를 구현할 수 있기 때문이다. 가끔 속도가 종종 느려지고 수수료가 비싼 한계를 드러내기도 했다. 비트코인은 1초에 7건의 거래만 체결이 가능해서 속도가 늦다는 점이 실제 거래에 적용하기 어렵다는 의견이 많다. 블록체인 업계에서 비트코인과 이더리움의 단점을 보완한 '3세대 블록체인' 개발 경쟁이 치열한 이유도 이 때문이다. 최근 코인값이 급등한 카르다노, 테조스 등이 속도를 개선한 대표적 사례라 할 수 있다.

여기서 테조스(Tezos)는 온체인 거버넌스 기술을 바탕으로 스마트 계약과 디앱 개발용 플랫폼을 제공하는 암호화폐이다. 로블록스, 제페토가 테조스, 카르디노와 연관이 있다는 말은 아니다. 오카멜(OCaml)이라는 프로그래밍 언어로 개발되었고 빠른 속도와 완벽한 보안이 장점이다.

테조스라는 가상자산을 처음 만든 사람은 아서 브라이트만과 캐슬린 브라이트만 부부이다. 테조스는 비트코인과 이더리움의 단점을 해결함으로써, 카르다노(에이다), 이오스와 함께 대표적인 3세대 암호화폐로 불리고 있다. 테조스는 2021년 4월 기준 시가총액 39억 3,000달러(약 4조 4000억 원)로 코인마켓 캡 순위가 33위이다.

지금은 로블록스의 화폐인 로벅스, 제페토의 화폐인 코인과 잼이 단순히 아이템을 구매하는 수단으로 여겨지지만 사용량이 더 많아지고 사람들의 일상이 점점 더 메타버스에 의존하게 되면 로벅스와 코인, 잼이 가상자산인 카르다노, 테조스와 연계해서 다양한 금융업무가 가능해지고, 메타버스+ 파이낸셜의 축약어인 "메타파이(MetaFi)"가 디파이를 넘어서는 새로운 현상이 될 것으로 예상된다.

그림 1-12 KISA 전통금융과 디파이 비교에 일부 내용 추가 재 작성

1.6 메타버스의 창작품은 NFT(블록체인 등기부)로 관리

NFT라고 불리는 대체불가 토큰(Non-Fungible Token)의 등장으로 메타버스와 디지털 자산 거래 서비스의 생태계에 커다란 변화가 생기고 있다. NFT에 대한 다양한 정의가 있지만 부동산 등기부도 집 자체가 아닌 주소와 권리만으로 대법원에 중앙집중하여 관리를 하고 있다면 NFT는 블록체인으로 예술작품에 대한 권리를 탈중앙화하여 관리하는 또 다른 형태의 등기부라 할 수 있다.

<table>
<tr><th></th><th>NFT</th><th>부동산 등기부</th></tr>
<tr><td>정의</td><td>디지털 작품 권리 블록체인에 기록</td><td>집에 대한 권리를 대법원에서 인증</td></tr>
<tr><td>열람</td><td>모든 사람이 열람 가능</td><td>비용 지불하고 모든 사람이 열람 가능</td></tr>
<tr><td>이미지</td><td>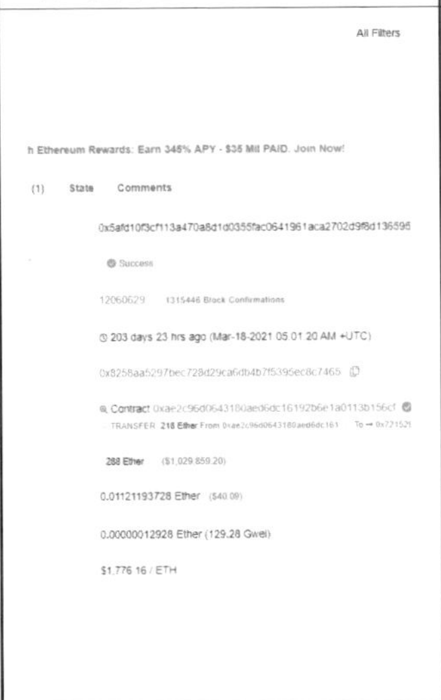
</td><td>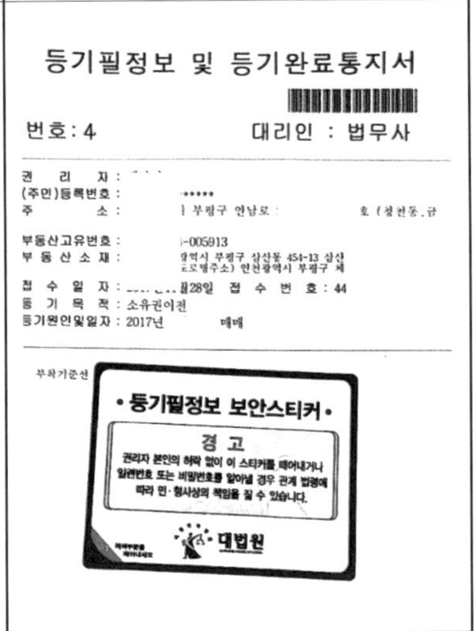
</td></tr>
<tr><td>검증</td><td>블록체인에서 검증</td><td>대법원</td></tr>
</table>

그림 1-13 그림 1-13 이더스캔의 288 ETH에 팔린 NFT 기록과 실물 부동산 등기부 등본

NFT는 가상 자산(virtual asset)과 디지털 콘텐츠에 원본이라는 증서를 발행하는 것으로써 오프라인 창작물만이 가진 고유자산 가치과 같이 누구나 복사하고 쓰고 있던 디지털 콘텐츠도 고유한 자산가치를 가지게 만든 것이다.

한번 생산된 작품을 다양한 메타버스 플랫폼에 제공하고 원본을 다양하게 해석하여 고객에게 제공하는 등 다양한 비즈니스의 기회를 제공하게 되었다. 창작자와 소비자 사이에는 거래를 원활하게 하기 위한 거래소가 존재하는데 그중 오픈씨(OpenSea)는 NFT 토큰을 발행해 작품을 거래하는 플랫폼이고 전 세계에서 가장 많은 사용자를 가진 거래소이다. 이더리움 네트워크를 기반으로 시작해 지금은 폴리곤과 클레이튼에 이어 최근 솔라나도 지원하고 있다.

폴리곤, 클레이튼, 솔라나를 지원한다는 것은 블록체인 등기부에 최초에는 주로 이더리움에 기록이 되었는데 이제 폴리곤이나 클레이튼, 솔라나에서도 NFT의 서비스 내역을 저장하고 볼 수 있다는 것이다. 거기에 더해 이더리움만이 아닌 폴리곤, 클레이튼, 솔라나로도 NFT 작품이나 서비스를 구매할 수 있게 되었다는 말이다. 이 중에 솔라나는 뒤에 언급하는 M2E(Move to Earn) NFT게임인 STEPN의 메인 아이템인 NFT 신발을 구매할 수도 있어서 가격이 조금씩 오르고 있는 추세이다.

메타버스 플랫폼에서 NFT 토큰화는 NFT 마켓을 유지하는 3가지 축인 창작자와 거래 플랫폼 또는 거래소와 NFT를 구매하는 고객을 연결하는 고리로 활용이 된다. 그 연관관계는 아래 그림에 잘 표현이 되어 있다.

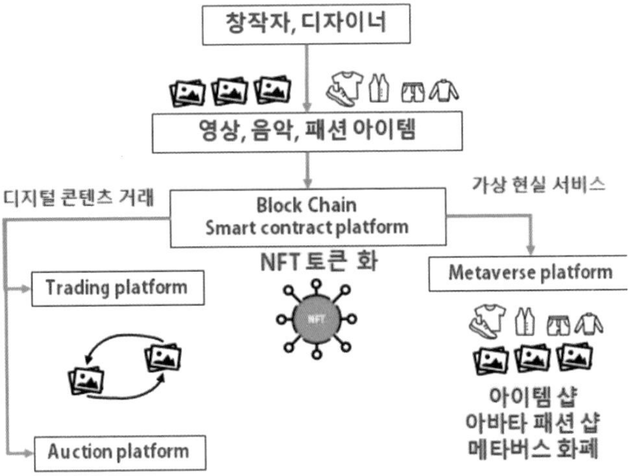

그림 1-14 메타버스 플랫폼에서 NFT 이용 가상 디지털 자산 거래와 라이선스 서비스(자료=KISA)

이런 NFT는 쉽게 말해 블록체인 시대의 예술작품의 등기부 등본과 같다고 보면 된다. 오프라인 예술 즉 피카소의 미술작품은 어딘가에 실제 작품이 있는데 NFT는 그 실체가 온라인으로 되어 있어서 볼 수가 없다. 피카소와 하정우의 작품은 국내는 서울옥션, 해외는 소더비와 같은 오프라인 경매장에서 주로 팔리고 있지만 NFT는 온라인에서 자유롭게 팔리고 있다.

NFT는 누구나 판매가 가능하므로 필자는 중학생인 아들과 NFT로 그림을 한번 팔아보기로 했다. 아들이 그린 그림은 "조조의 기묘한 모험에 나오는 part3"의 최종보스의 캐릭터라고 한다. 그림이 완성된 후 아이의 그림 파일을 받아서 전 세계 최대 NFT 마켓에 올려 보았다. 0.3ETH에 팔려고 했더니 가스비로 100 달러를 요구해서 살짝 고민이 되긴 했지만 새로운 경험이라는 생각에서 한번 도전해보기로 했다.

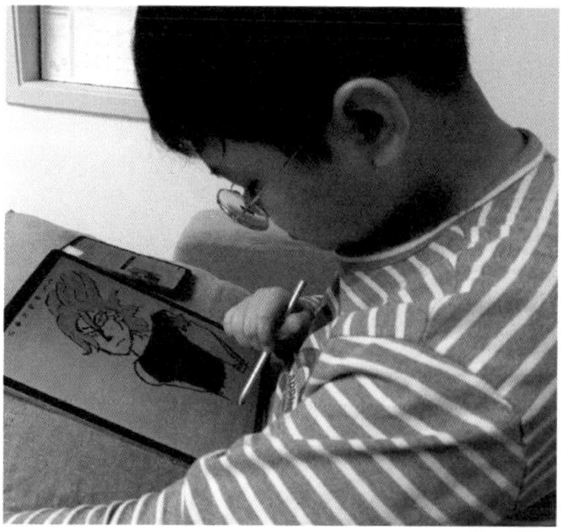

그림 1-15 NFT마켓에 올릴 작품을 그리는 아들

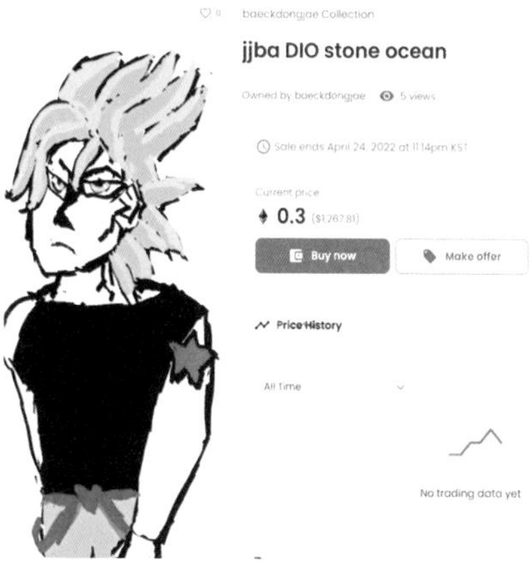

그림 1-16 오픈씨에 올라간 NFT 작품

표 1-6 그림과 NFT 비교

	그림	NFT
판매처	서울옥션, 소더비	비블록 거래소, 오픈씨
판매방법	경매사가 오프라인 진행	온라인에서 진행
거래 비용	경매장의 수수료	코인의 가스비와 거래소의 수수료, 상대적 저렴

최종적으로 올라간 작품은 2021년 10월 26일 기준으로 5명이 보았고 아직 팔리지는 않았다. 사실 오픈씨에 올리는 절차를 잘 몰라서 가격을 2번 변경했는데, 그럼 2번 블록체인에 기록을 했다는 것이고 그러니 2번의 가스비를 지불한셈이다. 여러분들은 신중하게 올려서 가스비를 낭비하지 않기를 바란다

NFT작품을 올린 오픈씨(OpenSea)는 NFT, 이더리움 기반 게임 아이템은 물론 디지털 수집품 등 다양한 자산을 경매 또는 지정된 금액 방식으로 거래할 수 있는 온라인 플랫폼이다.

최근에는 방탄소년단(BTS)이 소속되어 있는 하이브와 두나무의 NFT

발행을 위한 주식 교환, 식음료 기업인 코카콜라, NBA 프로농구팀인 골든 스테이트 워리어스 등도 오픈씨에서 NFT 수집품을 발행하면서 블록체인과 관련한 디지털 전략을 모색하고 있는데 미국 풋볼 우승 기념반지나 기념품처럼 한정된 수량의 디지털 파일(이미지, 음악, 영상 등)을 판매하는 것이라 할 수 있다.

미국 폭스 뉴스에 따르면 2020년 상반기 NFT 판매액은 총 1,370만 달러(약 168억 원)였으나, 2021년 상반기에는 25억 달러(약 2조 9896억 원)로 크게 성장했다. 오픈씨 역시 2020년 7월 NFT 거래량은 100만 달러(약 11억 9,598만 원)에 불과했지만, 2021년 7월에는 3억 달러(약3,587억 원)로 성장했으며, 거래량 역시 20배 이상 늘어났다.

국내에는 비블록 거래소에서 내가 그린 음악, 내가 만든 그림, 내가 만든 영상 등 클릭 몇번으로 NFT 코인의 발행부터 판매까지 쉽게 되는 비블록 거래소(http://beeblock.co.kr)가 대표적인 NFT 거래소라 할 수 있다.

비블록의 NFT마켓플레이스는 NFT발행을 위한 이더리움 노드와 클레이튼 노드를 동시에 지원하며 모바일 환경에서도 클릭 몇번만으로 누구나 손쉽게 NFT코인을 발행하고 오더북 관리, 쇼케이스 제공 등 블록체인 환경에 익숙하지 않은 유저들도 손쉽게 이용할 수 있는 점이 특징이다.

그림 1-17 비블록 NFT 거래소

1.7 NFT, 디파이, 메타버스는 해킹이 안 되나요?

NFT, 디파이, 메타버스도 해킹에서 결코 자유롭지 않다. 가상의 공간이지만 현실의 벽이 외부의 비바람을 막아주듯이 가상공간에도 해킹을 막기 위한 정보보호를 위한 솔류션들이 필요하다. 정보보호를 잘 하고 있는 회사는 CISO(정보보호최고책임자)를 두고 주택의 벽과 같은 인터넷을 둘러싼 네트워크의 벽이라 할 수 있는 방화벽과 경비를 서는 침입탐지시스템으로 방어를 하고 있다. 하지만 경찰이 있다고 범죄를 완벽히 막을 수 없고, 내부의 동조자가 있는 경우에는 더 더욱 방어가 어렵다. 아래는 정보보호를 위한 대표적인 솔루션에 대한 예시를 들었다. 실제로는 이보다 훨씬 더 많은 보안장비들이 운용되고 있지만, 이해를 돕기 위해 아래의 표로 간략하게 정리하였다.

표 1-7 정보보호 시스템 예시(출처: 디지털 뉴딜시대 리더가 꼭 알아야 할 데이터 3법)

장비	역할	예시
방화벽	성문	성문, 도어맨이 정상적인 접근 외 차단
IDS	침입탐지시스템	성안에서 경찰과 같은 감시자
IPS	침입방지시스템	성벽에서 보초처럼 활동
FDS	이상거래탐지	사용자가 갑자기 해외에서 결제시 탐지
DLP	자료 유출 탐지	Usb로 문서, 자료 유출시 차단
DRM	문서 암호화	문서가 유출되어도 암호화되어서 해독불가,

정부는 가상자산 사업자는 ISMS(정보보호 관리체계 인증)을 받도록 하였다. 여기서 정보보호 및 개인정보보호 관리체계 인증이란 정보보호를 위한 일련의 조치와 활동이 인증기준에 적합함을 인터넷진흥원 또는 인증기관이 증명하는 제도를 말한다. 2021년 9월 17일 기준으로 가상자산 관련 인증서 발급된 곳은 43곳이다. 아래에 2021년도 거래소 및 커스터디 지갑서비스 주요 사업자 ISMS 인증서 발급현황을 첨부하였다.

인증 체계는 한국인터넷진흥원(KISA)를 기점으로 체계화 되어 있으며 KISA로부터 심사기관으로 인증받은 한국정보통신진흥협회(KAIT), 개인정보보호협회(OPA), 한국정보통신기술협회(TTA)가 있으며 인증심사를 수행하는 인증심사원이 있다. 필자는 인증심사원으로 10여회의 다양한 분야에서 ISMS 심사 활동에 참여하였다. 또한 별도의 인증위원회를 두어서 ISMS 심사 과정에서의 타당성을 심의 의결하고 있다.

표 1-8 주요 가상자산 ISMS 인증 현황(2021.9.22) 출처:KISA

	업체명	인증범위	유효
1	주식회사 그레이브릿지	가상자산 거래소 서비스 운영(비블록)	~24.09
2	두나무 주식회사	가상자산 거래소 및 지갑 서비스 운영(업비트)	~24.08
3	(주)헥슬란트	가상자산 보관 서비스 및 지갑구축 솔루션(토큰뱅크, 옥텟)	~24.08
4	코인플러그	마이키핀 월렛 서비스	~24.08
5	주식회사 하이퍼리즘	가상자산 금융 서비스 운영(가상자산운용,브로커리지)	~24.08
6	주식회사 골든퓨쳐스	가상자산 거래소 서비스(빗크몬) 운영	~24.08
7	주식회사 카르도	가상자산 수탁(커스터디) 서비스	~24.08
8	주식회사위메이드트리	'위믹스 블록체인 게임 플랫폼 위탁개발 및 운영(심사받지 않은 물리적인프라 제외)	~24.09
9	주식회사 프라뱅	가상자산 거래소 운영(프라뱅)	~24.09
10	보노테크놀로지스	가상자산 탈중앙 지갑 서비스운영(CoinUS)	~24.09
11	와우팍스익스체인지	가상자산 거래소 운영(wowpax)	~24.09
12	(주)델리오	가상자산 렌딩 및 예치 서비스운영(델리오)	~24.09
13	주식회사 로디언즈	가상자산 지갑서비스운영(그루) (그루코인 발행 제외)	~24.09

빗썸, 업비트는 ISMS인증을 받은 업체이지만, 2019년도에 해킹 사건이 일어났다. ISMS는 흔히 건강검진에 비유를 하는데 건강검진을 받는다고 해서 모든 병이 안 걸린다는 보장을 못하듯 ISMS는 기업의 정보보호에 대한 최소한의 건강 검진을 받는 것으로 이해를 해야 할 것이다.

가상자산과 마찬가지로 코드로 이루어진 NFT, 디파이 역시 해킹에 자유로울 수는 없다. 2021년 3월 15일 NFT거래소 니프티 게이트웨이(Nifty Gateway)의 사용자 계정이 해킹당해 최소 수 천 달러 이상의 NFT

소장품을 도난당했다고 더 버지(The Verge)가 보도했다.

표 1-9 가상자산 거래소 주요 해킹 사건

사고년월	대상자	피해액	종류
2014년 2월	일본 마운트 곡스	4,800억원	비트코인 85만개
2017년 4월	한국 야피존거래소	55억원	비트코인 3,831개
2019년 4월	한국 빗썸거래소	221억	EOS 307만개, XPR 2020만개
2019년 12월	한국 업비트거래소	580억	ETH 34만개

Michael J. Miraflor
@michaelmiraflor

Someone stole my NFTs today on @niftygateway and purchased $10K++ worth of today's drop without my knowledge. NFTs were then transferred to another account.

I encourage EVERYONE to please check their accounts ASAP.

Could use everyone's help here - please RT!

그림1-18 출처:https://twitter.com/michaelmiraflor/status/1371199359996456960

마이클 미러플러(Michael J. Miraflor)는 2021년 3월 14일 자신의 트위터에 "누가 니프티 게이트웨이에서 내 NFT를 훔쳤고 아무도 모르게 10,000달러 상당의 다른 NFT 소장품을 구입한 후 다른 사람의 계정으로 이체했다"고 썼다.

세계적 사이버 보안기업인 체크포인트는 세계 최대 규모 NFT 유통 플랫폼 오픈씨(OpesSea)를 점검한 결과, 가짜 NFT 에어드랍 과정이 실제로 악용될 가능성이 있으며, 공격자는 이러한 방식으로 사용자의 계정과 가상자산

지갑을 탈취할 수 있다고 밝혔다. 체크포인트는 해당 취약점을 2021년 9월 26일 오픈씨에 알렸으며, 오픈씨는 1시간 이내에 조치를 마쳤다고 설명했다. 이후 2021년 10월 13일 체크포인트는 또 한번 오픈씨의 중대한 보안 결함을 발견했다고 알렸고, 다음날인 2021년 10월 14일에 해결되었다는 사실을 체크포인트의 보고서에 밝혔다.

그림 1-19 오픈씨의 보안약점을 발견했다는 체크포인트의 홈페이지 캡처

전 세계 1위인 NFT 거래소 마저도 이와같이 지속적인 보안결함이 발견되고 있다. 해킹과 개인정보보호를 위한 ISMS와 NFT, Defi에서 자금세탁을 방지하기 위한 AML의 중요성도 점점 증대되는 시점이다.

1.8 디지털 부자가 반드시 알아야 할 NFT

국내 NFT 프로젝트들의 가격이 무섭게 오르고 있다. 이두희 대표가 참여한 메타콩즈의 오픈씨 최저 거래 가격은 1만 799클레이로 약 1,835만 원 정도다. 메타콩즈의 최초 민팅가는 150클레이(2022.02.25 기준 1클레이는 대략 1,500원~1,700원 정도)로 민팅이 치러진 2021년 12월 12일 기준 약 25만 원 정도의 가격이었다. 이후 가파르게 가격이 올랐으며 이달 들어 더욱 높은 거래가를 형성했다. 한국에서 핫한 NTF 콜렉션을 알려면 오픈씨에서 메인넷을 클레이튼으로 선택하면 순위을 알 수 있다. 다양한 순위 사이트가 있지만 콜렉션으로만 분류해서 보면 이 순위가 가장 정확한 순위라 할 수 있다.

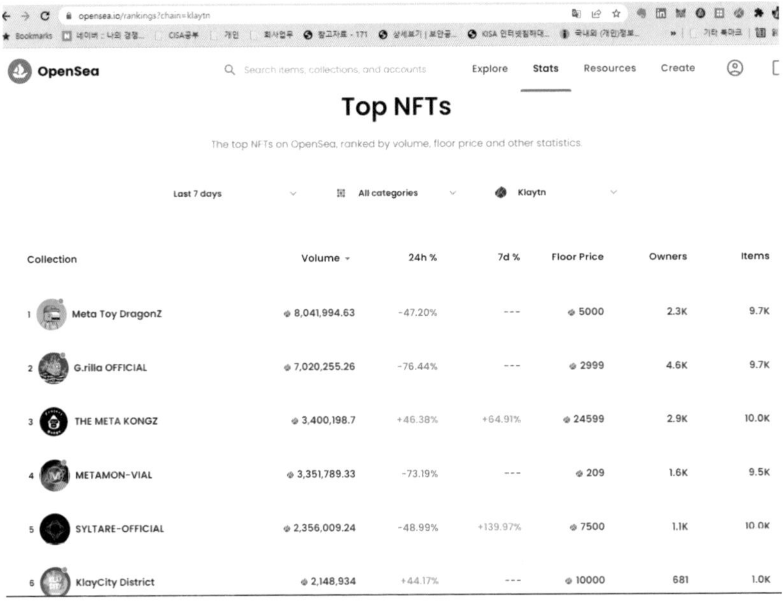

Collection	Volume	24h %	7d %	Floor Price	Owners	Items
1 Meta Toy DragonZ	8,041,994.63	-47.20%	---	5000	2.3K	9.7K
2 G.rilla OFFICIAL	7,020,255.26	-76.44%	---	2999	4.6K	9.7K
3 THE META KONGZ	3,400,198.7	+46.38%	+64.91%	24599	2.9K	10.0K
4 METAMON-VIAL	3,351,789.33	-73.19%	---	209	1.6K	9.5K
5 SYLTARE-OFFICIAL	2,356,009.24	-48.99%	+139.97%	7500	1.1K	10.0K
6 KlayCity District	2,148,934	+44.17%	---	10000	681	1.0K

그림 1-20 오픈씨의 클레이튼 콜렉션 순위(2022년 2월 20일 순위)(https://opensea.io/rankings?category=collectibles&chain=klaytn)

주변에서 NFT에 투자하고 싶어도 단어와 개념이 어려워 접근하기 어렵다는 말을 많이 듣는다. 그래서 NFT에 많이 쓰이는 중요 단어를 다음과 같이 간략히 정리해보았다.

표 1-10 NFT 주요 단어 정리

단어	의미	비유
민팅	동전과 같은 법정화폐를 주조할때의 '주조'	공모주 청약
홀더	서류 등의 보관철. 순화어는 `서류 끼우개', 소유자	주식 소유자
화이트리스트	식별된 일부 실체들이 특정 권한, 서비스, 이동, 접근, 인식에 대해 명시적으로 허가하는 목록	초기 사업 참여
메타마스크 **카이카스**	웹 브라우저 확장 프로그램 형태의 글로벌 디지털 자산 지갑	글로벌 청약통장 한국 청약통장

NFT 투자를 위해 가장 먼저 필요한 것은 '카이카스'나 '메타마스크' 같은 블록체인 개인지갑을 만들고, 그 이후에 청약통장에 돈을 넣듯 NFT에 투자할 수 있는 이더리움이나 클레이튼을 구매해 넣어야 한다.

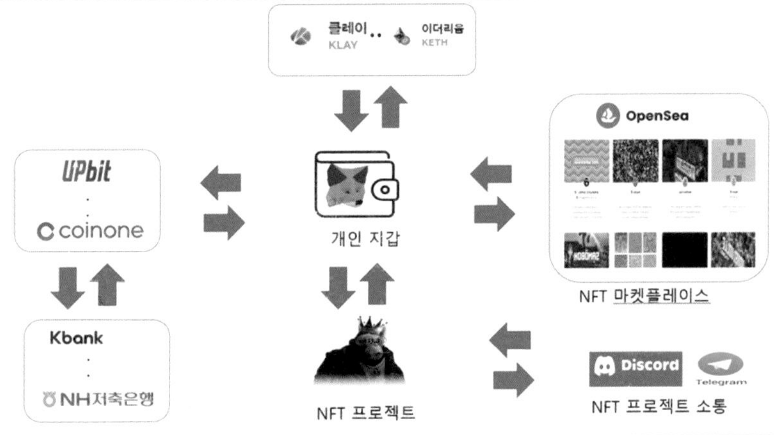

그림 1-21 NFT 프로젝트 흐름도

투자할만한 것이라 판단되면 디스코드나 텔레그램 메신저에서 활발한 활동을 하여 사전 투자를 하는 화이트리스트에 참여하는 것도 좋다. 메타마스크와 같은 개인지갑에 넣은 이더리움이나 클레이가 자금세탁에 이용될 수도 있어 아래 그림과같이 거래소 자체적으로 외부지갑으로의 전송을 막는 경우도 많다. 이와같은 경우가 요즘 뉴스에도 자주 나오는 '트래블 룰'을 적용한 경우인데, 트래블 룰은 돈이 여행을 하는 동안 모든 경로를 알아야 한다는 의미로 메타마스크와 같은 개인지갑은 거래소의 지갑주소와 다르게 KYC(고객정보파악)을 하지 않아서 범죄에 악용될 가능성이 높다. 정부에서 인가한 거래소는 KYC가 지갑에만 가상자산을 보내는 규정인 '트래블 룰'을 2022년 3월 25일부터 적용해야 한다.

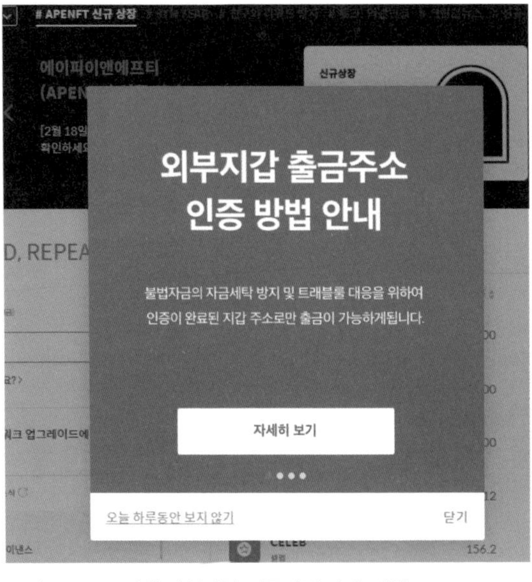

그림 1-22 코인원 외부지갑 인증방법 안내 팝업

'트래블 룰'이나 거래소의 사정에 의해 민팅에 참여하기 위해 클레이튼을 구매해도 외부지갑으로 못 보내는 경우도 생긴다. 코인에 대한 지식이 많으면 응용해서 문제를 해결하면 좋지만, 그것이 어렵다면 다음과 같이 처리하는 것도 좋다. 핵심은 코인 구매가 어렵다면 스왑(교환)을 해주는 사이트에서 처리를 하고 다시 이체를 하면 된다.

1) 거래소에서 리플(ripple, 2022년 2월 27일 기준 대략 900원)을 구매한다.
2) 업비트에서 클레이스왑(https://klayswap.com/)으로 이체한다.
3) 클레이스왑에서 리플로 클레이를 교환(Swap) 한다.
4) 클레이스왑에서 '카이카스' 지갑으로 클레이튼을 이체를 한다.
5) 카이카스 지갑에서 NFT 민팅에 참여한다.

변경된 절차나 용어 혹은 개념이 어렵다면 필자의 블로그에서 좀더 많은 내용을 참고하기 바란다(https://blog.naver.com/passerby4/222652792999).

이제 실제로 민팅 사례를 찾아보자. 민팅 사이트는 보통 텔레그램이나 디스코드 같은 메신저에서 민팅하기 5분전에 발표를 하는 경우가 많다. 민팅의 개념이 어렵다면 카카오메신저와 연동된 NFT 서비스인 'Klip Drops NFT'를 이용해도 좋다. 매일 새로운 작품이 올라오는 데, 2022년 3월 16일 찰스 장의 로봇초상 시리즈-다스베이더, 그 이전에는 우국원의 작품이 올라오기도 했다.

그림 1-23 카카오 드롭스

필자는 디스코드에서 신규 프로젝트 민팅 일정을 확인하고 2022년 2월 22일 밤 10시에 메타콩즈의 여자친구라고 불리는 프로젝트인 Toxic-ape 민팅 사이트에 130 클레이로 계속 시도를 했지만 2~3초만에 마감되는 바람에 성공하지는 못했다.

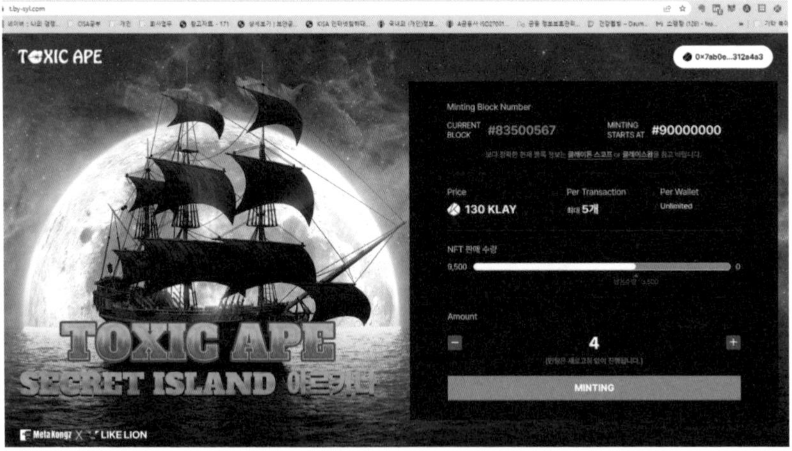

그림 1-24 출처:Toxic-ape 민팅 사이트

Toxic-ape는 메타콩즈 커뮤니티에서 활동하는 이대호 대표가 이 메타콩즈와의 세계관을 연결하여 스토리를 입힌 한국 최초의 2차 창작 프로젝트이다.

NFT 프로젝트가 항상 성공을 하는 것은 아니다. 2022년 1월에 논란이 되었던 '킷캣 캐슬 프로젝트'는 총 1만 마리의 다른 고양이가 있고, 이 고양이 NFT를 구매하여 보유하고 있으면 킷(Kit)이라는 물고기를 주는 방식으로 구매자들을 유혹했는데 돌연 진행자가 단톡방에서 '해킹에 걸린 것 같다'는 식의 메시지와 함께 잠적하면서 이 일은 대표적인 러그풀(양탄자를 갑자기 당겨서 위에 있는 사람이 쓰러지는 행위) 사례로 남게 되었다.

성공적인 NFT 프로젝트인 선미야 NFT는 PFP(Profile Picture) NFT라고 하는데, 이는 사용자들이 소셜 플랫폼에서 프로필 사진으로 사용 가능한 유형이다. 선미야 클럽은 일단 이름 그대로 연예인 '선미'가 참여하는 NFT 프로젝트이다. 가수 '선미'는 누구나 이름만 들어도 알 수 있는 인지도 있는 연예인이다. 선미가 메인으로 나왔기 때문에 누구에게나 알려진 선미가 보증한다는 느낌이 있어서 러그풀 걱정은 안해도 될 것이다.

그림 1-25 출처:선미의 메타버스 도전기 유투브

선미야 클럽 같은 성공적인 NFT 프로젝트에 투자를 하려면 크게 3가지를 잘 보아야 한다.

1. 팀 멤버 신뢰도를 보아야 할 것이다. 닉네임만 공개되었는지 팀멤버의 실명과 프로필이 공개되어 있는지 만약 먹튀가 발생하면 실제 현실 생활과 리스크가 얼마나 높은지를 생각해보아야 할 것이다. 상대적으로 닉네임만 공개한 경우는 먹튀할 가능성이 많다.
2. 구매한 홀더에 대한 혜택은 확실한가? 홀더를 위한 어떤 실질적인 혜택이 있는지 보아야 할 것이다.
3. 커뮤니티 규모를 보아야 할 것이다. 사람들의 관심이 어느 정도 이상이 되어야 할 것이다.

NFT프로젝트에 투자를 하는 것은 본인이 신중하게 판단하여 해야 할 것이다. 모든 투자는 본인의 책임인것이다.

1.9 디지털 부자가 알아야 할 디파이(Defi)

코인으로 돈을 버는 방법은 크게 3가지가 있다. 우리가 많이 알고 있는 채굴(마이닝)과 코인을 싸게 사서 비싸게 파는 차익거래 그리고 은행처럼 돈을 맡겨두고 이자를 받는 방법이다.

클레이스왑(https://klayswap.com/)은 디지털 자산 기반의 자율 금융 프로토콜을 모토로 하는 국내 대표적인 디파이 사이트인데 2022년 2월 기준 2조원이 예치되어 있고 유저수는 대략 10만명, 누적 보상액 7,400억원이라고 밝히고 있다.

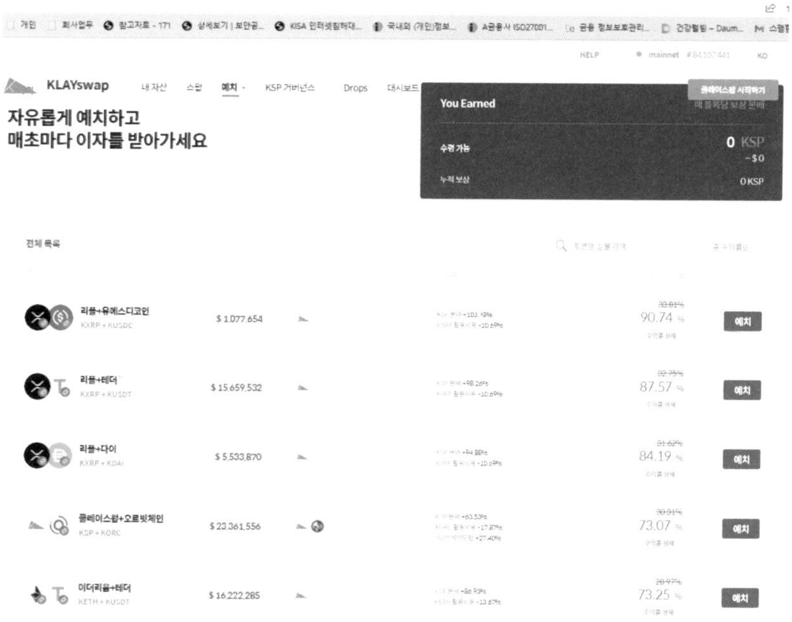

그림 1-26 초마다 이자가 붙는 디파이 서비스 https://klayswap.com/plus/pool (2022년 2월 27일 기준)

은행처럼 이자를 받을 수 있는 클레이스왑에서 리플과 유에스디코인을 예치하면 최대 수익률 87.28%(2022년 2월 28일 저녁 8시 기준)이다. 캡쳐한 이미지는 2022년 2월 27일 저녁 8시 기준 90.74%에서 하루 사이에 약 3%의 수익률 변동이 생긴 것이다. 은행의 대출이율은 변동폭이 크지 않는데 디파이는 하루 사이에도 수익률이 2~3%로 급작스럽게 변하기도 한다. 은행은 디파이에 비해 현저히 이자는 낮지만 1인당 5,000만 원까지 예금보호공사로부터 보호를 받을 수 있다. 그러나 디파이는 그런 안전장치가 없다. 우리나라의 1위 거래소인 업비트도 디파이와 유사한 Cefi(중앙화금융)서비스를 제공하고 있다. 보유한 디지털 자산을 블록체인 검증에 활용하도록 맡기고 디지털 자산을 보상받는 서비스이다. 스테이킹에 신청된 자산은 언스테이킹까지 거래나 출금을 할 수 없게 된다. 적금을 맡기면 적금이 만기될 때까지 찾을 수 없는 것과 같은 것이다.

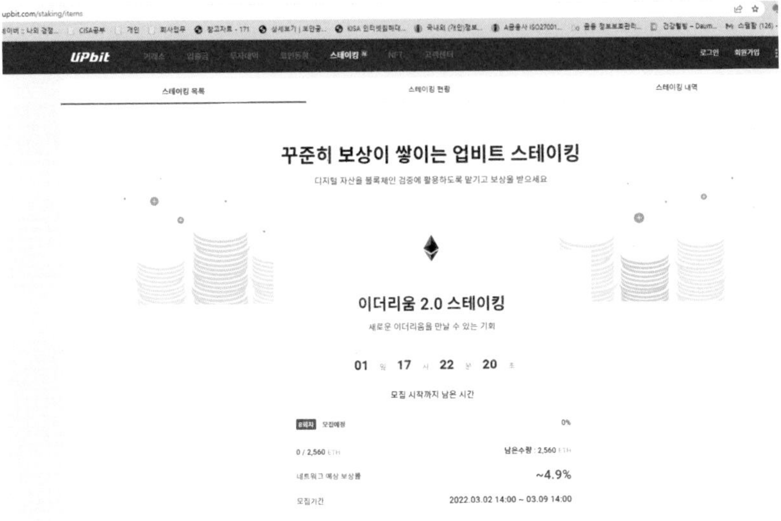

그림 1-27 업비트의 Cefi 스테이킹 서비스(출처:https://upbit.com/staking/items)

고팍스, 업비트와 같은 거래소에서 제공하는 Cefi도 디파이와 유사한 것 같지만 다음의 표와같이 관리주체와 사고 발생시의 대응방법이 좀 다르다.

표 1-11 디파이와 시파이의 비교

	Defi(탈중앙화 금융)	Cefi(중앙화 금융)
관리주체	자동으로 운영	중앙화된 거래소등이 운영
개인정보	수집하지 않음	고객 정보 수집
사고 발생	보상 불가능	운영자가 보상

디파이 서비스를 좀더 쉽게 설명하자면 블록체인 업체들이 구축한 스마트 콘트랙트에 의해 코인을 거래하고, 예금을 넣듯 코인을 맡기거나 대출을 받는 서비스라고도 할 수 있다. 2022년 2월 9일 블록체인 데이터 기업인 체이널리시스에 따르면 지난해 암호화폐 도난금액 32억달러 중 72%에 달하는 22억달러가 디파이에서 도난된 것으로 집계되었다고 한다. 디파이는 결국 사람이 구현한 프로그램인 스마트콘트랙트에서 돌아가는 자율 금융 거래라 할 수 있는데 코드로 구현되어 모든 것이 자동화된 스마트콘트랙 코드의 안전성과 무결성을 어떻게 확보할 것인지, 그리고 만약 스마트콘트랙트내에 논리적 오류가 있는지를 어떻게 사전에 점검하고 어떻게 방지할 것인지에 대한 근본적인 문제점들이 항상 존재하게 된다. NFT와 디파이에 대해 궁금하신 분은 카카오톡 오픈 채팅방에서 더 많은 이야기를 나누면 좋을 것이다.

(https://open.kakao.com/o/g7vAwYHd, 디지털부자가 꼭 알아야 할 NFT 카카오톡)

1.10. 일상에서 돈을 버는 M2E(Moving to Earn)

P2E(Play To Earn, 게임을 통해 재화를 얻는 것)가 있고 M2E(Moving to Earn , 운동을 통해 재화를 얻는 것)라는 개념도 새롭게 부각되고 있다. P2E은 게임의 아이템을 현금화하여 돈을 벌 수 있는 개념이다. 이러한 개념에 꼭 블록체인이 필요한 것은 아니다. 그렇기에 일부 사람들은 P2E 개념이 나오기 전 디아블로3의 경매장 사례는 물론 함께 유저간 거래가 가능하고 현금

거래가 활성화된 각종 온라인 게임들도 P2E에 빗대어 포함시킬 수 있을 것이다. 사람들이 P2E 게임을 많이 즐기게 되면서 비슷하지만 조금 다른 개념으로 등장한 M2E(Move 2 Earn) 앱인 Stepn이 세콰이어 캐피탈, 솔라나 캐피탈, 알라메다 리서치 등에서 시드라운드 5백만 달러를 2022년 1월에 유치했다고 한다. 즉 투자자들이 볼 때 성장 가능성이 있는 분야라고 판단을 했다는 것이다.

그림 1-28 출처:STENP 앱 화면에서 '스니커즈' 구매, 걸으면 올라가는 코인

STEPN의 앱에서는 Swap(교환)을 통해 솔라나 또는 USDC를 STEPN의 토큰인 GST로 스왑하거나 마켓플레이스에서 스니커즈 NFT를 구매할 수 있다. 스니커즈를 구매해 소유하게 되면 스니커즈 NFT의 개별적인 레벨인 워커, 조거에 따라 토큰이 적립되는 비율이 정해지고, 달리거나 뛰게 되면 토큰이 내 지갑에 쌓이게 되는 것이다. 이렇게 생기는 GST

토큰을 다시 솔라나 또는 USDC로 스왑할 수 있는데, 저자는 스니커즈를 구매하고 매일 아침 앱에 출발 버튼을 누르고 하루에 1~2GST를 얻고 있다. GST는 다시 솔라나로 전환해서 업비트 같은 거래소에서 돈으로 바꿀 수 있다. 저자는 매일 아침 30분 정도 걸어서 출근을 하고 있는데, 걷기 시작하면서 시작버튼을 눌러 채굴을 시작하고 저녁에 STEPN의 거버넌스 토큰인 GST가 얼마나 모았는지 확인을 하고 있다. 처음 시작해서 2022년 3월 18일까지 일주일간 열심히 걸어서 모은 STEPN의 거버넌스 토큰 12.6 GST을 모으고 다시 40.43 USDC로 환전을 했다. USDC는 가치 연동 스테이블 코인 유에스디코인인데, 달러와 동일한 가치를 가지고 있다고 생각하면 된다. 처음에는 습관이 되지 않아 중간에 앱의 시작버튼을 누르지 않을 때도 있을 정도로 생소했지만, 매일 똑같이 걷게 되면 일주일에 대략 5만원, 하루에 약8~9천 원 정도를 걸어서 벌 수 있는 것을 알게 되고는 스스로 시작버튼을 누르고 걷게 되는 것이다.

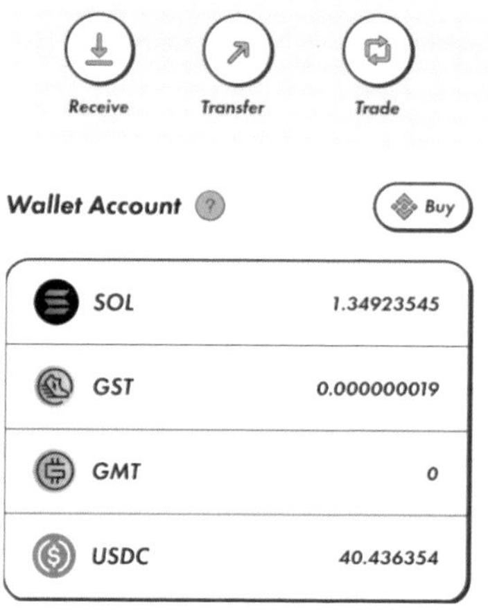

그림 1-29 STEPN앱에서 40.43usdc로 환전한 내용

이제 자기가 좋아하며 즐기는 게임을 하면서 돈을 벌거나, 매일 걷기를 통해서도 돈을 벌 수 있는 시대가 되었다. 스마트폰 뱅킹이 처음에는 몇 사람만 쓰는 특별한 기능이었지만, 지금은 대중화되어 쓰지 않는 사람을 찾기가 더 어렵게 되었다. 2025년에는 NFT와 같은 디지털 자산이 좀더 대중화되고 자산의 비중도 온라인과 오프라인으로 나눌 정도로 비중이 높아질 것이라고 생각한다. 지금 바로 디지털 부자가 되기 위한 첫 걸음을 디뎌보자.

2021년 하반기 기준의 가상자산을 천만원 이상 보유한 사람은 이용자의 15%인 82만명인데 5년 뒤에는 2026년에는 가상자산을 천만원이상을 가진 사람의 비율은 전체 인구 대비 얼마나 될까?

2026년 <월급쟁이 후회의 삼각지대> 버전에서는 하나의 축이 'NFT와 디파이' 같은 디지털 자산이 되지 않을까 추측해본다. 디지털 자산이 좀더 대중화되고 자산의 비중도 온라인과 오프라인으로 나눌 정도로 비중이 높아질 것이라고 추측해본다. 미래는 아무도 알 수 없다.

시인 정호승의 산문집 [내 인생에 힘이 되어준 한 마디]에서 항구에 정박해 있는 배가 가장 안전하지만 그것이 배를 만든 이유는 아니다. 익숙한 것이 편하다고 해서 마냥 그것에 머물러 있다면, 바로 그 익숙한 것들이 독이 되고 쇠사슬이 될 수 있습니다. 아무것도 도전하려 않는 자는 아무것도 바라지 않는 자입니다. 라는 구절이 나온다.

지금 바로 디지털 부자가 되기 위한 첫 걸음을 이 책과 함께 나아가자.

PART 01

NFT, 디파이가 쏘아 올린 메타버스 세상 / 백남정

PART 02

블록체인이 바꿔 놓은 NFT 비즈니스 시장 / 박상민

PART 03

NFT 블록체인 예술을 만나다 / 강신범

PART 04

NFT와 블록체인에 대한 알아 두면 좋은 상식 / 임명수

PART 05

분산금융의 이해 / 김형중

PART 06

가상자산·NFT·메타버스의 법률 이슈 / 김주은

2. 블록체인이 바꿔 놓은 NFT 비즈니스 시장

블록체인은 게임과 NFT의 결합으로 비즈니스 시장을 재편하고 있다. 최근 위메이드트리가 갤럭시 토네이도 for WEMIX'(가칭)와 '라이즈 오브 스타즈 for WEMIX' 등 게임 2종을 신규 출시한다는 소식을 자사 블록체인 플랫폼인 <위믹스>를 통해 전했다.

그림 2-1 출처: 위메이드트리

'라이즈 오브 스타즈'는 상대방 행성의 자원을 약탈하거나 행성을 정복하여 자본을 획득하고, 아이템을 얻어 최강의 행성 주인이 되는 것이 목표인 우주정복을 소재로 한 SF 전략 시뮬레이션 게임이다. 유저는 플레이 투 언(Play to Earn) 게임을 하며 돈을 벌 수 있고, 블록체인을 통해 공정하게 아이템이 거래된다. 바로 이와 같이 게임을 통해 돈을 벌 수 있다는 점이 많은 플레이어들에게 매력적으로 다가온 것이다. 최근 오픈한 삼국지 리턴즈의 경우에는 단순히 NFT의 결합 만으로 15만명이상이나 몰렸다고 하며, 2022년 상반기에도 마찬가지로 NFT와 결합된 다양한 게임이 출시될 것으로 전망된다. 하지만 게임을 통해 돈을 번다는 개념이 자리잡게 되면, 다시 게임의 본질에서 승부가 갈리게 될 것이다.

한편, 카카오는 120억 원을 투자하여 게임회사인 넷마블과 손을 잡았다. 메타버스에 뛰어든 카카오의 첫 작품은 바로 '가상 아이돌'이다. 메타버스엔터테인먼트가 K팝 버추얼 아이돌 캐릭터 개발을 진행 중이었는데, 카카오라는 플랫폼 네트워크를 통해 데뷔할 가능성이 커진 것이다. 넷마블에프앤씨가 메타 휴먼 기술에 기반한 아이돌 캐릭터를 개발하고, 카카오엔터의 매니지먼트 역량으로 그룹 활동을 지원하는 방식이다.

그림 2-2 출처: 메타버스엔터테인먼트 소개 이미지/사진=넷마블

넷마블에프엔씨는 7개의 대죄 : '그랜드크로스' '블레이드&소울 레볼루션' 등의 MMORPG와 가상의 캐릭터를 만드는 데 독보적인 회사다. 음원 스트리밍 플랫폼 멜론 사업을 하고 있는 카카오엔터는 카카오TV라는 영상 플랫폼과 다수의 엔터테인먼트 회사를 보유하고 있고, 현재 멜론을 통해 연간 12,000곡의 음원 제작과 3,300만 명의 회원을 보유하고 있다. 마침내 아이돌 그룹이 데뷔와 동시에 멜론에 소개되고, 이어서 카카오TV 영상 플랫폼 출연까지 가능해진 것이다.

그림 2-3 메타버스엔터테인먼트

그동안 카카오는 하나의 플랫폼보다는 더 큰 생태계를 만들기 위해 노력해 왔다. 자사 블록체인 기술을 활용하여 '클레이튼' 생태계 만들기를 시도한 것이다. 이는 메타버스 경제를 가동시킬 수 있는 기술 기반 생태계 확장에 초점을 맞춘 것으로 이해된다. 카카오의 블록체인 자회사인 그라운드X는 지난 7월 '클립 드롭스(Klip Drops)' 베타 버전을 출시하면서 NFT 기반의 미술품 등을 판매하기 시작했다.

2.1 블록체인기업의 NFT

NFT수요기업을 위한 블록체인

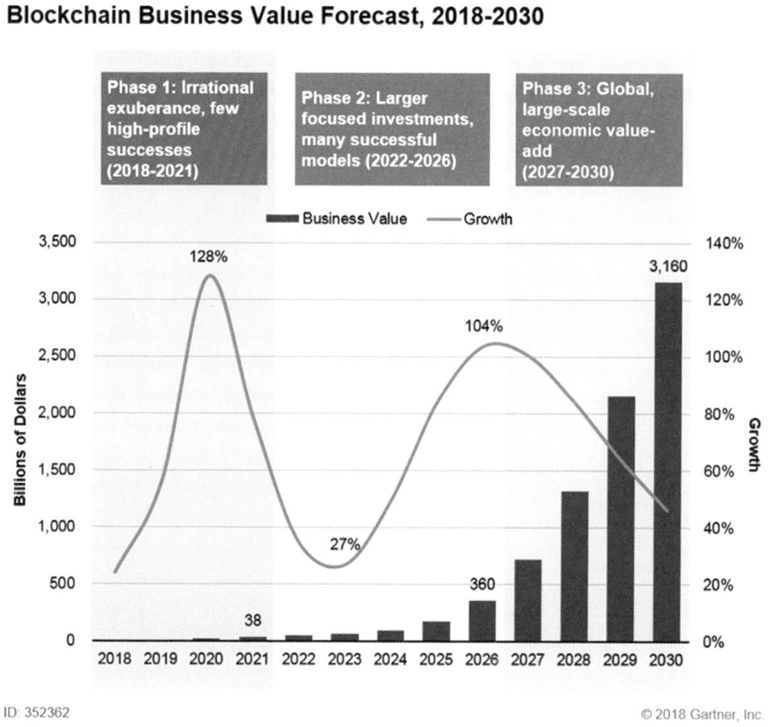

그림 2-4 블록체인 비즈니스 전망 (Gartner)

2019년과 2020년에 가트너는 '10대 전략기술(Top 10 Strategic Technology Trends for 2020)'과 'Hype Cycle For Blockchain Business'를 통해 블록체인을 차세대 유망기술로 지목했다. 블록체인 기술은 분산원장기술 이외에도 합의 매커니즘(Consensus Mechanism), 암호화 매커니즘

(Encryption Mechanism) 등을 통해 모델을 구성하고 있으며, 블록체인 활용 형태에 따라서 Public, Private, Hybrid 등의 형태로 구성하여 사용된다. 최근에는 블록체인의 구성 매커니즘을 프로그래밍 기반의 플랫폼 어플리케이션으로 구축할 수 있는 DApp(Decentralized Application)을 통해 활용범위가 더욱 확장되고 있다. 이와같이 블록체인과 NFT 그리고 메타버스는 비즈니스 세상을 바꿔가고 있는 것이다.

블록체인은 노드 참여자가 모두 거래 정보를 검증, 기록, 보관함으로써 Trust Third Part, 즉 제3자 없이도 신뢰할 수 있고, 무결성을 보존할 수 있는 기술을 말한다. 골드만삭스는 “블록체인이란 거래의 투명성, 보안 효율성을 늘리기 위해 고안된 공유되고 분산된 거래 데이터베이스”로 정의했다. 블록체인을 설명할 때 자주 드는 사례가 메신저의 단체톡이다. 내가 철수에게 현금을 빌려주었을 때, 나중에 철수가 돈을 빌리지 않았다고 하면 이를 입증하기가 어렵지만 단체톡에서 철수에게 돈을 보내면 쉽게 이를 증명할 수 있다. 그 단체톡에 함께 있던 사람(영희)이 증인이 되어 주기 때문이다. 영희는 나와 철수의 거래 사실을 확인(Verify) 해주는 서명자의 역할을 해준다. 메시지에는 거래 시간(Time Stamp)이 찍히며, 빌려준 금액이 기록으로 남는다. 이 거래에 참여한 참여자를 블록체인에서는 ‘노드’ 라고 부른다. 이처럼 단톡에서 철수와 영희와 내가 주고받은 내용(데이터)이 블록체인의 특성이 된다. 송금을 하게 되면 송금 블록체인, 물건을 보내고 받은 시점 등을 기록하면 물류 및 유통 블록체인이 되는 것이다.

만약 영희가 분식집을 하는데 철수가 식자재를 납품한다고 가정해보자. 철수가 물건을 납품할 때마다 메신저로 영수증을 찍어 보내고, 영희는 그 거래 내용이 맞는지 이야기해준다. 그럼 나중에 철수와 영희는 영수증(원장)만 비교하면 상호 정산이 가능해진다. 이런 데이터를 블록에 기록을 하게 되면, 상호 정산 기능이 되는 것이다.

기업들의 NFT와 블록체인

블록체인 솔루션 기업에 근무하는 필자는 국내 Top 시스템 통합기업들을 직접 만나며 블록체인 솔루션 구매에 관한 의향을 파악해왔다. 블록체인과 관련하여 만났던 다양한 업종 담당자의 성향과 관심도, 질문 등을 취합하여, 질문에 대응한 결과를 가지고 블록체인 솔루션 수요기업을 분류하였다.

표2-1 B2B바이어스 페르소나, 시장분석

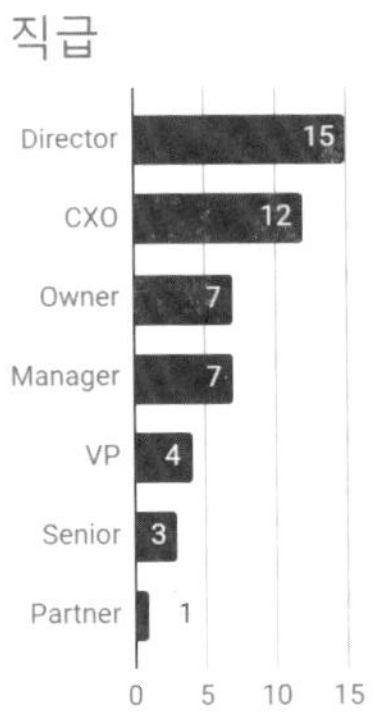

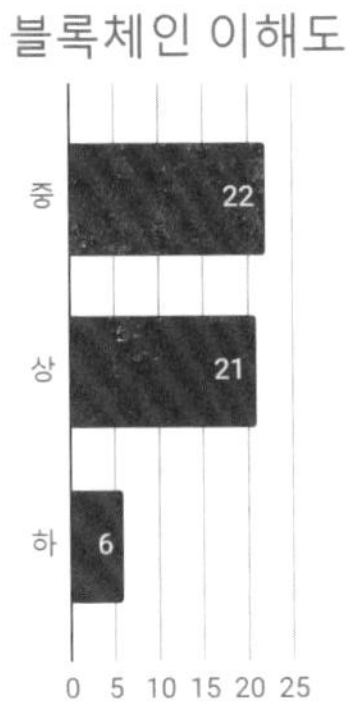

표 2-2 B2B바이어스 페르소나, 시장과제

그 결과, NFT와 블록체인 솔루션 도입을 위해서는 시스템 통합기업의 의견이 블록체인 구매를 가장 크게 결정한 것으로 집계된다. 그만큼 블록체인과 NFT 발행 등의 기술도입을 위한 기업의 단독 의사 결정은 어려운 것으로 생각된다. NFT와 메타버스를 제외하면 블록체인 도입을

위한 당면과제로 많은 기업들이 가장 중요한 것으로 비즈니스 모델을 든다. 미팅 현장에서 필자가 가장 많이 듣는 질문은 블록체인을 어떻게 사용할 수 있는지에 대한 것이다.

최근에는 메타버스와 NFT 시장이 다양한 기업들의 수요로 뜨거워지고 있다. 또한 금융권의 메타버스를 이용한 가상지점 구축과 게임 시장의 NFT 도입으로 블록체인 기반의 비즈니스 모델이 다양한 방식으로 구현되고 있다. 이후 증권시장의 NFT의 움직임으로 부동산 리츠(REITS)의 유동성 역시 조금씩 움직임이 포착되고 있다. 위메이드트리가 부동산 가상자산 회사 CASA에 투자한 것도 이와같은 흐름으로 이해할 수 있다.

메타버스 제작자들이 본 블록체인

그림 2-5 출처: 게티이미지뱅크

메타버스에서는 경제, 사회, 문화 등 현실세계 상호작용이 구현된다. '나'를 대변하는 아바타를 위해 소품이나 공간에도 비용을 투자하여 여러 플랫폼을 연결하고 순환경제 구축을 위해 블록체인 기술이 필요하다. 메타버스와 블록체인의 결합은 서로 다른 메타버스 생태계를 하나로 묶고, 플랫폼 내에서 일어나는 경제활동에 대해 증명하는 등 중요한 요소로 자리잡을 전망이다.

메타버스는 인터넷, 모바일의 뒤를 이을 새로운 플랫폼으로 주목받고 있다. PC와 인터넷을 기반으로 수많은 형태의 인터넷 서비스가 등장하면서 금융, 쇼핑, 교육 등 다양한 산업이 온라인으로 옮겨갔고, 스마트폰과 애플리케이션이 대중화되면서 온라인 서비스가 다시 오프라인 공간과 연결되는 O2O 산업 역시 빠르게 성장했다.

가상공간인 메타버스는 확장가상세계라는 이름으로도 불리며, 단순히 게임처럼 디지털로 만든 가상공간을 넘어, 교육, 문화, 엔터테인먼트, 금융 등 현실세계의 다양한 서비스를 구현한 서비스를 일컫는다. 특히 코로나19가 일으킨 비대면·디지털 중심의 사회는 오프라인에서 열리던 각종 행사와 문화생활을 메타버스 플랫폼으로 옮겼고, 많은 사용자가 메타버스를 통해 전시나 공연을 감상하고 게임을 즐기는 등 여가를 보내고 있다.

메타버스 플랫폼마다 고유의 경제시스템이 존재하는데, 앞으로 블록체인이나 NFT를 통해 다양한 형태의 교류가 발생할 것으로 보인다. 즉, 여러 메타버스에 구축된 경제가 서로 연결되는 것이다. 메타버스 플랫폼 내에서 쓰이는 소품과 공간을 NFT로 발행할 경우 해당 정보는 블록체인 네트워크에 기록되어 누가, 언제 만들어서 누구에게 판매했는지 등의 기록을 남길 수 있다. 또한, 블록체인을 활용하는 다른 메타버스 플랫폼에서도 해당 정보에 대한 증명이 가능하다.

조쉬 애넌 로블록스 제품관리 리더는 메타버스 경제에서 블록체인의 역할을 강조했다. 그는 "메타버스 내에서 아바타를 꾸미기 위해 비용을 지불하는 것은 이제 낯선 일이 아니며, 향후 '나'를 표현하는 아바타가 여러 메타버스 플랫폼을 연결하는 데 중요한 역할을 한다"며, "이 가운데 자신이 구매한 아바다 아이템을 추적할 수 있는 기술도 필요하다. 대표적인 것이 블록체인과 NFT다. 블록체인은 이미 구매한 아바타의 소품이나 능력치를 증명할 수 있는 기술로, 플랫폼 사이에 연결성을 확장하고 보장한다"고 말했다.

실제로 메타버스 플랫폼 내에 블록체인 기반 경제를 도입하려는 시도는 계속됐다. 디센트럴랜드는 이더리움 네트워크를 기반으로 하는 메타버스 플랫폼으로, 사용자는 여기서 NFT로 발행된 토지를 구매해 활용할 수 있다. 토지 소유자는 자신의 토지에서 직접 콘텐츠와 애플리케이션을 개발해 타인에게 제공할 수 있고, 토지 자체를 임대해 수익을 내는 것도 가능하다.

메타버스 게임 플랫폼 더 샌드박스 역시 이러한 방식을 채택했다. NFT로 발행된 토지와 소품으로 이용해 게임을 만들고, 사용자는 게임을 즐기면서 유틸리티 토큰을 얻어 수익을 낸다. 국내에서는 제페토가 향후 NFT와 블록체인 기반 경제를 구축할 계획이다.

메타버스는 경제, 사회, 문화 등 현실세계의 상호작용이 가상세계에서 이뤄지는 공간이다. 이러한 유기적인 거래와 순환경제를 뒷받침하는 기술은 블록체인이다. 블록체인과 NFT로 가상공간의 사유재산이 입증되며, 소비자는 플랫폼 기여도에 따라 보상을 얻을 수도 있다.

2.2 결코 만만하지 않은 블록체인

블록체인을 비즈니스에 도입하려 할 때 수요기업이 가장 어려운 점은 블록체인 관련 기술을 가진 개발자를 보유하거나 컨설팅을 받기 어렵다는 점이다.

솔루션 기업과 구축기업

블록체인 기업 블로코가 제시한 엔터프라이즈 블록체인을 도입 시 고려 사항은 다음과 같은 8가지이다.

- 처리 성능-비즈니스를 신속히 처리할 수 있는 성능을 보장하는가?
- 정보 보안성-권한 관리 및 키 관리의 안전 및 보안성 확보 여부?
- 스마트컨트랙트 보안 취약점 관리-스마트컨트랙트에 대한 보안 취약점은 고려하였는가?
- 데이터 삭제, 블록 및 스마트컨트랙트 데이터 삭제 관련 정책 유무?
- 손쉬운 구축과 확장성- 손쉬운 구축과 비즈니스 확장성에 용이한가?
- 편리성-운영 및 모니터링 툴 및 백업복구 기능을 제공여부
- 개발 편의성-자사 블록체인 시스템 적용 환경에 맞춘 개발 편의성을 제공하는가?
- 블록체인 기술 습득 및 구축을 위한 교육 지원이 가능 여부?

블록체인기반 시장의 협업은 독특한 프로세스를 형성하고 있다. 서

비스 기업들은 블록체인을 도입하기 위해, 먼저 시스템 통합기업의 블록체인 관련 조언, 혹은 컨설팅을 통해 도입의 방향성을 결정한다. 그리고 시스템 통합기업은 블록체인 관련 솔루션을 일부 포함한 구축작업을 통해 그 서비스를 완성한다.

이때 대체적으로 기업용 블록체인은 주로 프라이빗 블록체인으로 구성을 한다. 프라이빗 블록체인(private blockchain)은 특정 조직이나 허가된 개인만 참여할 수 있는 폐쇄형 블록체인 네트워크를 칭한다. 폐쇄형 블록체인 및 허가형 블록체인, 그리고 기업형 블록체인이나 엔터프라이즈 블록체인(enterprise blockchain)이라고 칭한다. 노드를 구성하고 운영하는 참여 주체가 같은 조직으로 블록 생성에 대한 보상이 필요하지 않기 때문에 가상자산의 생성보다 신속한 트랜잭션이 더 중요한 지점이 된다.

그 예로 하이퍼레저 패브릭(Hyperledger Fabric)를 들 수 있다.

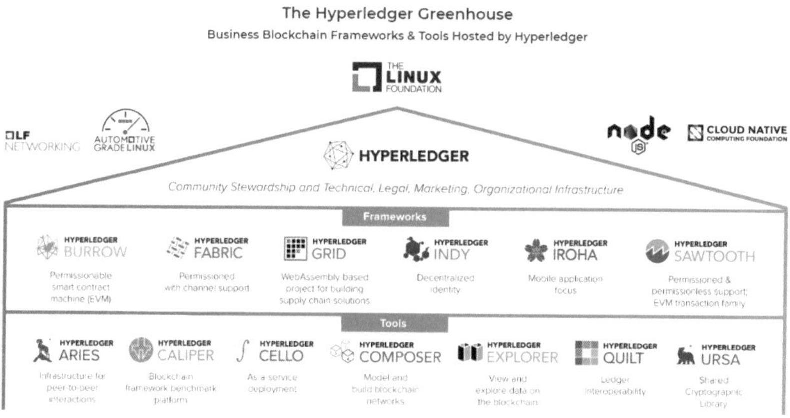

그림 2-6 Hyperledger ecosystem

하이퍼레저 패브릭은 리눅스 재단의 오픈소스 블록체인 프로젝트로, 기업용 블록체인 시장의 64%를 차지하며, 엔터프라이즈 블록체인 네트워크 구축에 특화되어 있다. 하이퍼렛저 패브릭(Hyperledger fabric)은 2.0 버전을 통해 1.0버전의 450TPS에서 3,500TPS까지 성능을 개선하였다. 여기에는 Raft 컨센서스 오더링(Consensus Ordering), 병렬처리(Parallel Processing) 및 전송 최적화(Transaction Optimization)등의 방법이 사용되었다.

블록체인을 도입하는 기업들

그림 2-7 출처: 스타벅스 미국 RTT 뉴스

‘스타벅스’(Starbucks)는 미국에서 원두관리에 블록체인 기술을 지난 2020년 8월부터 적용했다고 밝혔다. 매장에서 주문한 고객들이 사용된 원두가 어디서 생산되고 로스팅 됐는지 직접 확인할 수 있게 되었다. 농부들은 원두의 유통상황을 눈으로 확인할 수 있게 되었다. 과거엔 유통과정을 거치면서 여러 원두가 섞이는 과정을 통해 경로 추적이 어려웠지만 블록체인 기술을 통해 가능 해졌다.

스타벅스 글로벌책임자 미셸 번스는 스타벅스는 원두 관리를 위해 블록체인 기술을 적용했다고 설명했다. 식품 회사와 농산물 유통 거래사들은 투명한 공급망 관리에 더 집중해야 하는 상황에 도달했다.

그림 2-8 출처: 탐앤탐스

탐앤탐스(TOM N TOMS)는 보안성 강화를 위해 블록체인 기술을 채택했다. 이 탐탐코인(TOMTOM COIN) 프로젝트는 블록체인 및 유틸리티 토큰 프로젝트로 탐앤탐스를 생태계로 사용한다. 보안 및 데이터 관리에 대한 탐앤탐스의 솔루션으로 최근 유통·산업계의 화두가 되고 있다. 해당 암호화폐는 강화된 보안성으로 향후 자사 플랫폼의 결제 수단으로 활용 될뿐아니라, 고객 리워드에 대한 편의성·다양성·투명성까지 제공할 수 있게 될 전망이다. 이와같은 방식으로 재료나 상품의 내역을 블록체인 기술을 통해 저장하면 원산지부터 고객에게 음료가 제공될 때까지의 이력이 확실히 추적 가능해진다. 탐앤탐스는 암호화폐 탐탐코인을 마이탐(MyTOM)의 결제시스템으로 적용하기 위해 블록체인 시스템을 검토 중이라고 했다.

그림 2-9 출처: 벤자민 두보이스 / 코인데스크코리아

매일 10억 개의 제품이 팔린다는 네슬레 역시 블록체인을 도입하였다. 제품의 생산부터 유통과정까지 전부 알고 싶어하는 소비자들의 니즈가 늘고 있고, 이를 충족한 제품시스템의 구축이 매출 증대에 도움이 된다는 판단이다. 현재보다 더 많은 제품정보를 소비자에게 제공하기 위해, 블록체인이 그 대안으로 제시되는 것이다. 벤자민 두보이스 네슬레 블록체인 책임자에 따르면, 네슬레는 다양한 정보를 요구하는 소비자들의 요구에 대응하기 위해 다각적인 노력을 하고 있고, 현재 129개국에서 진행중인 사업에서 전세계 백만 개 이상의 식품 공급사를 연결하는데 블록체인이 가장 적격이라는 설명이다.

푸드트러스트 도입 이전의 네슬레는 ERP(Enterprise Resource Planning, 전사적 자원공유) 시스템을 통해 제품 유통 이력을 공유했으나 원재료를 제공하는 농장들은 종이에 기록해서 제출하는 방식을 선호했다. 이 방식으로는 정확한 데이터 수집이나 추적이 불가능하게 했으므로 벤자민 두보이스는 3년간의 시행착오 끝에 이렇게 블록체인을 도입하게 된 것이다. 벤자민 두보이스는 "이번 경험을 통해 식품 유통 이력 추적에 블록체인이 효과적이라는 것을 확인한 만큼 앞으로 네슬레 전제품으로 이 기술을 확대 적용할 방침이며, 앞으로 IBM의 푸드트러스트뿐만 아니라 퍼블릭 블록체인을 활용하는 방안도 검토 중"이라고 말했다. 또한 그는 블록체인 처리 속도, 상호운용성, 데이터 표준화, 데이터 신뢰도 등을 블록체인의 대표적인 해결 과제로 언급했다.

블록체인을 도입하는 정부

전국 체납 최고액인 4,451만 원의 통행료를 내지 않은 차량이 지난 2019년 6월 단속됐다. 전국 체납 1위 차량인 25t 트럭은 536차례나 하이패스 차로를 무단 통과하였다.

그림 2-10 도로공사 블록체인 상호정산의 효과 출처: 미디움

의도적으로 통행료를 미납할 수 있지만 이런 고의적 체납 외에도 하

이패스 단말기 노후나 차량 이동경로 파악 오류로 인한 과오수납이 발생하는 경우도 적지 않다.

그림 2-11 하나은행 – 한국도로공사 MOU체결, 출처 = 인터넷신문위원회

하나은행-한국도로공사가 블록체인 서비스 도입 위한 업무협약 체결하고 블록체인 기반 상호신뢰 통행료 정산사업을 통해 이를 해결할 수 있게 되었다.

조폐공사

'한국조폐공사'는 우리나라 공공기관 중에서 블록체인을 가장 먼저 도입하였다. 공공분야 개방형 플랫폼인 '착(chak)'을 구축하였고, 이를 기반으로 한 모바일 지역사랑 상품권 발행을 시작했다. 조폐공사는 종이화폐와 동전의 제조뿐 아니라 그 외에 다양한 보안 제품을 만든다. 주민등록증이나 전자여권이 대표적이고, 비자와 공무원 신분증도 생산한다.

그림 2-12 조폐공사의 사업현황

하지만 그동안 조폐공사가 전통적으로 해왔던 화폐 사업의 매출액이 매년 줄고 있다. 지난 2019년의 매출액은 1,101억 원으로 이는 과거 2007년의 2,075억 원에 비해 약 1,000억 원이나 감소한 것이다. 화폐 매출이 매출액에서 차지하는 비중 역시 21%로 하락하였다. '블록체인'이 조폐공사의 신(新) 성장 동력으로 주목받게 된 배경이라 볼 수있다.

조폐공사는 세계 최고의 위변조방지 역량과 공공진본성을 비전으로 제시해왔다. 공공진본성이란 제품 혹은 신분이 사실임을 입증해주는 것을 말하는 것이다. 같은 맥락에서 조폐공사는 정품인증 사업도 진행하고 있다. 바로 이 공공진본성이 데이터의 무결성이 증명되는 블록체인의 특성과 결을 같이한다. 블록체인이 공공진본성을 구현하기 위한 새로운 기술이 된 것이다.

2.3 블록체인에 남겨진 숙제

앞서 말한대로 기업들은 하이퍼레저 패브릭(Hyperledger Fabric)과같은 기업형 블록체인을 기반으로 방대한 양의 데이터 연산처리를 블록체인을 통해 하고 있다. 오피스 분야부터 공공, 서비스, 의료분야까지 블록체인 상용화를 위한 다양한 프로젝트들이 조금씩 결실을 맺고 있다. 그러나 지금은 여러가지 기대와 성공가능성이 점쳐졌던 블록체인 산업이 정체기에 들어서고 있다. 게다가 다음과 같은 이유로 부정적인 시선 역시 블록체인을 향하고 있다.

1. 2018년 ICO 시장의 붐(Boom)과 폭락으로 디지털 자산에 대한 부정적인 시각이 블록체인으로 옮겨간 것이다. 블록체인 네트워크에서 생성된 다양한 디지털 자산이 역으로 블록체인 자체의 부정적인 시각에 기여한 것이다.

2. 블록체인 확장성의 문제이다. 비트코인 8TPS, 이더리움 28TPS, 하이퍼렛저 3000TPS 모두 상용화서비스를 담기에는 턱없이 낮은 성능을 가지고 있다. 현재까지의 블록체인은 중앙화된 시스템보다 느릴 수밖에 없다. 정보공유와 합의과정을 통해 성능이 저하될 수밖에 없는 것이다.

어려운 사용법

블록체인 시장의 생태계를 만들어가는 개발자와 시스템 통합기업의 입장에서 블록체인 시장의 가장 큰 문제점은 다음과 같다.

1. 아직까지 블록체인이 설치조차 어렵다는 것이다. 소프트웨어 시장에는 흔한 간단한 정보의 입력만으로 짧은 시간 내 설치되는 마법사와 같은 설치파일 하나 없는 실정이다.

2. 블록체인을 관리하는 전용콘솔이 없으며, 있다고 하더라도 터무니없이 어렵고 복잡하다. 복잡한 블록체인 프로세스와 자원의 직관적인 모니터링이나 관리가 가능하지 않기 때문에 블록체인 담당자들이 시스템 자체를 어렵게만 바라본다는 점이다.

3. 니즈에 따라 사용자(노드(Node))의 추가가 어려우며, 체인코드(Smart Contract)의 배포와 연동 환경, 배포 관리 기능이 복잡하여, 유연한 Dapp연동 구현이 안된다는 점이다.

따라서 기업은 별도의 전문 개발자와 담당자 없이는 블록체인의 설치와 구축이 불가능하다. 이런 점들이 블록체인 시장의 생태계가 자생하기 어려운 상황들을 만들었으며, 어렵게 블록체인 개발자를 통해 Dapp을 만들어 도입했지만, 형편없는 처리속도로 인해 엑셀파일을 업로드하기 위해서는 한 번에 6시간이 걸리는 불편한 시스템들이 만들어졌다. NFT와 메타버스의 등장 이전까지는 기술은 있지만, 비즈니스가 없는 기형적인 형태로 더디게 성장해왔다.

최근 NFT의 등장으로 블록체인은 산업에 다양한 파급력을 가져올 것으로 보인다. 블록체인 기술의 상용화가 지속되고 있고 기술적 가치를 증명하는 다양한 레퍼런스들이 등장하고 있다. 인공지능(AI), IoT 등이 기술산업에 적용된 것 과 같이, 블록체인의 산업화 속도는 더 빠를 것이라 예상된다. 디지털 트랜스포메이션의 속도는 코로나19로 인해 더욱 가속화되고 있고, 국내외 공공·민간 부문에서 디지털 혁신이 진행되고 있다. 이는 정부 조직과 기업의 블록체인 시장 형성으로 이어질 것이고, 글로벌 시장 확장 역시 더욱 속도를 낼 것으로 보인다. 실제로 상호 정산이나 DID, 디지털 자산, 특히 메타버스와 NFT 등이 접목된 결제 분야는 뜨겁기까지 하다. 블록체인과 NFT 등의 혁신기술에 얼마나 잘 준비되어 있는지에 따라 시장을 리드하는 핵심주자(Key Player)가 될지가 정해질 것이다.

느려서 속터지시죠?

블록체인의 과정은 '저녁약속'과 같다. 여러 명이 함께할 저녁 약속을 한번 잡는다고 생각해 보자. 날짜·장소에 대한 의견이 분분하거나 합의점을 찾지못하고 자꾸 결정이 더디어진다면 대화에 참여하는 사람들은 모두 점점 답답함을 느낄 것이다. 차라리 혼자 식사하는 것이 나을것 같다는 생각이 들 정도이다. 약속에는 '합의'라는 과정이 반드시 필요하듯이 블록체인에도 이런 합의과정이 필요하다.

블록 생성자는 데이터를 저장하여 블록을 생성하고 원장을 공유한다. 노드 참여자가 동의하지 않거나 정보 공유가 안될 경우에 속도는 지연된다. 초기 블록체인 시장은 이런 합의 과정(Algorithm)을 단축해 성능을 개선하려 시도했지만, 결과는 크게 나아지지 않았다. 나름의 방식으로 속도를 개선했지만 중앙시스템에는 훨씬 못 미쳤다. 오히려 블록체인의 중요 가치인 탈중앙성·보안성 등이 훼손되기도 했다. 부테린이 트릴레마라고 명명한 한계는 블록체인 도입의 발목을 잡는 주요한 원인이 되었다.

이를 해결하는 방안으로 샤딩이 고안되었다. 블록을 병렬로 생성할 수 있게 하는 기술인 샤딩은 블록생성자를 소그룹으로 분할해 소그룹에서 개별로 블록을 생성하게 한다. 기존 블록체인은 하나의 블록만이 생성된다면 샤딩이 적용된 블록체인에서는 다수의 블록이 동시에 생성이는 되며, 이는 블록의 생성속도를 끌어올리는 효과가 있다.

프라이빗 블록체인 하이퍼레저 패브릭(Hyperledger Fabric)은 현재 약 3,000TPS를 구현했는데, 국내 스타트업 미디움의 블록체인 가속기 MDL은 이런 하이퍼렛저의 성능을 개선하여 15,000TPS를 구현했다. MDL은 HLF 대비 5배 향상된 성능을 제공하면서 패브릭과의 호환성을 제공해 기존 패브릭 고객의 전환이 쉽고, 기존 패브릭 시스템과의 통합 작업도 수월하다. 블록체인 가속기술을 통해 고객이 블록체인 코어 기술의 성능 고민없이 비즈니스에 집중할 수 있게 된다.

블록체인 세대별 개선방향

초기 블록체인은 시스템 확장과 개선을 위해서는 별도의 추가협의나 코드수정 등이 수반되어 비효율적인 구조였으나, 블록체인 기술을 프로그래밍 형태로 구현 가능한 웹 프레임워크(Web Framework)로 구현된 이더리움을 통해 분산 어플리케이션을 구현할 수 있는 플랫폼으로 활용될 수 있게 되었다.

표 2-2 블록체인 세대별 주요특징 (출처 : 과학기술정보통신부, 2018)

구분	1세대 (2009년~2014년)	2세대 (2015년~현재)	3세대 (향후)
주요특징	-가상통화 -자산거래	-스마트계약(비지니스 자동화) -분산 앱Decentralized Application)	-확장성(Scalability) -블록체인 간 상호 운용성 (Interoperability) -IoT 지원
대표사례	-비트코인	-이더리움(Etheum) -하이퍼레저 (Hyerledger)	-다양한 블록체인 플렛폼 개발중
개발현황	도입기	확산기	성숙기

기존의 블록체인 기능에 비해 편의성과 서비스 확장성면에서는 긍정적이나 이로 인해 부정적인 면도 발생되었다. 이더리움의 스마트계약은 담보책임과 계약 이행여부에 대한 법적규정이 존재하지 않기 때문에 법적 분쟁소지가 있으며, 송금이나 스마트계약 실행시에 발생되는 수수료를 책정하기 위한 GAS가 트랜잭션 처리 속도와 연결되면서 트랜잭션으로 인한 비용절감 효과가 미비할 수 있다는 문제점이 존재한다. 이를

해소하기 위해서 법·제도의 효력을 부여하거나 오프체인(Off-chain)을 이용한 라이덴이나 차일드체인(Child-Chain)을 이용한 플라즈마 등을 통해 GAS 사용 수수료 절감을 위한 연구들이 활발하게 이뤄지고 있다.

블록체인 기술요소들은 하위 레이어부터 상위 레이어까지 블록체인의 무결성, 합의알고리즘 등을 기반으로 구성되며 최근에는 보다 활용분야를 확장한 삼성SDS 넥스레저(Nexledger), LGCNS 모나체인(Monachain), 아이콘루프 루프체인(Loopchain), BLOCKO 코인스택(CoinStack) 등의 다양한 블록체인 기반 플랫폼 솔루션이 블록체인 활용에 긍정적인 역할을 하고 있다. 블록체인 플랫폼을 토대로 전자선거, 복지시스템, 신분증 등의 공공서비스 분야에 블록체인 기술이 적용되면서 신뢰사회 구현의 기틀을 마련하고 있을 뿐만 아니라, 특히 금융분야에서는 가상화폐, 주식거래(장외시장), 전자공증, 스마트계약(Smart Contract)등을 통해 디지털자산 커스터디(Custody) 서비스로 전략적인 투자를 이어가고 있다.

2.4 다양한 영역으로 확장하는 블록체인

무역금융을 위한 블록체인

그림 2-13 피어세이프와 미디움의 무역금융플랫폼 출처=미디움

중국의 기술기업인 피어세이프가 현재 구축중인 CTFU는 전 세계 최대 규모의 중국공상은행(ICBC, Industrial and Commercial Bank of China)을 포함해 중국건설은행, 중국농업은행과 중국은행 등 중국은행연합회 컨소시엄 12개 은행이 참여한 최대 무역거래 플랫폼이었다. 비트코인이 국가 간 외화송금에 활용된 것처럼 블록체인 네트워크를 통해 거래내역을 보증하고 송금 비용을 절감하는 동시에 업무효율을 크게 향상시키는 것

을 목적으로 개발 중이었던 것이다. 피어세이프는 중국 정부가 발급하는 공안부(Ministry of Public Security)의 정보보안 상품 판매허가, 상업용 암호화폐 상품 분류 인증, 중앙정부 기관용 소프트웨어 공급자 자격의 세 가지를 모두 인가받은 유일한 기업이다. 당초 중국 건설은행이 블록체인 기반으로 신용장 거래를 간소화하여 이를 시스템에 도입하면서 단 1년 만에 67조라는 거금을 끌어들였다. 추후 이 플랫폼은 한중으로 확장하여 연간 2,434억 달러(약 265조 원)에 달하는 한-중 무역거래의 안정적 연계를 위한 한국은행권의 컨소시엄을 구성하고 국제무역거래에 과도하게 소모되는 수 천, 수 조원의 비용구조를 개선할 계획이다.

NFT와 블록체인

그림 2-13 [BIFF] 부산국제영화제 NFT 티켓 도입 출처=엑스포츠뉴스

제26회 부산국제영화제(이하 부국제)가 NFT 티켓을 도입했다. NFT라기 보다는 블록체인이란 말이 더 익숙했던 지난 2018년에는 스페인의 시체스국제판타스틱영화제(이하 시체스영화제)가 슬레이트 엔터테인먼트와의 협약으로 제 51회 시체스영화제부터 블록체인 기반의 전자발권시스템을 도입한 적이 있다. 사용자 입장에서 NFT 티켓은 변화를 체감하기 어렵다. 기존 예매시스템에 NFT 기술만 추가되었기 때문에 예매부터 발권까지의 과정은 전과 동일하기 때문이다.

한때 마블의 <어벤져스 : 인피니티 워>(2018)는 당시 2만 원이었던 CGV 용산 아이맥스관 3D 프라임존 티켓 값이 최대 20만 원까지 치솟으며 화제를 일으켰던 적이 있다. 지금도 코로나19의 여파로 콘서트나 영화, 스포츠 관람 등이 많은 타격을 받아 예매 가능한 좌석의 수가 줄어들고 있지만 오히려 암표는 더욱 성행하고 있다. NFT 기술을 티켓에 적용하면 각 티켓에 별도의 인식값이 부여되어 티켓의 출처를 신속하고 정확하게 추적, 허위 매물과 위조를 없애고 소비자를 보호하는 데 기여할 수 있다.

NFT를 활용하면 소유자 정보와 거래 이력 등의 데이터가 모두 블록체인에 저장돼 위변조가 불가능해진다. 촬영된 이미지, 디지털 콘텐츠, 예술품과 부동산 등 모든 자산의 NFT 생성이 가능하다. 또한 전환된 자산에 대한 희소성과 가치를 그대로 보장하며, 새로운 거래를 생성하게 된다.

최근 조선 총독부의 철거 영상을 담은 10장의 이미지가 NFT로 생성되어 100만원에 거래되기도 하는 등 다양한 NFT 컨텐츠가 쏟아지고 있다. NFT 티켓은 다양한 콘텐츠와 결합하여 활용되거나 판매될 수 있다. 즉 어떻게 활용하느냐에 따라 얼마든지 부가가치와 수익 창출이 가능한 것이다. 또한 단순히 티켓에서 끝나지 않고 영화 제작, 배급, 상영 등 기타 영화산업 분야로 확장해나갈 수 있다.

디지털 화폐와 크립토뱅크

디지털화폐의 발행은 중앙은행 본연의 업무인 지급결제의 안정성, 통화정책의 유효성, 금융안정 유지 등에 광범위한 영향을 미칠 것으로 분석된다. 2021년 'CBDC 국제지수'에서 컨설팅 회사인 PwC는 소매 응용 프로그램과 은행 간 응용 프로그램의 두 가지 요소를 기준으로 중앙은행의 암호화폐 배포 성숙도 수준을 조사했다. 소매 애플리케이션은 개인이나 기업이 디지털 화폐 형태로 직접 보유하거나 거래할 수 있는 CBDC를 의미한다.

프랑스와 마그레브 지역의 PwC 제휴사인 베넛 수류(Benoit Sureau)는 "60개국 이상의 중앙은행이 이미 중앙은행 디지털 통화 경주에 진출했다"고 말했다. 그는 CBDC를 시민과 기업들에게 대체 결제 솔루션에 대한 액세스를 제공해주는 게임 체인저라고 설명했다. 소매 CBDC 순위에선 바하마가 100점 만점에 92점을 받으며 선두에 섰다. 캄보디아는 83으로 2위, 중국 본토(75)와 우크라이나(71)가 그 뒤를 이었다. 바하마에서는 2020년 10월에 이른바 샌드 달러(Sand Dollar)가 성공적으로 시행되었기 때문에 호의적인 점수를 받을 수 있었다. 바하마 중앙은행의 지원을 받는 샌드달러는 공인 금융기관을 통해 발행된 국가 통화의 디지털 버전이다. PwC의 설명에 따르면 모든 거주자는 모바일 애플리케이션이나 물리적인 결제 카드를 통해 디지털 월렛에 액세스할 수 있으며 수입과 지출정보와 같은 일상 업무중에 수집된 기록은 소규모 대출 신청서에 참조될 수 있다.

중국 본토는 2014년부터 소매 CBDC를 개발하기 시작했지만, PwC 순위에서 중국은 상위 10위 안에 들지 못했다. 은행 간 CBDC 프로젝트 성숙도는 태국과 홍콩이 주도하고 있으며, 두 곳 모두 100점 만점에 80점을 달성했다. 싱가포르는 75점으로 3위 , 캐나다(69), 영국(68), 프랑스(64) 순이다. 태국은 2018년 이후 CBDC 개발에 몰두하고 있고, 곧 성공적인 시제품을 내놓을 전망이다.

암호화폐의 예금, 대출, 이체, 인출 등의 은행서비스를 제공하는 기업을 크립토뱅크라고 한다. 크립토뱅크는 암호화폐의 개인키를 보관하며 이에 대한 법적 책임을 진다. 암호화폐의 수탁과 예금상품도 일부 포함을 하고 있지만, 현재의 크립토뱅크는 투자상품이나, 담보대출이 주를 이룬다.

스위스, 독일, 미국, 뉴욕 등에 현재 크립토뱅크가 허가되어 있지만 실질적으로는 스위스에서만 사업이 진행중이다. 스위스의 금융감독원은 가이드라인을 통해 암호화폐에 대한 법적 구분을 제시하였다. 암호화폐의 형태에 따라 법적취급을 다르게 적용, 경제적 기능으로 화폐 또는 금융상품으로 구분한다.

크립토뱅크의 비즈니스 모델은 상업은행과 투자은행으로 볼 수 있다. 주력서비스는 신탁투자와 자산운용이지만, 중소기업의 STO 지원업무도 제공한다. 은행의 암호화폐 관련 금융업무를 합법화한 것으로 평가되는 크립토뱅크는 주로 암호화폐의 규제가 낮은 국가에서 먼저 도입될 가능성이 크다. 암호화폐의 투자가 늘어날 것으로 전망되며, 크립토뱅크의 수요 역시 확장될 것으로 전망된다. 하지만 각 국 은행의 재무건전성을 악화시킬 우려로 현재로서는 규제가 허용되기는 쉽지 않을 것이며, 디지털 자산의 보유에 대한 패널티 항목들은 늘어날 것으로 예상이 된다.

최근 일부 투자은행들이 암호화폐 수탁서비스 출시를 위한 움직임을 보이면서 크립토뱅크가 점진적으로 확대될 예정이며, 현재 한국의 크립토뱅크 시장은 2021년 5월 20일 시행된 특금법 개정안을 통한 관련 법규의 기본적인 정립 단계로, 기존의 금융수탁업자에게 적용되는 정도의 규제 마련에는 많은 시간이 소요될 것으로 예상된다.

2.5 다음세대의 블록체인은 어떻게 바뀔까?

엔터프라이즈 블록체인의 미래

엔터프라이즈 블록체인은 신뢰할 수 없는 사람이나 기업들이 서로를 믿기 위해 사용되는 이른바 '신뢰비용'을 줄이고 사업을 하기 위해 사용된다. 새로운 인프라와 블록체인 기반의 마켓을 근본적으로 새로운 네트워크 기반 위에서 하기 때문에 시장은 새로운 비즈니스 모델을 만들어 갈 수 있다. 초기 엔터프라이즈 블록체인의 경우에는 퍼미션드 데이터베이스가 중심이고, 퍼블릭 기반의 비트코인은 기업의 주목을 받지 못했다. 비트코인이 아닌 블록체인이 확산되기 시작하면서 이른바 중량급 '밈'처럼 기업들은 블록체인에 주목하기 시작했다. 엔터프라이즈 블록체인 전략에 이은 다수의 개념검증(Poc) 시도들로 시장은 새로운 국면을 맞이한다.

엔터프라이즈 기업들이 원하는 요구사항들은 명확했다. 프라이빗 데이터베이스 기반에, 토큰과 탈중앙화가 없어야 한다는 것이었다. 이 같은 흐름은 초기 프라이빗 블록체인시장을 관통하는 것이었다. 기업은 End User들이 권한을 가지는 네트워크를 원하지 않았다. 블록체인은 원하지만, 탈중앙화는 싫은 불편한 기술기반의 기싸움이 이어졌다. 많은 기업들이 블록체인을 도입하여, 반복을 줄이고 내부 프로세스를 개선하는 방향으로 도입을 시도했다. 엔터프라이즈 단위의 실험과 PoC 이후 몇 년 후 시장에 존재하는 프로젝트는 희박하였다. 지금의 RPA나 다른 자동화 기술같이 리소스의 효율을 강화하거나, 기존 BM의 전략적 강화를 하는 것이 블록체인의 핵심이 아니다. 스마트 컨트랙트를 통해 토큰을 발행할 수 있는 이더리움 ERC20 같은 기술표준이 등장했을 당시, 스타트업들과 프로젝트들이 시장에 쏟아져 나왔다. 하지만 이때의 기업들은 파괴적이고 혁신적인 비즈니스를 가져오는 능력이 다소 부족했다.

4세대 블록체인 시대

그림 2-14 송치형 두나무 의장 [사진 출처 = 두나무]

블록체인업계는 'NFT'와 '탈중앙화 금융서비스(DeFi·디파이)' 가 중요한 이슈로 떠올랐으며, 가상화폐 거래소 신고제는 시장을 새롭게 바꿔가고 있다.

최근 송치형 두나무 의장은 “디파이는 양적·질적으로 지속적으로 성장했고, 소수 마니악한 취미였던 NFT는 예술과 수집품 시장에서 지속적으로 이슈를 생산하여 크리에이터 경제에 새로운 바람을 불러일으켰다”고 말했다. 디지털 그림이나 음악을 블록체인 기술로 유동화한 토큰을 의미 NFT, 블록체인 네트워크 안에서 가상화폐를 담보로 한 예금, 대출 등 금융서비스인 디파이가 시장의 중요서비스로 주목을 받고 있다.

2023년, 성능 기반의 4세대 블록체인 시대

샤딩을 적용한 이더리움 2.0과 폴카닷이 2023년에 등장하고, 프라이빗에서도 성능을 개선한 블록체인이 앞으로 지금과는 다른 움직임을 형성할 것이다. 부테린 창시자는 2022년 4분기에 이더리움 2.0을 출시한다고 밝히면서 성능을 기존 이더리움의 5,000배 개선했다고 말했다. 샤딩을 적용할 계획인 폴카닷은 2022년 3분기에 출시될 예정이며, 이더리움 2.0의 1.7배의 성능을 개선했다고 밝혔다. 업데이트 방식을 대폭 개선하고, 기존 블록체인과 데이터 공유체계를 만든다고 선언하여 기술적인 주목을 받고있다.

디앱의 동작성능은 성능기반의 블록체인과 디지털 자산의 본질적 가치라 할 수 있다. 블록체인업계에 아직 Killer App이라 칭할만한 것은 없다. 보다 나은 성능을 앞세운 4세대에는 이를 충족할만한 앱이 등장하지 않을까 생각된다.

중앙은행 디지털 화폐

최근 윤성관 한국은행 부장은"CBDC 도입이 결정되면 바로 발행하도록 준비한다"고 발표하였다. 해외 CBDC 도입 사례를 기반으로 국내에 적용 가능한 모의 환경테스트를 진행중이다. 도입 시기는 현재로서는 미정이지만, 결정 시점에 차질없이 즉각적으로 CBDC를 발행할 수 있도록 철저히 준비하고 있으며, 독일이 우리와 비슷한 면이 많아 독일 중앙은행의 사례에 관심을 두고 있다고 했다. 이와같이 2017년 이후 국제적으로 디지털화폐가 활성화되고 가치가 상승하면서 각 국의 중앙은행들이 디지털화폐 CBDC를 도입하거나 도입을 고려 중에 있다.

그림2-15 한국은행 윤성관 전자금융부장 출처= 지디넷

바하마는 많은 섬으로 구성되어 있고 부족한 금융 인프라를 해결하기 위한 방안으로 CBDC를 서두르고 있다. 2020년 10월 PwC의 CBDC 국제지수에서 이른바 샌드달러(Sand Dollar)가 성공적으로 시행되었기 때문에 소매 CBDC 순위에서 1위를 받았다. 모든 거주자는 모바일 애플리

케이션이나 물리적 결제 카드를 통해 디지털 월렛에 액세스할 수 있다.

미국 연준은 CBDC를 직접 도입하는 방안과 민간기업이 스테이블 코인을 발행하여 규제권한만 연준이 가지는 방안을 가지고 고민하고 있다. 유럽중앙은행(ECB)도 심도있는 조사를 실시한 뒤 도입여부를 판단하겠다고 밝혔다. 디지털유로 동향과 수요에 관한 리서치는 향후 2년간 실시될 예정이다. CBDC 시범 운영에 들어간 스웨덴은 블록체인 기반으로 CBDC를 구축하고 있으며, 중국은 기존 데이터베이스를 블록체인과 연계한 방식으로 도입을 추진하고 있다.

윤성관 부장은 "국가별로 도입 방식이 다른 이유는 보유한 기술 상황과 경제적 배경 등이 다르기 때문"이라며 "CBDC 도입에 앞서 여러 프로젝트들이 시도되고 있다"고 설명했다. 여러 나라들이 금융포용성이 확장되고, 현금을 제조하고 유통하는 비용을 절감하고 현금 이용이 감소하는 등의 긍정적인 부분 외에도 CBDC에는 고민해야 할 부분이 많기 때문이다.

통화 주권이나 통화시스템에 빅테크 기업의 지급시장 진입이 큰 영향을 미칠 것이라는 염려의 목소리도 나오고 있다. CBDC 도입에 선행하여 한국은행은 안정적 운영을 위해 모의테스트를 진행하고 있다. 일반적으로 직접 CBDC, 혼합형(hybrid) CBCD, 중도(intermediated) 모델 등 3가지 아키텍처로 나뉜다. 그 중에서 현재 블록체인 기술을 이용한 혼합형(Hybrid)으로 환경을 구축하여 테스트를 진행중이다. CBDC 1단계 테스트는 8월부터 12월까지, 분산원장 기반의 CBDC 모의 환경을 구축하고 제조, 발행, 환수, 폐기 등 CBDC의 구현 가능성을 테스트한다.

기존의 종이화폐를 발행하고 운영하던 시스템에서 디지털 화폐를 제조, 발행, 환수하여 폐기까지 하는 라이프사이클을 운용하게 되면 발생할 수 있는 다양한 변수들을 은행이 이해하고, 대응하기 위해 다각적인접근을 하고 있는 것이다. 아직은 먼 이야기라고들 하지만, 발생할 수 있는 가정을 통해 그 변수를 줄이는 방법들을 논의하면서 고심에 고심을 하고 있다.

NFT 열풍과 웹3.0

지난해 글로벌 NFT 거래량이 150억달러를 넘었다. 이 정도 규모는 오픈씨(OpenSea) 같은 NFT 거래소에서 무엇을 사더라도 원하면 언제든 팔 수 있다는 것을 의미한다. 메타버스 세상에서 디지털 금융을 가능하게 하는 핵심으로 NFT가 주목을 받고 있다.

NFT에 대한 열광의 근원은 희소성이다. '단 하나, 복제 불가능한 원본'의 믿음은 매혹적이다. '얼굴 없는 화가' 뱅크시의 '멍청이'(Morons)라는 작품이 불에 태워지고, 대신 NFT로 변환된 디지털 작품이 경매에 올라온 사건은 NFT의 본질이 무엇인지를 이야기 해준다.

17세기 네덜란드 금융시장을 휩쓸었던 튤립 투기의 시작도 희소성이었다. 다년생 식물인 튤립은 다른 새 구근을 만들기까지 몇 년이 걸리는 데다 가끔 돌연변이를 만들어내 애호가들을 현혹했다. 해상 무역으로 신흥 제국주의 국가로 부상한 네덜란드엔 차고 넘칠 정도로 돈이 많았고, 전에 없던 엄청난 유동성은 튤립 구근이라는 부(富)의 상징으로 미친 듯이 쏠렸다. 고삐 풀린 글로벌 유동성 시대가 막을 내리더라도 NFT의 거래가 지금처럼 활발할 수 있을 것이냐 하는 점이다. 한 가지 분명한 건 너도나도 만들어내는 NFT는 튤립에 지나지 않는다는 사실이다. 마구 찍어낸 화폐는 한낱 종이 조각일 것이다.

최근 미래에셋 등 기관들이 NFT에 관심을 가지는 현상에 주목해야 한다. 자본시장의 흐름속에 NFT가 어떤 역할을 해주고 있는지, 그리고 자본을 움직이는 관점에서는 NFT를 어떤 역할로 보고 있는지 하는 것이다. 토큰의 역할을 넘어, 코인을 합친, 펀드의 역할, 결국 자본의 결집 대상이 되지 않겠는가 하는 관점이다.

블록체인은 NFT를 통해 메타버스나 돈 버는 게임(Play to Earn, P2E) 같은 가상공간에서 디지털 자산의 소유 및 인증과 거래를 가능하게 했다. 또한 플랫폼의 중앙 서버에 저장했던 모든 데이터가 블록체인을 통해 다중 서버에 분산 저장되고 데이터를 기록한 장부를 네트워크에 참여한 사람들이 직접 소유함으로써 해킹과 기록의 위·변조를 방지하고 데이터의 유실을 막을 수 있다. 시총 14조 8000억 달러의 웹 2.0의 메타버스 자본은 웹 3.0으로 흘러갈 것이다. 메타버스 속에서 NFT와 부동산 등의 거래가 가능하고 기업의 디지털 사옥 구현도 가능하다. 다양한 문화 활동(예:가수 콘서트)이 가능하도록 구현까지 될 것이다. 메타버스는 블록체인들의 상호 관계로 구성되며, 각각의 블록체인들의 플랫폼으로 유저들이 사용이 가능한 공간을 구축할 것이다.

PART 01

NFT, 디파이가 쓰일 메타버스 세상 / 백남정

PART 02

블록체인이 바꿔 놓은 NFT 비즈니스 시장 / 박상민

PART 03

NFT 블록체인 예술을 만나다 / 강신범

PART 04

NFT와 블록체인에 대한 알아 두면 좋은 상식 / 임명수

PART 05

분산금융의 이해 / 김형중

PART 06

가상자산·NFT·메타버스의 법률 이슈 / 김주은

블록체인과 NFT를 바라보는 복잡한 시선이 혼재되어 있음을 안다.

기술은 가치 중립적이지만 어떤 이의 손에 쥐어져 있는지가 그 색깔을 결정한다. 블록체인의 색깔이 무엇인지, 그것이 가지는 진정한 가치에 대해 설명해 달라는 요청이 많았다. 뉴스를 통해 접한 암호화폐들의 가격이나 NFT 작품들의 낙찰가가 올라갈수록 더 많은 질문을 받았다.

정보보호를 전공한 공학도로서 블록체인 기술의 우수성이나 기능적인 효용성은 얼마든지 설파해 줄 수 있다. 그럼에도 “블록체인의 가치는 무엇인가?”, “NFT 작품은 예술품인가?” 라는 질문들은 계속 남았고 이제 그 질문에 답을 할 수 있어야 한다고 생각했다.

블록체인과 NFT 관련 사업을 영위하고 있는 기업인으로서 최대한 중심이 잡힌 이야기를 나누고자 조심스럽게 글을 적어 본다. 혹시라도 사업과 관련되거나 트렌디한 소식들이 본질을 흐리지 않도록 관련 소식들은 같은 챕터에 넣지 않았다.

우리나라의 미래는 MZ세대들의 손에 달렸다. 앞으로의 10년은 이들의 도전을 응원해 줘야할 시간이다. 새로운 세대가 요구하는 변화에 대해 경청의 자세가 필요하다.

3. NFT 블록체인 예술을 만나다

클로드 모네(Claude Monet, 1840~1926)의 '건초더미(Meules)' 시리즈가 있다. 모두 25 작품으로 이중 대부분은 시카고 미술관 등에 소장되어 있고 개인 컬렉터가 보유한 것은 8점 뿐이라고 한다. 그 중 한 작품이 2년전 소더비 뉴욕 경매에서 1억 1,074만 달러에 낙찰되었다. 이 작품이 가지는 가치를 이렇게 숫자로 표기할 수 있다는 것도 신기한 일이다.

모네는 전통적인 회화 기법을 거부하고 빛의 변화에 따라 나타나고 사라지는 자연의 변화를 표현하고 싶어했다. 그를 빛의 변화를 포착하는 화가라고 부르는 이유는 그가 빛과 함께 순간순간 변화하는 색채들 속에서 자연을 묘사하는 인상파를 대표하기 때문이다. 1871년 전시된 자신의 작품 '인상, 해돋이(Impression, Sunrise)'의 이름에서 지금 우리가 말하는 인상주의(Impressionism)가 시작되었다. 그 당시 모네의 도전은 주류 예술가들로부터는 이단아 취급을 받았고 그의 작품들에도 비판이 쏟아졌다.

1891년 건초더미 작품들이 대중들에게 선보여졌을 때는 사뭇 다른 평가를 받았다. 카미유 피사로도 그의 작품에 대해 찬사를 보냈다. 이때 모네의 작품을 접하게 된 사람들 중에 베르타도 있었다. 그녀는 포터 팔머의 부인으로 포터는 백화점 체인 사업을 통해 엄청난 부를 이뤄낸 부호였다. 바로 그 베르타가 모네의 건초더미를 처음 소장하게 된 개인으로 기록된다. 베르타는 건초더미 외에도 모네의 작품 다수를 구입한 것으로 알려져 있는데 100년이 넘게 지난 후손들에 의해 그의 작품이 이런 엄청난 금액으로 평가받게 될 줄도 알았을까?

그림 3-1 110,747,000 USD에 낙찰된 모네의 '건초더미', 출처 : Sotherby's
https://www.sothebys.com/en/auctions/ecatalogue/2019/impressionist-mod ern-art-evening-n10067/lot.8.html

우리가 예술작품에 대한 가치를 논할 때 항상 따라다니는 친구가 있다. 바로 아우라다. 발터 벤야민은 자신의 논문 '기술 복제 시대의 예술작품'에서 자연을 복제하던 인간의 손놀림이 아니라 이제 기계를 이용한 기술적 복제의 시대가 되었음을 말했다. 다행히 벤야민은 새로운 기술의 등장에 대해 기존의 예술시장을 위협하는 것으로만 생각하지는 않았다. 하지만 지금까지 예술작품에 대한 가치가 아우라라 불리는 유일무이성에 기반한 것이라면 그것은 소멸할 것이라고 생각했다.

"아우라는 공간과 시간으로 짜여진 특이한 직물로써, 아무리 가까이 있어도 멀리 떨어져 있는 어떤 것의 일회적인 현상이다"

\- 발터 벤야민(1892~1940), 기술 복제 시대의 예술작품 중

그가 아우라의 유일무이성에 대해 이해하고자 했을 때 연구의 대상은 사진이었다. 그 당시 사진은 아주 신상의 미디어였고 새로운 기계문명을 만들어내는 장치였다. 하지만 지금 우리가 사용하고 있는 사진기와는 많은 차이가 있었다. 그중 하나가 바로 빛에 노출되는 시간이었다. 당시 사진은 은판과 같이 빛에 반응하여 색이 변화되는 물질들을 이용해 특수하게 제작된 판에 조그마한 구멍을 통해 들어오는 빛을 쪼여 음영의 차이를 드러나게 하는 방식이었다. 그러다 보니 당연히 사진의 완성을 위해서는 충분한 시간이 필요했고 지금의 사진처럼 대상을 정확히 특정한 초점이 맞는 결과물이 아니었다.

그림 3-2 루이 다게르(Louis J.M. Daguerre, 1789~1851), 탕플거리
https://upload.wikimedia.org/wikipedia/commons/d/d3/Boulevard_du_Temple_by_Daguerre.jpg

프랑스 파리의 탕플거리는 언제나 사람들로 붐비는 곳이다. 다게르가 자신의 은판 사진술을 통해 처음 카메라에 담은 사진도 바로 이 탕플거리다. 그 당시 기술로는 너무도 훌륭한 결과물이었다. 그런데 이 사진을 자세히 살펴보면 뭔가 어색한 부분이 있다. 언제나 사람들로 북적이는 이곳에 사람이 딱 두 명밖에 없지 않은가? 이른 아침이어서일까? 아니다. 사진 가운데 나타난 두 명은 자신의 구두를 닦기 위해 자세를 고정한 손님과 그의 구두를 닦고 있는 사람이다. 그렇다. 다게르의 사진술은 빛에 의해 반응하는 은판의 성질을 이용하였기에 사진이 만들어지기 위해서는 충분한 노출 시간이 필요했던 것이다. 이런 기술적 특성으로 인해 바쁘게 움직이고 있던 수많은 사람들은 거리에서 사라지고 느긋하게 몇 분 동안 한 자세를 취하고 있던 저 두 명은 역사의 기록과 함께 할 수 있는 영광을 얻게 되었다.

발터 벤야민은 이렇게 탄생한 사진이라는 새로운 미디어가 기존 예술품들의 특성을 제대로 담지 못하리라는 것을 알았던 것이다. 그것이 바로 '일회적 현상'으로서의 아우라이다. 즉, 그가 말한 기술 복제 시대의 복제품이란 사실 그대로를 제대로 담지 못하는 불완전한 기술시대의 진지한 고민이기도 하다. 기술이 발전하여 온전한 복제가 가능해진 지금의 시대에는 그럼 이런 논란이 없을까? 아니다. 많은 평론가들과 예술계의 전문가들은 예술작품의 제의적 가치와 전시적 가치는 어떤 기술로도 복제되는 순간 사라진다고 믿는다. 즉, 디지털 아트란 아우라가 사라진 허망한 것이라는 진단이다. 예술품이란, 그 객관적인 모양이나 이미지가 아니라 시간과 공간이라는 가치와 결합되어 아주 유일하고 일회적이기에 영원히 존재하고 어느 곳에서나 불쑥 튀어나올 수 있으며 원작과 복제품을 만든 이도 분간할 수 없는 이것들에게 예술작품이라는 칭호를 붙여 줄 수는 없다는 것이다.

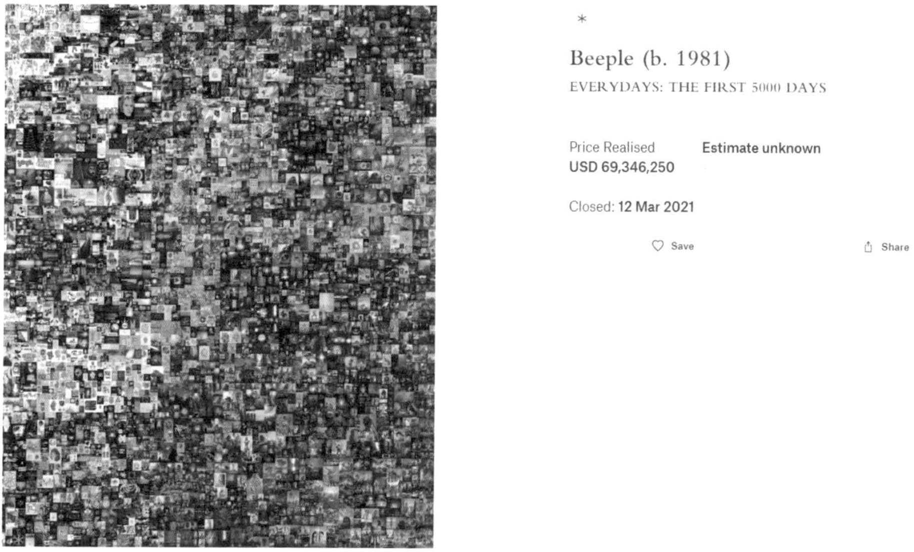

그림 3-3 69,346,250USD에 낙찰된 비플의 'Everydays: The First 5000 Days'
출처: Christie's / https://onlineonly.christies.com/s/beeple-first-5000-days/beeple-b-1981-1/112924

지난 3월 소더비와 함께 세계적인 미술품 경매회사로 알려진 크리스티에서는 완벽한 디지털미디어 작품인 마이크 윙켈만(Mike Winkelmann)의 'Everydays : The First 5000 Days' 작품이 69,346,250 USD에 팔린 사실이 뉴스를 통해 알려지면서 많은 이들이 디지털 아트에 대한 시장의 재평가가 시작되었다거나 NFT예술품 시대가 개막되었다는 평가를 내렸다. 하지만, 얼마나 많은 이들이 이 작품에 대한 예술성에 대해 진지하게 고민해 봤겠느냐는 생각에 이르면 살짝 두렵기도 하다. 비플이라는 활동명이 더 익숙한 이 친구는 날마다 하나의 그림을 그려 소셜미디어에 올리는 프로젝트를 시작했다. 작품명처럼 5,000일의 시간이 흐르며 그가 창작한 그림들이 모여졌다. 그 하나하나의 그림은 나도 잘 알지 못한다. 그 5,000개의 그림들이 퍼즐의 조각처럼 모여 하나의 작품으로 대중 앞에 서게 된 것이다. 이것은 모여진 한 장의 그림이라기보다는 한 장으로 모여지는 5000일이라는 의식적 가치를 표현한 것은 아닐까? 발터 벤야민도 "진정한 예술작품의 유일무이한 가치는 의식에 근거를 두었다"고 하지 않았나.

이 챕터의 주제는 어렵다. 새로운 기술에 대한 설명이나 트렌디한 현상에 대해 정리해 주는 것은 독자들에게 거부감이 없다. 하지만 블록체인과 NFT와 같은 논란의 중심에 서 있는 기술과 고상한 예술과의 만남에 대한 이야기를 시작한다는 것은 쉽지 않다. 예술계의 누군가에게는 불편한 이야기로 들릴 수 있다. 나는 그 분야의 전문가들을 존중한다. 다만, 지금 일어나고 있는 이 아무도 제대로 설명할 수 없는 현상들에 대해 독자들과 함께 이야기를 나눠보고 싶을 뿐이다. 무엇이 옳고 그름을 논하고 싶지 않다. 한 편의 영화를 보는 것과 같이 나는 관객들에게 이야기를 전달해 주고 싶을 뿐이다. 시작은 바로 이 새로운 문명이 만들어지기까지의 여정과 MZ세대들의 이야기이다. 왜 그들은 블록체인과 NFT 기술을 자신들의 문명 미디어로 받아들이게 되었는지 답을 찾길 바란다.

3.1 새로운 문명을 대비하라 : 미디어 발전사

우리 인류는 어쩌다 교육을 통하지 않고는 그 가치를 이해하기도 힘든 예술작품들을 만들게 되었을까? 프랑스의 품질 좋은 와인 생산지로 유명한 보르도에서 동쪽으로 달리다 보면 몽티냑 마을이 나온다. 이 마을에 살던 소년들에 의해 우연히 발견된 동굴에는 800점이 넘는 고대 벽화들이 가득했다. 이 구석기시대의 회화들은 다양한 동물들의 모습부터 사냥하는 사람들이나 주술행위를 하는 모습까지 생동감 있게 담아내고 있다. 사실 1만 년도 넘는 세월을 거슬러 올라야 만날 수 있었을 인류의 그림을 바라보고 있자면 숙연해지기도 한다. 하지만 그 당시의 그림 역시 완벽하게 해석이 안 되기는 마찬가지다. 우리는 항상 무엇인가로부터 그 의미를 찾길 원하는 습성이 있다. 문제는 그 의미의 대상이 만들어질 때 내가 옆에 없었다는 것이다. 모든 사람이 그 그림을 직접 볼 수는 있지만 우리는 누군가로부터 해석된 메시지를 통해 무엇인가를 이해하는 데 익숙하다.

그림 3-4 라스코 동굴 벽화 (Grotte de Lascaux)
출처 : https://fr.wikipedia.org/wiki/Grotte_de_Lascaux

인류가 문화적 융성을 이루는 데는 농경사회의 등장이 매우 중요한 역할을 했다. 수렵 채집 생활을 하던 인류에게 농경 생활은 완전히 새로운 문화를 만들어내게 된다. 사실 수렵 채집과 농경 중에 어떤 것이 우위인지는 확실치 않다. 시간적으로도 수렵 채집 후 농경 생활이 시작되었다고 하는 것 역시 논쟁은 있다. 우리 주변을 둘러보더라도 내 생활 반경 안에 충분히 수렵 채집할 식량 자원이 항시 존재한다면 굳이 더 많은 노동력을 들여 계획 농경을 할 이유도 마땅치 않다. 아마도 변화의 시작은 인구의 증가로 인한 생활권의 포화와 주변 자연상태의 변화 즉, 수렵 채집할 충분한 자원이 부족해지면서 새로운 방식의 도입이 시도되었을 것이다. 독자들 중에 시골생활을 해본 경험이 있으신 분들은 쉽게 이해할 수 있을 것이다. 과일을 먹고 남은 씨앗을 자연스럽게 주변에 던져본 사람은 계획에 없던 유실수를 갖게 된 경험이 있을 것이다. 과일뿐만 아니라 다양한 야채들도 이동하거나 섭취 중에 씨앗이 파종되어 주변으로 퍼져나가던 경험이 있을 것이다. 마찬가지로 오래전 인류 역시 이런 경험을 통해 농경이라는 새로운 방식의 시도를 시작했을 것이다.

사람들이 모이고 농경 생활을 통해 잉여 생산이 늘어나면서 많은 것이 필요해졌다. 그중 하나가 커뮤니케이션이다. 사람들은 자신들과 가까이 있는 다른 사람들과의 의사소통이 매우 중요해졌다. 또한, 농경 생활의 성공을 위해서는 활발한 정보교환이 필수였기 때문에 사회 안에서의 주요 정보는 권력이 되기도 했다. 문제는 기술이 충분치 못한 상태에서 정보의 전달은 시간과 공간의 제약이 심했고 세대를 거치며 누적되거나 고도화되는 것도 쉽지 않았다. 그렇기에 세월의 풍파를 거쳐 지혜를 알아내신 마을의 원로가 사라진다는 것은 사회의 큰 위협이었다. 문자나 그림과 같은 미디어의 등장은 이러한 사회적 위협으로부터 손실을 최소화하기 위한 몸부림의 결과일 것이다. 기록을 통해 시간의 벽을 넘게 된 커뮤니케이션은 기술의 고도화를 이룩한다. 과거의 실수를 반복하지 않을 수 있게 되었고 시간이 지날수록 더 정교해지고 효율적인 기술들이 등장하게 된다. 하지만 아날로그 방식의 특성상 나타나는 정보 전달의 한계가 드러난다. 우리가 1만 년 전의 그림을 보고도 크게 어색하지 않았던 것은 그것이 아날로그 정보였기 때문이다. 만일 그것이 디지털화된 데이터였다면 세월을 거치며 조금씩 훼손된 원본을 복구하는데 큰 어려움이 있었을 것이다. 하지만 아날로그 방식의 커뮤니케이션은 원거리 통신(Telecommunication)에 취약하다. 정보가 저장, 처리, 전송되는 과정에서 발생할 수 있는 노이즈에 대한 대비도 없어서 오류가 발생할 수 있다. 쉽게 말해 1만 년 전 벽화에 그려놓은 노루 그림은 고라니라고 오인 될 수 있겠지만 좀 더 오염이 되었다 하더라도 대충 사슴과 동물일 것으로 추측할 수 있다. 만일 노루를 가로줄(—) 고라니를 세로줄(

|)로 표기했다면 훨씬 더 정보 전달상의 명료성은 높일 수 있었겠지만, 이것은 디지털 방식과 마찬가지로 대상과 표기 사이에 코딩 규칙을 모르면 깜깜이가 될 수 있다.

그림 3-5 수메르 쐐기문자 BC 3000년

출처 : https://en.wikipedia.org/wiki/Sumerian_language

수메르 문명에서 사용하던 쐐기문자는 5,000년 전 인류가 사용하던 문자로 알려졌다. 기존의 그림이나 구불구불한 표기들이 아니라 간결하면서도 서로 구분이 쉽도록 분별력을 높인 것이 특징이다. 이 문자들이 사용된 장소들을 토대로 고고학자들은 아마도 신전에서 있었던 일들이 기록된 것으로 추정하고 있으나 완전히 해독된 것은 아니다. 그림도 문자도 그것을 기록한 당사자가 아닌 이상 완벽하게 재현되지 못하는 것은 마찬가지다.

제한된 기술을 활용한 커뮤니케이션 노력은 시대별로 독특한 문화를 만들어 낸다. 문자가 등장하기 전에는 음성이나 표정과 같은 것들이 주로 사용되었다. 문자가 등장하고부터 정보는 시간을 초월하여 기록되고 저장되어 전달될 수 있게 되었다. 이 과정에서 인류는 효율성에 집중하게 된다. 소중한 선대의 지혜를 보다 오래 저장할 수 있기를 바라는 후손들의 노력이 새로운 기술을 만들어 냈다. 문자는 권력의 상징이 되었다. 중앙화된 권력 집단의 핵심에는 문자가 있었다. 이렇게 지배층의 귀족들은 리터러시를 통해 권력을 대물림 할 수 있었고 하류계층과의 차별화 도구로도 사용했다. 19세기 사회의 귀족과 대중을 가르는 기준은 리터러시였다.

"우리나라 말이 중국 말과 달라서 한자와는 그 뜻이 서로 통하지 아니하므로 제대로 나타낼 수 없다. 따라서 우리 백성들이 말하고자 하는 것이 있어도 자기의 뜻을 글로 써서 나타내지 못하는 이가 많으니라. 내가 이를 딱하게 여겨 새로 스물여덟 글자를 만들어 내놓으니, 모든 사람들이 이것을 쉽게 익혀서 날마다 쓰는 데 불편함이 없도록 하고자 할 따름이니라"

- <훈민정음해례본> 서문 중

1446년 세종대왕께서 훈민정음을 제정하신 이유 역시 "백성이 말하고자 하는 바가 있어도 제대로 뜻을 펴지 못하는 이가 많다"라는 것이었다. 이를 보더라도 문자가 단순히 정보를 기록, 전달하는 기능만 가진 것이 아니라는 것을 보여준다. 세대 간의 소통이 어렵다는 말을 한다. 언어가 가져다주는 문화적 동질성은 매우 강력하다. 10대들의 신조어들은 자기 계층의 문화적 동질성을 확인하는 매개체가 된다. 언어는 문화다.

사회가 고도화되고 정보는 넘쳐난다. 기술의 발전은 효율성을 높여

준다. 높은 효율성은 투자자와 자본가에게는 더 큰 수익을 의미한다. 디지털의 핵심은 효율성이다. 아날로그 방식으로는 멀리 떨어진 곳까지 정보를 전달하는 것이 적합하지 않다. 공간의 제약이 크다. 시간도 마찬가지다. 모든 매체들에게는 세월이 흐름에 따라 엔트로피 법칙이 적용된다. 쉽게 설명하자면 모든 물체는 먼지가 되어 사라진다는 것이다. 오랜 인류의 친구였던 아날로그 매체들은 효율성의 기준 앞에서 뒤안길로 사라진다. 이런 변화 사이에 언어의 문화는 점점 힘을 잃어간다. 디지털미디어의 등장은 많은 변화를 일으켰다. 다시 돌아갈 수 없는 새로운 문명을 만들어냈다. 바로 인간의 기계화다.

아날로그 미디어에 존재하는 모든 정보들은 우리 인간의 감각 기관을 통해 인식된다. 그것이 레코드판에 새겨진 음악이라 할지라도 우리는 그것을 느낄 수 있다. 문자는 물론 어떠한 유형의 정보도 그것이 아날로그 미디어에 존재하는 동안 인간으로서 최대한의 지성과 지혜를 활용해 이해하려 노력할 수 있다. 하지만 디지털미디어로 넘어오게 되면 모든 정보는 데이터화된다. 데이터는 모든 것을 표현하기에 가장 효율적인 방식의 규약으로 만들어진다. 이 과정에서 반드시 기계의 도움이 필요하다. 또한, 디지털미디어에서 생성, 처리, 전송되는 데이터는 우리 인간의 능력으로 더이상 인식될 수 없다. 그렇기에 인간과 기계 사이에 반드시 인터페이스라는 존재가 필요하게 된다. 기계가 데이터를 처리하는 도중에 인간에서 확인받을 경우가 발생하면 인터페이스를 통해 인간이 인식할 수 있는 표현 방식으로 바꿔준 후에 인간의 간섭이 종료되는 즉시 다시 데이터로 변환된다. 기계가 인간을 위해 봉사하는 것인지 기계가 하는 일을 인간이 돕고 있는 것인지 모를 만큼 서로는 유기적으로 움직인다. 디지털미디어를 대표하는 소셜 플랫폼에는 오늘의 기록을 경쟁하듯 전시하는 이들로 가득하다. 누구나 시작은 가벼운 마음으로 찍어 올린 한 장의 사진이다. 아날로그 방식의 사진은 자연광 상태의 빛을 판화에 찍어내듯 감광지에 그려냈다. 디지털 방식의 사진은 역시나 들어오는 빛에 반응해 에너지를 전기신호로 바꿔주는 성질의 반도체를 사용한다. 디지털로 넘어오며 모든 정보가 데이터화되었던 것처럼 모든 이미지는 픽셀로 쪼개진다. 색공간 역시 인간의 그것과 다르다. 거기에 더해 우리는 카메라를 통해 눈이 발견하지 못한 현재를 과거로 기억하게 된다. 우리 눈은 1초에 20번 이상 이미지가 바뀌는 상황에서 변화를 뚜렷하게 감지하지 못한다. 하지만 카메라의 도움으로 수천분의 1초나 수만분의 1초로 시간을 멈출 수 있게 되었다. 이런 기계의 도움으로 만들어진 오늘의 이미지를 소셜미디어에 올리고 좋아요 숫자가 올라가는 것을 바라보고 있다. 하지만 그 이미지는 오늘 당신이 봤던 것이 아니다. 기계의 도움이 없이는 본 적도 없을 이미지를 통해 이미 나에게 지나간 기억을 만들어내고 있는 것이다. 자 이제 남은 것은 BCI(Brain Computer Interface)를 이용해 인간이 직접 기계와의 데이터 통신이 가능한 버전으로 업그레이드되는 일뿐이다.

몇 년 전부터 전국 초등학생들 사이에 코딩 붐이 일었다. 디지털 리터러시라는 표현도 나온다. 지넷 윙(Jeannette M. Wing)은 '컴퓨팅적 사고력(Computational Thinking)'의 창시자로 Communications of the ACM 지에 다음과 같은 글을 실었다.

"컴퓨팅적 사고는 컴퓨터 과학자뿐만이 아니라 누구나 갖춰야 하는 기본적인 역량이다. 읽기, 쓰기, 셈하기와 같이 아이들이 기본적으로 갖춰야 하는 분석 역량 항목에 컴퓨팅적 사고를 추가해야 한다. 인쇄술이 읽기, 쓰기, 셈하기의 능력을 널리 확산시켜 보편화했듯이 컴퓨터는 오늘날 컴퓨팅적 사고를 확산시키고 있다. 컴퓨팅적 사고를 한다는 것은 컴퓨터 공학의 기본 개념을 끌어와 문제를 해결하고, 시스템을 설계하고, 인간의 행동을 이해할 수 있다는 것이다. 컴퓨팅적 사고는 컴퓨터 공학의 폭넓은 분야만큼이나 다양한 지적 도구들을 자랑한다."

이후 내용을 요약해 보면 복잡한 문제를 해결하기 위해 인간이 갖춰야 할 능력으로 분해(Decomposition), 패턴인식(Pattern Recognition), 추상화(Abstraction), 알고리즘(Algorithm)을 꼽는다. 공학 박사인 나로서는 너무나도 당연한 이야기지만 이 글의 말미에 나온 "컴퓨팅적 사고는 인간이 문제를 해결하는 방법의 하나로 인간이 컴퓨터처럼 사고하는 것을 뜻하는 것이 아니다"라는 그녀의 말은 안쓰럽다. 당연하다. 컴퓨터를 지금처럼 동작하도록 설계하고 구현한 것은 인간이다. 인간처럼 사고하는 기계를 만든 것인지 기계처럼 사고하는 인간을 만들자는 것인지에 대한 논쟁이 아니다. 어쨌든 한 바퀴 돌아 다시 인간과 기계가 만났고 서로 많이 닮았다는 것이다.

1992년, 닐 스티븐슨의 <스노우 크래시> 속에 등장하는 히로는 현실 세계에서는 빚을 갚기 위해 전전긍긍하는 배달원의 삶을 살고 있다. 그가 아바타를 통해 메타버스에 접속하면 더 이상 현실 세계 속의 히로는 없다. 엄청난 실력을 지닌 해커이자 검객의 역할로 새로운 삶을 살아가고 있다. 책 속에서의 내용도 흥미롭지만 아바타나 메타버스의 개념을 정확히 설명하고 있는 대목에서 다시 주목받고 있는 작품이기도 하다. 작품 속 히로가 배달원에서 검객으로 변화되는 데는 많은 시간이 필요 없다. 이것은 마치 란체스터가 얘기하는 성공적인 전투를 위한 판바꿈 행위이다. 나에게 주어진 환경에 갇혀 실패할 수밖에 없는 이유 100가지를 정리하고 있을 필요가 없다. 전쟁의 판을 바꾸고 나면 나에게 새로운 환경이 주어진다. 실제 세계에서는 이러한 기회가 딱 한 번 주어지지만 이것도 내가 선택할 수 있는 것은 거의 없다. 메타버스에서 아바타로 시작되는 삶은 내가 선택한 것들의 조합인 데다 여기서 실패라는 것은 내 인생을 망쳤다는 의미로 쓰이지 않는다.

메타버스를 산업적으로 이해하기 위해 로블록스라는 기업의 케이스 스터디가 많이 이뤄진다. 가장 직관적으로 파악할 수 있는 로블록스의 모습은 게임과 흡사하기 때문에 많은 사람들은 게임의 장르로써 메타버스를 이해하기도 한다. 사실은 그렇지 않다. 로블록스의 성공 요인을 여러 개 꼽을 수 있지만, 게임이 다는 아니다. 로블록스는 스튜디오 프로그램을 별도로 제공해 사용자가 직접 공간과 오브젝트를 만들고 이를 활용해 다양한 컨텐츠를 제작할 수 있도록 해준다. 자신이 살고 있는 집의 공간을 그대로 만들어 보는 것도 가능하다. 아니면 좀 더 크게 자신의 마을을 3D로 구현해 볼 수 있다. 이러한 크래프팅 경험은 사용자들에게 창작의 기쁨과 자기효능감(Self Efficacy)을 높여준다. MZ세대의 문화에서 아주 중요한 대목이다. 이들은 시스템이 생산해낸 결과물을 소비만 하던 수용자 방식에서 벗어나길 원한다. 수년 전부터 유행하고 있는 컴피티션 프로그램들을 보면 이러한 젊은 층의 욕구를 잘 활용하고 있다. 100명의 오디션 참가자들을 줄 세우고 그들에게 여러 가지 과제를 던진다. 수행해 나가는 모습의 영상을 쫓아가다 보면 어느 순간 선택의 순간이 온다. 프로그램을 시청하고 있는 시청자들은 이제 수용자에서 참여자로 바뀌고 나의 선택으로 결과가 바뀔 수 있다는 강한 동기부여가 이뤄진다. 메타버스에서의 크래프팅은 이런 MZ세대의 문화적 취향과 같은 맥락에 있다.

그림 3-6 서부 몰락지대의 일출
출처 : 월드오브워크래프트 공식유튜브채널,
https://www.youtube.com/watch?v=efPy4S9gcQ0

자신이 만들어낸 세상에서 가장 기쁨을 느끼는 순간은 언제인가? 많은 이들이 나의 세상을 방문해 주는 것이다. MMORPG 게임 경험이 있는 분들은 이해가 빠를 수 있다. 1월 1일 동해안으로 가는 고속도로가 막히는 이유는 새해 해돋이를 소중한 사람과 함께 하기 위해서이다. 그 경험은 아주 특별한 것이기에 사랑하는 사람과 함께 하고 싶은 것이다. 1

월 1일이 되면 와우에는 서부몰락지 등대 주변으로 사람들이 모여든다. 대해 넘어 떠오르는 태양을 함께 바라보며 새해 해돋이를 이 가상 공간 안에서 경험하는 캐릭터들의 숫자가 적지 않다. 나는 그들을 너무나 사랑한다. 우리는 왜 이런 가상의 공간에서 실제 공간에서의 경험과 같은 느낌을 나눌 수 있는 것일까? 영화 이야기를 조금 해주고 싶다.

영화라는 미디어가 인류를 통해 오랜 세월 사랑받는 미디어로 자리 잡을 수 있었던 가장 큰 매력은 무엇일까? 여러 복합적인 요인들이 존재한다. 그중에 하나를 뽑아 보면, 영화는 시간을 지배하는 경험을 제공한다. 모든 인생에는 반드시 끝이 있다. 우리에게 주어진 시간이 이처럼 한정적이기 때문에 우리는 바르고 부지런한 삶을 위해 노력하는지도 모른다. 그런데 어느 순간 우리는 한 번의 인생이 아니라 두 번의 인생을 경험할 수 있는 상품으로서 영화를 경험하게 되었다. 인류에게 첫 영화는 하얀 벽면에서 자신을 향해 돌진하고 있는 검은색 기차를 마주하는 것이었다. 이것이 그 당시 얼마나 충격적인 경험이었는지 그 현장에 있던 사람들이 비명과 함께 밖으로 뛰쳐나올 정도였다고 한다. 다행히 벽면에 뿌려지고 있던 기차의 영상은 전혀 사람들을 다치게 하지 않았다. 사람들은 마술을 경험한 것 같았고 새로운 상상을 시작하게 된다. 우리는 영화라는 컨텐츠를 통해 1000년 전의 세상을 여행하기도 하고 100년 후에 벌어질 일들에 대해 미리 경험해 보기도 한다. 훌륭한 영화 속에는 과거로나 미래로나 가상의 공간과 시간이 만들어진다.

우리 인간들이 사물을 인식하는 과정에는 단순한 센서 이상의 복잡함이 있다. 손을 통해 느껴지는 감각이나 눈을 통해 보여지는 시각적인 이미지도 단순히 센서처럼 동작하지 않는다. 우리는 눈을 감고 양손을 들어 두 개의 손가락 끝을 정확히 마주하게 움직일 수도 있다. 이런 일이 가능한 것은 그 동안 우리에게 학습된 뇌의 경험 덕분이다. 이런 경우가 있다. 우리가 날마다 이용하고 있는 에스컬레이터는 항상 위아래로 움직이고 있다. 수리 중으로 멈춰선 에스컬레이터에 올라본 적이 있을 것이다. 멈춰 있는 에스컬레이터에 오르는 순간 느껴지는 그 어색함 역시 우리의 뇌가 기억하는 경험 때문이다. 이것이 인지부조화를 일으키기 때문에 그 순간 신체에 이상 반응이 나타난다. 우리의 뇌는 감각 기관과 지각 능력에 큰 영향을 끼친다.

영화는 우리에게 시간을 초월해 이런저런 경험을 선사한다. 그것이 사실인지 허구인지는 중요하지 않다. 우리에게는 놀라운 능력이 있다. 영화가 만들어낸 디제시스(diegesis)를 위해 불신의 유예를 작동시킬 수 있다. 뻔히 보이는 허구와 상투적인 설정에도 우리는 공감해 줄 수 있다. 그 순간 우리의 뇌는 따뜻하게 마음을 열고 그 세상을 인정하기 시작한다. 영화는 이러한 마법 같은 일들을 우리에게 경험하게 해 준다.

MMORPG 게임 속의 가상 공간도 마찬가지이다. 그 공간이 허구이거나 3D 그래픽이 아닌 2D 일지라도 아니면 화질이 더 나쁜 로우 폴리곤(low polygon) 그래픽이어도 상관없다. 나에게 전달된 스토리가 만들어낸 상상의 디제시스가 만들어지는 순간 그것은 우리 뇌의 영역이 된다. 눈으로 들어오는 시각 정보가 전부가 아니다. 움직이지 않는 에스컬레이터가 움직이는 것처럼 느껴지듯이 2D 캐릭터가 마치 살아있을 것 같은 느낌이 들 수 있다.

우리는 왜 오그리마 경매장 앞에서 이제 시작하는 저렙의 꼬마들에게 골드와 가방을 무료로 나눠주었는지 생각해보자. 물론 아무런 사적 이익을 전제로 하지 않는 경우에 한해, 매우 고상한 이론을 제시해 보고자 한다. 인간의 욕구위계론으로 우리에게 잘 알려진 매슬로우의 이야기를 가져와 보자. 매슬로우는 결핍 욕구는 충족되는 순간부터 반복적인 충족을 위한 긴장이 약화된다고 했다. 하지만 성장 욕구는 그렇지 않다. 성장 욕구는 자아실현의 욕구인데 인지적, 심미적, 자아실현, 자아초월 욕구를 포함한다. 여기서 최종 위계욕구인 자아초월의 단계가 되면 더이상 인간은 자신을 위해 살지 않는다고 한다. 자신과의 관계가 우주까지 확대되어 타인과 자연을 위한 이타적 행동을 하게 된다. 우리는 현실에서 불가능한 많은 일들을 가상현실에서 경험한다.

실제 세계에서 할 수 없었던 것들도 가상 세계에서는 쉽게 할 수 있다. 실패에 대한 두려움이나 긴장이 훨씬 덜하기 때문이다. 가상 세계에서는 내가 제거할 수 없는 제약과 약점들로부터 해방될 수 있다. 오히려 가상 세계에서의 자아의 발현은 훨씬 더 자연스러운 모습일 수 있다. 2018년 개봉한 레디 플레이어 원(Ready Player One)은 원작 소설을 바탕으로 탄탄한 스토리와 최초의 가상현실 블록버스터라는 타이틀로 많은 사랑을 받았다. 나는 이 영화나 동명의 원작 소설을 꼭 읽어보길 추천한다. 이 영화에 등장하는 웨이드라는 소년은 부모 없이 친척의 집에 기거한다. 컨테이너들이 쌓여져 올라간 열악한 주거공간에서 그나마 웨이드가 쉴 수 있는 곳은 덜덜거리는 세탁기 위 다리를 다 펴기도 부족한 공간이 전부다. 이런 웨이드는 갈 곳이 없고 삶의 의미도 없다고 말한다. 그가 유일하게 삶의 의미를 찾을 수 있는 곳은 바로 오아시스라는 메타버스 안이다. 이곳에서 만난 사만다는 오른쪽 눈 주위에 반점을 가리기 위해 항상 머리를 아래로 내리고 있다. 사만다의 아버지는 빚을 지고 노역으로 끌려간 곳에서 돌아가셨다. 영화가 보여주고 있는 미래 사회는 대다수의 사람들이 빈민으로 전락한 디스토피아(dystopia)적인 모습니다. 많은 이들은 메타버스 안에서 캐릭터로 노동을 하며 그 안에서 수확한 아이템으로 실제 세상에서의 자신을 부양하는 삶을 살고 있다. 사만다의 아버지도 결국, 이 메타버스 안에서의 강제 가상 노역으로 사망한 것이다. 영화 안에서의 IOI 라는 기업은 이렇게 메타버스 안에서 아이템을 채굴하는 비즈니스 모델을 가지고 있다. 작가는 이렇게 미래 우리 인류가 살아 가야 할 새로운 사회, 경제, 문화 시스템으로 메타버스를 그리고 있다.

메타버스가 인터넷과 같은 대중적인 플랫폼이 되었을 때를 상상해보자. 우리는 새로운 미디어를 받아들이기까지 많은 우려와 의심의 과정을 필요로 한다. 불과 얼마 전까지도 스마트폰을 거부하던 분들이 있었고, 시간에 맞춰 TV의 전원 버튼을 눌러 뉴스를 청취하던 분들도 있었다. 새로운 것에 대해 거부할 이유를 찾자면 그것이 무엇이든지 상관없이 원하는 만큼의 이유를 채울 수 있다. 이것은 마치 동굴의 벽화에서 시작해 그림과 언어를 거쳐 인간이 기계의 도움 없이는 인식할 수도 없는 데이터 시대에 사는 우리들에게 날마다 찾아오는 숙제 같은 것이다. 이것은 문화다. 익숙하지 않은 것은 문화가 될 수 없다. 일단 스마트폰에 자신의 계정을 입력하고 나면 수많은 의구심은 안도의 한숨으로 바뀐다.

메타버스는 흥행을 반복하는 게임 장르가 아니다. 이것은 새로운 미디어이고 플랫폼이라고 봐야 한다. 스마트폰이 모든 이들이 인정하는 새로운 문명 미디어가 되고 나서 그 이전의 사회, 경제, 문화 시스템은 모두 변했다. 은행 업무나 보험에 가입하는 방식, 사람들과 소통하는 방식, 쇼핑을 하는 방식, 영화를 보거나 게임을 하는 방식도 모두 바뀌었다. 메타버스가 이러한 문명 미디어가 될 수 있다. 아직은 필요한 기술적 수준이 완성되지 못했다. 하지만 그때가 되면 우리는 또 모든 방식이 바뀌게 될 것이다. 이미 그때를 대비해 바뀌고 있는 부분도 있다. 블록체인 기술을 이용한 NFT 자산화도 그중 하나다.

3.2 NFT의 주역은 MZ 세대

대체로 1980년대와 1990년 중반에 태어난 밀레니얼 세대와 이후로 2000년 중반에 태어난 Z세대를 포함해 우리는 MZ세대라 부른다. 이 MZ세대는 바로 이전 세대인 X세대와는 다르게 아날로그 미디어에 대한 향수가 없다. 통계청에 따르면 우리나라의 MZ세대는 전체 인구의 34% 정도인 약 1,700만 명으로 향후 10년 동안 우리 사회 경제시스템의 주력으로 활동하게 될 젊은 인재들이다. 우리가 MZ세대에 대해 어느때 보다 더 관심을 기울이고 있는 것은 바로 이 때문이다. 대한민국의 미래 10년은 바로 MZ세대의 행보에 달려있다고 해도 과언이 아니다.

경제적 풍요를 누리고 자랐지만, IMF라는 어두운 터널을 지나며 청년 실업의 고초를 겪어야 했던 밀레니얼 세대와 사춘기 무렵 세계적 금융위기 사태를 뉴스로 접하며 바로 자신의 주변에서 벌어지는 자산 붕괴 현상을 목도하며 경제가치의 중요성을 몸에 익힌 Z세대 모두 실용성과 현재에 대한 중요성을 매우 높게 생각한다. 반복되는 위기를 통해 그들은 더욱 기민해졌고 무엇에 집중해야 하고 무엇을 포기해야 하는지에 대해 어느 때보다 더 많은 시행착오를 겪었다. 그렇기에 소소한 만족과 눈앞의 행복은 그들에게는 없어서는 안 될 삶의 가치가 되어 버렸다. 소유하는 것보다 경험하는 것이 더 실용적이고 개인의 가치관이 사회의 시스템보다 더 우위에 있다. 특히, 자신들의 가치관에 대해 차별화시켜 부각되는 것을 좋아하기 때문에 새로운 문화 창조에 앞장선다. 소셜 플랫폼을 통해 자신과 같은 생각을 가진 타인과의 소통에 거부감이 없고 집단적으로 표출하는 행동력이 있다. 그런 용감한 그들에게도 고민은 있다.

미디어 연구의 선구자로 알려진 해롤드 이니스(1894~1952)는 자신의 저서인 '커뮤니케이션의 편향(Bias of Communication)'에서 "새로운 기술의 등장은 어떠한 형태로든 편중을 야기한다"고 했다. 새로운 미디어의 출현은 반드시 새로운 중심부를 만들어 낸다. 당연히 새로운 중심부에 속하지 못한 이들은 선택의 여지가 없이 주변부 신세가 된다. 새로운 미디어를 통해 흐르는 정보는 중심부에 편중되게 되고 시간이 지나 중심부에 누적된 정보의 양이 일정 수준 이상을 넘게 되면 새로운 양상이 벌어진다. 주변부를 압도할 수 있는 충분한 에너지가 중심부에 모이게 되면 이것은 권력화되기 시작한다.

우리 인류를 지배해온 아주 오래된 법칙이다. 또한, 우리에게 가장 익숙한 모든 것들이 이와 다르지 않게 작동된다. 오늘 나의 스마트폰에 설치될 작은 앱 하나에서 내가 속한 가장 큰 사회인 국가에 이르기까지 예외는 없다. 내가 아주 운이 좋아 새로운 미디어의 중심부에 위치하게 된 경우가 아니라면 우리는 항상 그 중심부에서 흘러나오는 정보에 귀를 기울이게 된다. 이런 중앙집중화된 구조의 사회에서 어떤 서비스라도 받아야하는 경우라면 어김없이 나의 권리를 중심부에 위탁해야 한다. 그것이 서비스에 대한 약관이든 문서화된 계약이든 상관없이 그것에 동의하지 않는다면 나는 그 주변부에서도 더 멀리 떨어져 있어야 한다.

우리 사회에서 최고권력기구라고 할 수 있는 대한민국 정부는 사실상 우리 국민들의 권력을 위임받아 운영 중인 기구라고 볼 수 있다. 모든 국민들이 생계를 뒤로하고 나랏일을 내 일처럼 관리할 수는 없을 테니

믿고 맡겨볼 수 밖에 없다. 내 스마트폰에 작은 앱 하나를 설치하며 겪었던 일들을 이제 내가 속한 사회에서도 경험하게 된다. 국가가 운영하는 수많은 사회 시스템이라는 것은 내가 만든 것이 아니지만 나는 그 안에서 동의 버튼을 누르지 않고서는 버틸 수 없다. 내 표로 당선된 그 시스템을 만드는 이들은 내게 약속한 대로 시스템을 만들지 않는다. 한국매니페스토실천본부는 19대 총선공약 완료율이 51.24%라고 분석했다. 이 사회의 주변부에서 살아가기란 점점 더 쉽지 않은 일이 된다.

표 3-1 딜로이트 글로벌 2021 MZ세대 서베이

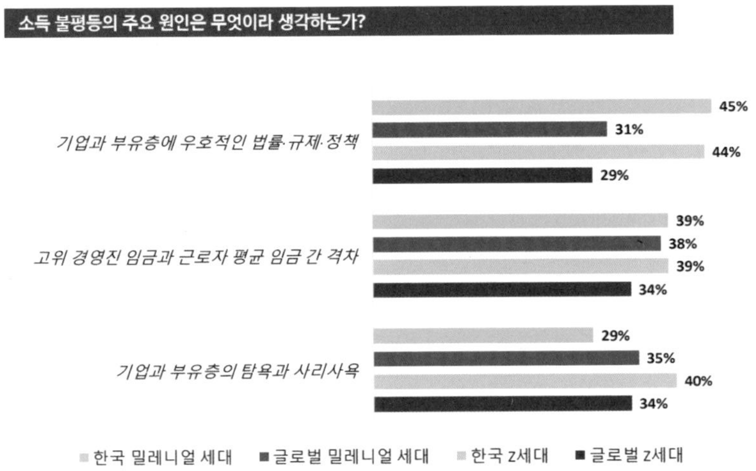

2021년 딜로이트의 글로벌 서베이에서 전세계 MZ세대들의 의견을 들을 수 있었다. 전세계 45개국 2만 2,928명의 MZ세대들에게 다양한 질문이 던져졌다. 놀라운 것은 전세계를 강타하고 있는 소득 불평등이 초래한 갈등에 대해 한국의 MZ세대들은 다른 국가들의 MZ세대들과는

조금 다른 시각을 가지고 있었다는 점이다. 그들의 생각이 객관적 사실 인지를 떠나 우리는 일단 MZ세대의 생각을 들어 봐야 한다. “소득 불평등의 주요 원인이 무엇인가?”라는 질문에 글로벌 밀레니얼 세대와 Z세대는 각각 31%, 29%가 ‘기업과 부유층에 우호적인 법률·규제 정책’이라고 응답한 반면에 한국의 밀레니얼 세대와 Z세대는 각각 45%와 44%가 같은 이유를 원인으로 지목했다. 반면에 ‘고위 경영진 임금과 근로자 평균 임금 간 격차’나 ‘기업과 부유층의 탐욕과 사리사욕’ 이라는 항목에 대해서는 글로벌 MZ세대들보다 더 강한 동의를 보이지는 않았다.

이제 사회에 진출한 젊은 친구들과 아직 자신의 꿈을 위해 준비 단계에 있는 학생들의 생각은 이러하다. 과연 오랜 세월 동안 우리 사회를 지탱해온 법률·규제 정책이라는 큰 틀의 시스템을 부정하는 MZ세대들이 이 시스템이 만들어 내는 가이드라인에 계속 동의해 줄 수 있을까? MZ세대 입장에서는 억울할 수도 있다. 엄청난 압축 성장을 통해 발전해온 대한민국의 시스템은 그들이 사회 생활을 시작하기전에 상당부분 중심부가 단단하게 구축되어 있었다. “왜 더 열심히 노력해서 중심부로 들어가지 그래?” 라는 기성세대들의 격려는 전혀 힘이 되지 못한다. 그들은 이미 지금의 시스템이 불평등하고 부조리하며 자신들에게 불리한 룰을 강요하고 있다고 생각한다. 아무리 좋은 정책과 가이드라인을 내놓더라도 지금과 같은 불신의 확증이 사라지지 않는다면 그 효과는 제한적일 수밖에 없다. 잘못된 시스템은 사회적 합의를 통해 수정할 수 있다. 하지만 MZ세대들이 이러한 노력의 결과물을 자신들의 것이라고 받아들여줄 지는 미지수이다.

시장에서 1위 기업이 되기 위해 필요한 지식을 담고 있는 많은 경영서들 중에 란체스터 마케팅을 다룬 책들이 있다. 란체스터(Frederick William Lanchester, 1868 ~ 1946)는 영국의 항공공학 엔지니어였는데 세계대전 중에 벌어진 격전지에서의 전력차가 가져온 결과에 대해 연구했다. 전투기를 5대 보유한 국가와 3대 보유한 국가가 공중전으로 맞붙게 된다면 결과는 어떨까? 많은 사람들은 아마도 전투기 5대와 3대가 서로 싸우다가 2대 정도가 남게 될 것이라고 응답할 것이다. 하지만, 처음부터 2대의 전력차를 보였던 양국의 전투는 5대를 보유한 국가가 전적으로 우세하게 되어 결국 3대의 전투기를 가지고 있던 국가는 3대의 전투기를 모두 잃고 5대의 전투기를 가지고 있던 국가는 1대의 전투기만을 잃게 된다. 란체스터는 본인의 연구가 수십년이 지나 지금 우리 사회가 고민하고 있는 기울어진 운동장에서의 싸움에 대한 연구가 될 줄 알았을까? 전쟁이 끝나고 이 연구결과는 경영학 분야의 주제가 되었다. 경쟁자와의 싸움에서 승리하기 위해서는 어떤 전략을 세워야 할지를 생각하게 된다. 한정된 자원을 어떻게 활용해야 승리할 수 있을 것인가에 대해 란체스터의 연구 결과는 좋은 예시가 되어 주었다. 사실 연구의 결과는 그렇게 희망적이지만은 않다. 다수와 소수의 싸움은 언제나 다수가 유리하다는 것을 확실히 확인시켜 줬다. 거기에 더해 싸움에 있어서의 전력차는 그 차이의 제곱만큼에 비례한다고 하니 가진 것이 초라할 수 밖에 없는 젊은이들에게는 더욱 힘이 빠지는 이야기 아닌가.

다행히 MZ세대들에게 솔루션이 아예 없는 것은 아니다. 이 연구를 토대로 소수가 다수를 상대하는 경우, 그러니까 이미 전력차가 벌어져 있는 상황에서의 승리전략도 많은 연구가 이뤄졌다. 핵심은 이렇다 일단 싸움의 판을 바꿔야 한다. 대군 앞에 선 초라한 군대가 진격을 통해 승리를 얻을 확률은 매우 낮다. 지금의 시스템이 나에게 전력차의 제곱만큼의 패배를 강요하고 있다면 과감하게 그곳을 떠나야 한다. 만일 전쟁터를 바꿀 수 없다면 무기라도 바꿔야 한다. 기술의 격차를 통해 다른 전략을 구사해야 한다는 얘기다. 같은 무기 같은 기술로는 전력차를 메꿀 수 없다. 둘다 모두 불가능하다면 마지막 남은 방법은 어렵겠지만 초스피드 뿐이다!

MZ세대들의 고민은 현명하게도 전쟁의 판을 바꾸는 전략을 이끌어냈다. 더 이상 기성세대들의 판에서 기울어진 운동장 속 경쟁에 매몰되지 않겠다는 것이다. 바로 그 MZ세대 그들이 꺼내든 새로운 판이 블록체인과 NFT 기술이다.

3.3 NFT 작품은 예술인가?

변화의 시작

2021년 전세계가 코로나 팬데믹으로 시름하던 지난 5월 홍콩에서 아시아 최대 아트페어인 아트바젤 홍콩 행사가 성황리에 개최되었다. 코로나 이전으로 보면 5일간의 행사 기간 동안 8만 8천여명의 관람객이 다녀가고 1조가 넘는 작품들이 거래되는 세계적인 규모의 아트페어인 만큼 코로나 상황에도 불구하고 많은 관람객들이 행사에 참여했다. 팬데믹 상황을 고려한 온라인 프로그램들도 선보였다. 주요행사들을 라이브스트리밍하거나 웹을 통해 온라인 뷰잉 룸을 제공해 전세계 어디에서든 작품들을 감상하고 구매할 수 있도록 도와준다. 팬더믹으로 인해 전체 미술품 거래 시장은 위축되었지만 새로운 변화도 감지된다. 바로 온라인 미술품 거래시장이 폭발적으로 성장하고 있다는 점이다.

표 3-2 세계 미술품 거래시장 규모, 출처 : Arts Economics 2021

Year	Value ($m)	Volume (m)
2009	$39,511	31.0
2010	$57,025	35.1
2011	$64,550	36.8
2012	$56,698	35.5
2013	$63,287	36.5
2014	$68,237	38.8
2015	$63,751	38.1
2016	$56,948	36.1
2017	$63,683	39.0
2018	$67,653	39.8
2019	$64,350	40.5
2020	$50,065	31.4
Growth 2019-2020	-22%	-23%
Growth 2011-2019	-22%	-15%
Growth 2009-2019	24%	1%

표 3-3 온라인 미술품 거래 시장 규모 2013-2020, 출처 : Arts Economics 2021

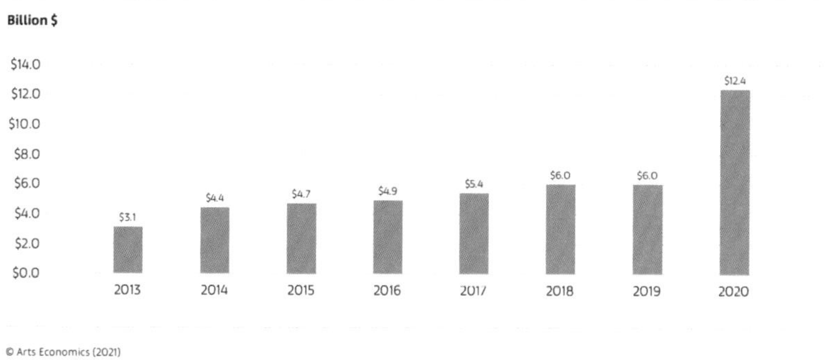

Arts Economics 보고서에 따르면, 온라인 미술품 거래 규모가 2019년 60억 달러였던 것이 2020년 두배 이상 증가된 124억 달러로 나타난다. 새로운 플랫폼이 등장하고 구매 패턴이 변화되는 데에는 미술품 시장의 인구 구조학적 세대 변화도 한몫 했다. 2020년 주요 10개국 미술품 구매 고액자산가들의 연령대별 분석자료를 보면 우리가 흔히 생각하는 내용과는 다른 점이 눈에 뜨인다. 2019년과 2020년 모두 최소 1,200만원 이상의 미술품을 구매한 고액자산가들 중에 절반이 넘는 52%가 23~38세이고 4%는 23세 미만이다. 즉, 현재 미술품 거래 시장을 주도하고 있는 56%가 MZ세대라고 볼 수 있다.

아트바젤 행사에는 NFT 예술품들도 함께 전시되었다. 이중 우리나라에서 출품된 NFT 작품도 있다. 이 작품의 작가는 본인 작품의 가격을 7만 이더리움(당시 2000억원)으로 책정하고 한 언론과의 인터뷰에서 이렇게 말했다. "황당한 가격표를 붙임으로써 실체 없는 NFT의 숫자 장난에 놀아나는 미술계를 풍자하고 싶었다"

러시아 상트페테르부르크에 위치한 에르미타주 박물관은 세계 3대 박물관으로 뽑힌다. 300만 점에 달하는 소장품을 전시 중인 에르미타주 박물관은 소장품들에 대한 NFT 판매를 시작했다. 에르미타주 박물관의 현대 미술 책임자인 Dimitri Ozerkov는 이번 프로젝트에 대해 "에르미타주와 NFT 세계의 대화(dialogue between the Hermitage as a museum and the NFT world)"라고 설명했다. 또한, "NFT가 예술품인가?"라는 질문에는 다음과 같이 대답했다. "우리는 NFT가 예술이라는데 의심의 여지가 없다"

비슷한 시기에 벌어진 두가지 사건이 너무도 대조적이다. 나는 두가지 현상을 모두 존중하고 이해한다. NFT 예술품에 대한 우려의 목소리가 어떠한 부분을 가리키는지 정확히 알고 있다. 동시에 세계 각국에서 지금도 고가에 낙찰되고 있는 NFT 예술품의 가치와 기대도 안다. 그렇기에 이 두가지의 목소리가 하모니가 될 수 없음도 안다. 잠깐 옛날 이야기를 조금 들려주고 싶다.

1895년 파리의 그랑 카페에서 최초의 영화가 상영되었다. 지금 우리가 알고 있는 영화라는 포맷과는 많이 다른 콘텐츠였다. 화질을 떠나 카메라의 움직임도 없고 소리도 나지 않는다. 그러던 영화가 지금의 모습을 갖추기 까지 순탄치만은 않았다. 그 중에 하나가 유성영화의 시작이다. 지금의 영화를 사랑하는 우리로서는 이해할 수 없는 일이겠지만 영화에 소리가 입혀지는 것을 좋아하지 않던 전문가들이 있었다. 영화가 가지는 오디오의 중요성은 설명이 필요 없는 것이다. 스페이셜 오디오(Spatial Audio) 기술은 소리로 입체 공간을 느낄 수 있게 해준다. 가상현실 기술과 더불어 향후 매우 중요한 기술 요소가 될 것이다. 하지만 초기의 영화에는 소리가 없었다. 그렇다. 영화는 그냥 움직이는 사진이라는 포맷을 가지고 있는 새로운 미디어였다. 그런 시기에 영화에 오디오를 넣겠다는 시도는 매우 불순한 것이었다. 영화는 기록과 재현의 예술 장르다. 기록이라는 것은 글과 그림과 같이 정보의 전달 기능이 있다. 가장 오랜 세월 동안 인류에게 사랑 받아온 문학 예술은 이런 기록물로서의 언어적 가치와 작품성을 갖는다. 그런데 어느 날 최첨단 기술이 적용된 영화라는 새로운 미디어가 세상에 등장하게 된다. 움직이는 사진이라는 독특한 장르가 만들어졌다. 뤼미에르 형제가 시네마토그래프를 통해 1초에 16장의 사진을 흩날리자 멈춰있던 사진 속 물체가 살아 움직이게 되었다. 사람들은 영화를 보고 매우 놀라거나 마술과 같이 현혹하는 이상한 장치라고 생각했다. 영화라는 새로운 장르에 뛰어든 예술인들은 자신들의 작품은 문학작품의 대척점에 위치한 새로운 것이라고 생각했다. 이들은 영화 속으로 언어적 기능인 오디오가 들어오면 자신들의 독창성이 파괴될 것이라고 생각했다. 하지만 시간이 모든 것을 해결해 줬다. 유성영화의 등장은 모든 소비자들에게 새로운 경험과 가치를 제공해주는 것이었고 변화의 방향은 이미 정해졌다.

새로운 미디어로의 쉬프트는 다시 원복되지 않는 특징이 있다. 우리가 하루 중 가장 많이 사용하는 앱 중에 하나가 바로 메신저 서비스 일 것이다. 과기정통부 인터넷이용실태조사 보고서에 따르면 2019년 2020년 모두 메신저를 이용하는 비율은 100%로 음성 및 영상통화 63% 보다도 높다. 이 메신저 서비스가 주는 가치는 인류의 탄생과 함께 지속되어

왔다고 해도 과언이 아니다. 존 닐(John D. Niles) 교수가 말한대로 인간은 호모나랜스(Homo Narrans) 즉, 이야기는 인간의 본능이다. 역사적으로 늘 우리 곁에 있었을 메신저는 기술의 발전과 더불어 출현한 새로운 미디어에 맞게 형태가 조금씩 달랐을 뿐이다. 담장 너머로 접어 날리던 편지도 있었고, 받는 이만 알아들을 수 있는 숫자로만 구성된 삐삐 메시지도 있었다. 스마트폰을 통해 이제 전세계 어느 곳에 있는 친구들에게도 실시간으로 전달되는 메시지를 보며 과거에 사용하던 그것을 다시 꺼내들기란 대단한 용기가 필요하다. 기술은 항상 가치중립적이다. 단지 누구의 손에 쥐여지고 어떻게 사용되어지는지가 그 가치의 차이를 만든다.

새로운 기술의 등장이 정치, 사회, 경제 전반에 변화를 일으키는 경우도 있다. 이를 새로운 문명의 시작이라고 한다. 미술품 시장에도 변화가 감지된다. MZ세대는 미술품 시장에서도 새로운 주인공이다. 이들은 지금까지 오랜 세월 동안 화이트 큐브 안에 지내던 콜렉터들과 같지 않다. 이들이 생각하는 예술품의 가치는 기존의 그들이 생각하는 것과 다를 수 있다.

문화와 예술의 차이

우리 인류는 18세기를 거치며 산업혁명을 겪게 된다. 기술의 발전으로 과거에는 불가능하던 일들이 가능해졌다. 산업화는 도시를 더욱 키우고 사람들은 도시로 몰려들게 되었다. 노동력이 풍부해지고 기계 문명의 도움으로 대량 생산이 가능해 진다. 공장이 늘어나고 더욱 많은 노동자들이 필요해졌다. 자본주의는 이렇게 견고해졌다. 규모가 큰 공장을 위해 많은 투자가 필요했고 자본가들은 가장 대우 받는 존재가 된다. 공장의 매연이 가득 찰수록 투자자들의 지갑은 두둑해졌다. 가진 것의 차이만이 아니라 삶의 유형도 나뉘게 되었다. 과거 귀족들의 삶이 그랬듯이 자본가들은 더이상 시간이 부족하지 않게 되었다. 노동자들은 밀려드는 생산 주문을 기한에 맞춰 처리하기 위해 하루가 점점 짧아지고 있던 것과는 대조적이다.

중세 신정정치 시대 모든 것의 진·선·미는 신에게 돌려졌다. 14세기 르네상스를 거쳐 인간에게 눈을 돌려 개성과 창의성을 외쳤다. 그런 인류가 18세기 산업혁명을 거쳐 이제 세계대전을 시작한다. 산업혁명을 통해 도시의 발전과 대량생산을 통해 어느때보다 풍요로운 시대를 살던 우리는 왜 전쟁을 시작하게 되었을까? 산업혁명을 통해 늘어난 공장은 대부호들을 탄생시켰고 이들은 더 많은 부를 얻기 위해 공장을 계속 늘리고 싶어 했다. 공장은 노동력을 필요로 하고 부족한 도시 노동자를 대체할 새로운 노동력이 필요하게 된다. 자본가들은 정계에 식민지 개척에 대한 움직임을 요구한다. 이후는 우리가 이미 알고 있는 바와 같이 제국주의라는 새로운 시대가 열리게 된다.

르네상스는 "다시 태어나다"라는 뜻이다. 찬란했던 고대 문화를 동경하며 일어난 문화운동이다. 휴머니즘은 인간이 지닌 가치를 보다 높게 생각하는 것이다. 과거 인간 위에 군림하던 다른 것들을 지우고 인간에게 집중하자는 것이 본래의 뜻이다. 하지만 얼마 지나지 않아 인류는 다시 인간 위에 인간을 만들고 이것을 강화시키기 위해 사람이 사람을 살육하는 식민지 전쟁을 일으킨다. 다시 과거로 되돌아가는 운동이 필요한 것인가? 몇번의 회귀를 반복해야 우리는 정상으로 돌아갈 수 있는지 모르겠다.

어두운 중세시대의 이미지를 지우고 과거로의 회귀를 부르짖었던 르네상스 시대의 젊은이들에게 문화는 어떤 의미였을까? 문화에 대한 가장 큰 오류는 아름다움과 관련이 있다. 미적인 만족감이 문화와 연관되어 떠오르곤 한다. 아름다운 것이 주는 만족감이란 의미에서 미적 가치는 중요하다. 하지만 문화를 미적인 것으로만 바라보는 시각은 계몽주의적 해석이다. 미적인 문화에만 집중한다면 그 차이를 인정하지 못하고 차별과 비하로 이어질 수 있다. 문화적 차이를 인정받지 못해 벌어진 수많은 폭력은 절대 재현되어서는 안된다. 20세기 영국을 대표하는 인문사회학자 중 한명인 리차드 호가트(Richard Hoggart, 1918~2014)는 문화를 “삶 그 자체로 부터 유래되는 복합체”로 봤다. 레이먼드 윌리엄스(Raymond H. Williams, 1921~1988)는 “문화란 일상적인 것”이라고 했다. 그렇기에 문화는 자신이 속한 사회의 영향을 받게 된다. 내가 속한 사회나 지리적 위치, 더 세분화되어 나이에 따른 또래나 취미나 성향에 따라서도 서로 다른 문화가 나타날 수 있다. 이러한 문화의 속성을 이해하게 되면 문화라는 것이 비교의 대상이 되지 않는 다는 것과 우월을 가릴 수 없다는 것도 알 수 있다. 문화는 이처럼 “삶 동안 체득되는 경험과 생활양식”이라는 점에서 누군가의 삶의 가치를 평가할 수 있는 권리는 아무에게도 없다. 그렇기에 정치적인 목적을 달성하기 위해 또는 경제적인 이유때문에 특정 포맷에 맞춰 만들어진 문화는 매우 위험하다. 하위문화의 저자 딕 헵디지(Dick Hebdige)는 사회계급과 문화의 관계를 연구하며 “

하위문화와 지배문화는 항상 긴장관계를 유지한다"고 했다. 또한, 어떤 이데올로기가 지배하고 있는 사회의 불균형 문제는 어떤 계급들이 더 많은 발언권을 가졌는지를 보면 알 수 있다고 했다. 문화가 사회적 정치적 환경을 떠나 논의 될 수 없는 대상이라는 것이다. 문화를 단순한 소비의 대상으로 생각하는 것은 너무나 협소한 시각이다. 또한, 예술 중심의 심미적 문화 개념 역시 문화 현상을 설명하기에는 부족하다. 우리가 흔히 사용하는 대중문화라는 표현를 보자. 대중문화라는 표현은 귀족문화와 다른 상대적 의미로 사용된다. 초기에 사용되던 Mass Culture라는 단어에서의 Mass는 이러한 대중들에 대한 하대의 의미를 포함하고 있다. 대중문화가 사회 계층을 나누는 편파적이고 가치중립적이지 못한 표현일 수 있지만 더욱 위험한 것은 대중이 포함하고 있는 다양성에 대한 부정이다. 니체는 자신이 살던 당시의 독일과 유럽의 문화적 특성을 '속물성'으로 규정하고 이를 비판했다. 교양이라는 것의 규정을 내세워 문화적 우위를 가리는 사람들을 못마땅해 했다. 만일 정신적 동질성을 기준으로 문화를 나누고 어떤 것이 나에게 더 우호적인가를 계산하게 된다면 우리도 그의 비판의 대상이 될 것이다.

19세기 영국의 비평가 매슈 아놀드(Matthew Arnold, 1822~1888)는 그 당시 영국과 유럽의 사회 정치 상황에 대해 환멸을 느꼈다. 산업 혁명을 통해 엄청난 인구의 이동과 사회의 변화 속에서 각계 각층의 목소리가 쏟아져 나오게 되었다. 사회는 변화의 소용돌이에 휩싸이게 되고 정치인들은 그때를 놓치지 않는다. 다양한 분야에서 개혁이라는 이름으로 새로운 제도와 단체들의 활동이 일어나게 된다. 모두다 우리 사회를 위해 더 나은 미래를 위해 정의를 위해서라고 외쳤지만, 매슈 아놀드는 그 한 가운데에서 그들의 위선을 목도하게 된다. 결국 개혁이라 부르짖는 이들의 행동은 자신의 이익을 위해서 또는 자신이 속한 단체의 이익을 대변하기 위한 위장술일 뿐이라는 것을 알았다. 여기에 환멸을 느낀 그가 처방한 해결책이 바로 '교양'이다. 사실 매슈 아놀드의 교양은 '사심이 없다'는 뜻이었다. 그런 그가 교양주의를 내세우며 문화화된 소수가 문명화된 대중을 통제해야 한다고 주장했다. 엘리트주의적인 예술문화 개념은 이렇게 시작된다. 교양은 '인간의 사고와 표현의 정수' 또는 '이성과 신의 의지가 널리 퍼지도록 하는 것'이 되었다. 이렇게 교육받지 못하고 신분이 낮거나 이성적이지 못한 이들은 교양이 없는 자들이 되어 그들이 이해할 수 없는 예술이라는 벽 앞에 서게 된다.

예술작품의 가치

다양한 예술작품을 하나의 기준으로 평가할 수는 없을 것이다. 창작자의 의도와 미적 가치 그리고 창의성과 독창성에 대한 비평이 가능하려면 상당한 교육이 필요하다. 모든 문화예술은 미디어를 필요로 한다. 마셜 맥루언(Marshall McLuhan, 1911~1980년)은 "미디어는 메시지"라고 했다. 사실 우리가 일상적으로 사용하는 미디어라는 단어에는 많은 의미가 있다. 가장 보편적으로 사용되는 정보나 컨텐츠를 딜리버리하는 채널이라는 의미는 협소한 일부분이다. 미디어를 제대로 이해하기 위해서는 인간 확장으로서의 미디어 개념을 이해해야 한다. 마치 우리의 시각 기능을 보조해 주기 위해 사용하는 안경을 통해 나의 눈이 확장될 수 있는 것처럼 안경은 나에게 미디어가 되어준다. 내가 사용하는 자동차나 노트북도 내가 가진 능력을 확장시켜 주는 의미에서 훌륭한 미디어가 된다. 친구의 정성어린 손글씨가 담긴 편지를 받아봤다면 그 소중한 편지지가 얼마나 훌륭한 미디어가 될 수 있는지에 대해 의심의 여지가 없다. 21세기 가장 강력한 미디어는 손안의 스마트폰이다. 나에게 전달되는 거의 모든 정보가 이 미디어를 통해 전달된다. 그림은 어떠한가? 화가의 손에 의해 붓과 물감이 조합되어 내게 전달되는 미디어이다. 그것이 내게 전달하는 메시지는 작품을 구성하고 있는 재료인 캔버스, 안료, 붓은 물론 캔버스 위에 표현된 선과 색과 같은 여러 요소들이 결합되어 결정된다. 작품을 통해 전달되는 메시지의 가치를 평가하기에는 많은 무리가 있다. 그렇다면 그것을 분해했을 때 나오는 재료들의 값이 그 메시지의 가치가 될 수 있을까?

하얀 종이 한 장을 가져다 오늘 당신의 이야기를 적어보자. 이왕이면 연필 한 자루와 함께 작품을 만든다는 생각으로 진지하게 적어보자. 한 장의 이야기 작품이 완성되었다. 내 책상에 놓여 있던 가로 세로 210 x 297mm 규격의 A4 용지의 가치는 이제 변했다. 이 80g/m^2 종이의 무게가 변했기 때문만은 아니다. 우리는 무엇인가의 가치를 평가하는데 아주 익숙하다. 시장을 통해 가치를 교환하는 것은 우리 삶의 일부일 만큼 빈번하고 필수적인 것이다. 예술작품이 가지는 가치를 평가하는데 가장 중요한 요소는 유일성이었다. 자연 그대로를 촬영한 사진이라 하더라도 그 독창성은 인정된다. 초기 사진 작품들에 대해서도 예술성 시비는 있었다. 사진이 예술성을 갖기 위한 조건이 만들어졌다. 그것은 다름 아닌 독창성이었다. 자연 그대로를 감광지에 담아낸 작품에 어떻게 독창성을 찾을 수 있을까? 바로 사진 작품이 만들어 지는데 개입된 작가의 창의적 과정이다. 자 여기 연필 한 자루가 있다. 데이비드 리스는 회사의 일을 하다 자신이 연필을 깎는 것을 무척 좋아한다는 것을 알게 되었다. 그 후로 그는 연필 깎기라는 새로운 직업을 만들었다. 사실 역사적으로 보면 연필이 볼펜보다 더 많이 사용되던 시기에는 정말 연필 깎기라는 직업이 존재했다. 연필의 검은색 심은 점토가 가미된 흑연인데 그 단단한 정도도 각각 다르고 그것을 덮고 있는 나무의 성질도 다양했다. 지금과는 다르게 18세기 연필의 인기는 엄청났다. 대체제가 딱히 없던 터라 질이 좋은 흑연을 생산하는 영국은 연필의 성지였다. 다른 지역에서 생산된 흑연에는 불순물이 많아 너무 무르거나 거칠어 연필 제작에 적합하지 않았다. 지금 우리가 사용하는 연필의 구조는 18세기말 니콜라 자크 콩테(Nicola Jacques Conté, 1755~1805)에 의해 발명되었다. 콩테에 의해 불순물을 제거한 흑연과 점토를 섞어 불에 구운 지금의 연필심이 만들어졌다. 연필을 생각하면 나무와 흑연의 냄새가 불어오는 향수가 있다. 데이비드 리스는 이 연필을 깎기 위해 필요한 지식을 자신의 책에 200페이지가 넘는 분량으로 기록했다. 연필을 깎기 위해 필요한 세상 모든 정보가 이 책에 있다. 그런 데이비드가 연필을 직접 깎아준다. 그가 깎은 연필에는 인증서가 발부된다. 언제 누구에게 얼마나 뾰족하게 깎아줬는지에 대한 정보와 서명이 담겨있다. 2012년 출간 당시 연필 한 자루를 깎는 값은 35달러였다. 2022년 지금 다시 확인해 보니 그가 깎아서 보내준 연필 한 자루의 값은 100불이다. 우리는 연필 한 자루가 1000원이라는 것을 안다. 그럼 이 깎여진 연필 한 자루는 왜 13만원이 되었을까? 그건 데이비드 리스가 깎았기 때문이다!

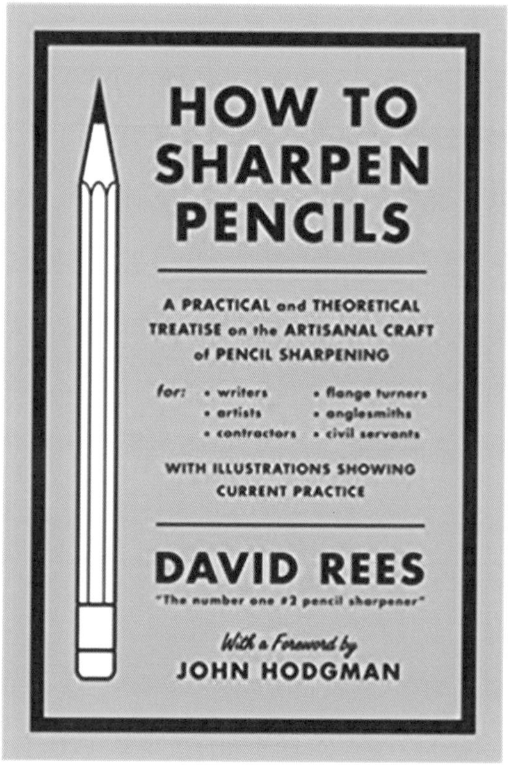

그림 3-7 데이비드 리스(David Rees) "How To Sharpen Pencils"
출처 : https://www.amazon.com/How-Sharpen-Pencils-Theoretical-Contractors/dp/1612193269

작품을 완성하고 작가 자신의 이름을 기록하는 행위는 작품에 대한 가치 평가에 영향을 끼친다. 과거 아날로그 미디어 시대에는 자신의 이름을 작품에 기록하는 것 보다 원작을 증명할 수 있는 좋은 방법은 없었다. 누군가 위작을 가지고 시장에 나왔을 때 그것에 있는 이름은 가짜이거나 아니면 복제되었을 것이다. 이름이 갖는 권위가 작품의 가치를 지켜줬다. 하지만 복제된 위작이 시장을 교란시키는 것을 완벽하게 차단할 수는 없었다. NFT 작품이 가지는 장점으로 자주 거론되는 원본에 대한 증명이 가능하다는 것은 보안의 3대 목적 중에 무결성이 보장된다는 뜻이다. 무결성은 '인가된 사용자만이 데이터를 생성, 수정, 삭제 할 수 있어야 한다'는 것이다. 즉, 인가되지 않은 사용자는 데이터의 수정이 불가능해야 한다는 것인데, 만일 인가되지 않은 사용자가 무엇인가를 변경했을 때 그것을 어떻게 알 수 있을까? 암호학에는 이 문제를 해결해 줄 수 있는 해쉬 함수가 있다. 해쉬 함수는 어떠한 입력 값을 넣더라도 설계된 특정 크기의 이진수로 입력 값의 특징을 표현해 준다. 입력 값이 얼마나 큰 가와 상관없이 무조건 출력 값은 설계된 고정 크기로 나온다. 게다가 입력 값이 단 1비트라도 변경되면 출력 값은 전혀 다른 값이 나온다. 또한, 충돌저항성이 있어 같은 출력 값을 가지는 서로 다른 두개의 입력 값을 찾기는 거의 불가능하다. 이런 성질을 이용해 무결성을 보장할 수 있다. 만일 당신이 그린 그림에 누군가가 아주 작은 점을 하나 그려 넣었다고 가정하자. 우리 눈으로는 도저히 감별하기가 어려운 수준의 작은 변화일지라도 앞서 설명한 해쉬 함수는 그 둘을 완전히 분리해 낼 수 있다. 원작의 작품은 유일한 해쉬값을 가지게 된다. 그렇기 때문에 누군가가 그것을 복제하거나 미세하게 수정한다면 그 위작의 해쉬값은 원작의 그것과 전혀 다르게 된다. 이것이 블록체인이 가지는 무결성의 핵심이다. NFT 작품 역시 블록체인이 가지는 특징을 그대로 승계하기 때문에 작품의 원본성을 의심할 필요가 없다.

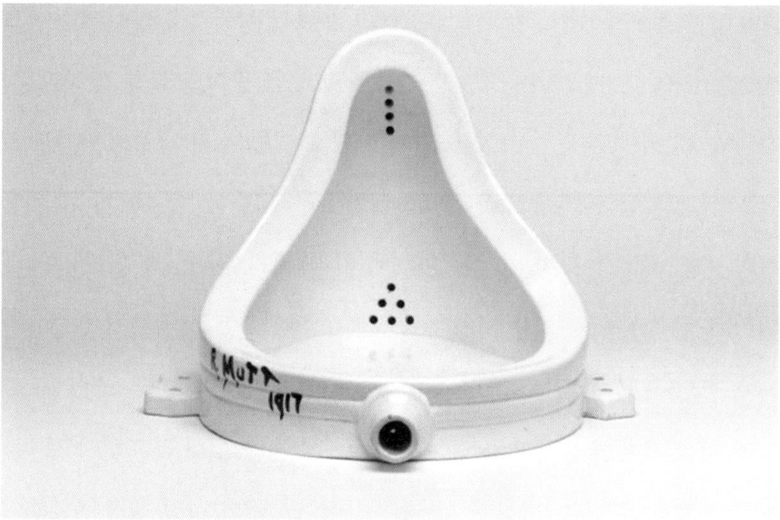

그림 3-8 마르쉘 뒤샹 '샘(Fontaine)'

출처 : https://www.centrepompidou.fr/en/ressources/oeuvre/VgrNkuT

밀라노 슈바르츠 갤러리에 전시된 마르쉘 뒤샹(1887~1968)의 '샘(Fontaine)'은 남자 화장실 변기의 모양이다. 어떻게 이 물체는 예술작품으로 인정받을 수 있었을까? 이런 파격적인 사건이 가능했던 이유는 마르쉘 뒤샹이 예술가로서의 역할에 대해 다른 시각을 가졌기 때문이다. 1917년 그는 상업용 소변기를 구입해서 전시회에 출품했다. 자신이 만든 것이 아니기에 그는 실제 그 소변기를 제작한 제조업자의 이름을 작품에 표기했다. 그의 이러한 시도는 예술창작가들로 하여금 "예술이란 무엇인가?"라는 근본적인 질문을 다시 하게 만들었다. 공장에서 생산된 공산품을 그대로 작품으로 인정하게 된다면 예술인들의 창작의 가치는 어디에서 보상받아야 할까. 이 모든 복잡한 마음은 예술의 창작이 재현의 범주로 해석되어지기 때문이다. 자연을 관찰하고 그것을 사실적으로 또는 추상적으로 창작가의 해석이 담긴 재현의 결과물로 만들어내는 것을 미술이라고 여겼기에 그들은 마르쉘 뒤샹을 받아들일 수 없었다. 하지만 현대 미술의 범주는 넓어졌다. 이제 그것을 누가 만들었는지를 넘어 어떻게 지금 여기에 그리고 우리에게 보여지게 되었는지까지로 말이다. 결국, 예술작품이 가지는 가치는 그 작품의 유일성과 창작가의 권위는 물론 작품이 가지는 메시지와 그것을 창작하는 과정에서의 창의성을 포함한 포괄적인 프로세스가 된다. 그런 의미에서 보면 스트리트 아트 행위를 기록한 동영상을 NFT 토큰에 담아 출시했다고 그것이 예술적 가치가 없다고 말할 수 없다. 그렇다면 이미 작품성을 인정받은 작품을 단순히 디지털화하여 NFT로 출시하는 경우는 어떤가? 먼저 당신이 그 작품의 저작권을 보유하고 있는지를 확인해야 한다. 작품을 단순히 소유하고 있다고 해서 그 작품을 디지털화할 수 없다. 이러한 행위는저작권자의 복제 및 전송권을 침해할 수 있기 때문에 반드시 자신에게 저작권이 있는지를 확인해야 한다. 저작권을 가진 디지털화된 작품은 원작의 소유권과 별개로 하나의 작품으로 인정된다. 우리는 원저작물의 복제물이 가지는 권리를 이미 알고 있다. NFT는 블록체인이라는 새로운 미디어와 원작물이 결합된 저작물로 봐야 한다. 이것이 우리가 앞서 살펴본 많은 경우와 같이 예술의 가치를 고민하는 올바른 방향과 맞다. NFT 작품의 경우 원작자 입장에서는 자신의 작품이 위작으로 유통되지 않을 것이라는 확신과 유통 과정에서의 투명성을 보장 받을 수 있다. 또한, 과거 쉽지 않았던 추급권의 문제를 NFT 작품의 경우 스마트 컨트랙트(Smart Contract)를 이용해 쉽게 해결할 수도 있다. 문제는 NFT라는 새로운 미디어의 등장이 만들어낸 기존 캔버스 미디어에 익숙한 이들과의 충돌이다. 이 현상은 매우 자연스럽고 반드시 거쳐야할 숙제이다. 단지, 우리가 지금 불편하다고 생각되는 것이 NFT라는 새로운 미디어에 대한 것인가 아니면 그 안에 포함된 작품의 예술성인지 나눠 생각해봐야 할 것이다.

에르미타주 박물관의 NFT 판매 성과에 대한 질문에 Dimitri Ozerkov가 한 말이 정곡을 찌른다. "우리는 그것이 얼마에 팔리는지는 관심이 없다. 단지, 그것이 우리에게 말하는것, 어떤 질문이 일어나는지 그리고 그것이 사회에 어떤 영향을 미치고 우리의 미래를 형성하는지가 관심 대상이다."

3.4 NFT 시장의 우려와 기대

누군가는 블록체인 기술에 대해 매우 불편한 부분이 있다는 것을 안다. 몇 년 전 우리나라를 강타한 암호화폐 광풍에 대해 한 방송사는 긴급 토론 프로그램을 편성한 적도 있다. 4명의 전문가들이 나와 사실상 두개의 진영으로 나뉘어 토론이 이뤄졌고, 이곳에서 한 지식인은 자신있게 이것은 '사기'라고 외쳤다. 그의 주장에 대해 상당 부분 동의해 줄 수 있다. 하지만 여기에는 오랫동안 지속되어온 게임산업을 두고 벌어진 게임의 유해성 논란과 비슷한 부분이 있다. 게임이 가지는 부정적인 이미지와 긍정적인 이미지가 극명하게 대립하지만 어느 한쪽 이야기만을 가지고 게임을 정의할 수는 없다. 미국 컴퓨터 역사 박물관이 선택한 '전세계에 지대한 영향을 끼친 소프트웨어' 7개 중 유일하게 게임으로 선정된 작품도 있지만 그렇지 않은 것도 많다. 솔직히 필자도 '사기'나 '도박'이라고 판정해 주고 싶은 게임이 여러 개 있다. 하지만 그것이 게임이라는 미디어를 부정할 수 있는 근거는 못된다. 이처럼 산업을 바라보는 측면에서 이중적 태도는 항상 존재한다. 규제와 진흥은 같이가야 한다. 기술 자체는 가치중립적이지만 그것이 어떻게 활용되는가에 따라 편중을 일으킬 수도 있기 때문에 새로운 미디어의 등장에 따라 가장 필요한 것은 이러한 잘못된 방향으로의 편중을 차단하는 것이다. 블록체인이 가지고 있는 순기능에 대해 반대하는 사람은 없다. 문제는 블록체인 기술이 암호화폐로 등치되는 과정에서 벌어졌다. 이렇게 블록체인과 암호화폐가 서로 분리할 수 없는 기술 관계로 성립되면서 사람들은 암호화폐의 가격표를 보고 블록체인의 미래를 이야기하게 되었다. 거의 매일 주요 암호화폐들의 가격 등락이 뉴스로 쏟아져 나온다. 본질은 흐려지고 시장의 이슈가 모든 것을 덮어버렸다. 지난 몇 년 동안 취해온 암호화폐 시장에 대한 정부의 대응 점수는 자연수로 표시될 수 없는 수준이다. 우선 새로운 미디어의 등장이라는 측면에서의 이해도가 매우 부족했다. 블록체인은 플랫폼 기술로 보는게 맞다. 기술에 대한 전문성이 부족하고 내부에 축적된 자원이 없다 보니 이슈가 생길 때 마다 외부 전문가들의 의견에 정책이 휘둘리게 되었다. 어느때는 육성을 어느때는 규제를 그저 좌충우돌의 세월을 보냈다.

NFT 시장을 바라보는 시선에도 복잡한 심경이 있다. 우리는 앞서 MZ세대들의 새로운 문명으로서의 메타버스와 그 새로운 경제시스템으로서의 블록체인과 NFT의 가치를 살펴봤다. 그럼에도 불구하고 NFT 시장에서 거래되는 작품들을 보고 나면 미간이 좁아지는 경우가 있다. 시장을 바라보는 우려와 기대의 시선이 충돌하는 지점이다. 정부 역시 NFT는 특금법상 암호화폐와 같은 가상자산이 아니라는 견해와 NFT도 가상자산이라는 견해가 혼재해 있다. 지금의 특금법상 가상자산의 정의는 너무나 포괄적이고 모호하다. 가상자산을 '경제적 가치를 지닌 것으로 전자적으로 거래 또는 이전될 수 있는 전자적 증표'라고 정의하고 '화폐·재화·용역 등으로 교환될 수 없는 전자적 증표 또는 그 증표에 관한 정보로서 발행인이 사용처와 용도를 제한한 것'과 '게임산업진흥에 관한 법률에 따른 게임물의 이용을 통해 획득한 유무형의 결과물'은 대상에서 제외했다. 이미 게임산업진흥법에서 말하는 게임내의 재화나 아이템이 가상자산으로 교환되고 있는 시장 상황에 비추어 보면 얼마나 모순적이고 애매한 해석인지 알 수 있다. NFT에 대한 해석도 마찬가지이다. NFT 작품의 경우 원작의 진본성을 증명하는 인증 역할을 수행하기 위해 블록체인 기술을 사용한다. 즉, 원작과 함께 NFT가 거래되는 것으로 보는 것이 맞다. 이런 경우 NFT를 실물 자산과 페깅되어 있지 않은 암호화폐처럼 가상자산이라고 주장하는 것은 설득력이 없다. 미술품, 영화, 음악과 같은 예술 컨텐츠에 NFT 기술을 적용해 출시된 제품에 대해 그 형태를 문제 삼아 가상자산 논쟁을 일으키는 것은 후대에 큰 웃음거리가 될지도 모른다. 마찬가지로 미술품 시장의 경우 오래전부터 피스(조각 소유권)나 공동소유권 개념을 이용한 경매가 이뤄졌다. 미술품의 공동소유 개념을 블록체인 기술을 적용해 NFT화 시켰더니 가상자산으로 규제를 한다면 시대를 역행하는 퇴보일 것이다.

그림 3-9 BUDDHA IN CONTEMPLAZIONE,
출처 : Salvatore Garau Youtube, https://www.youtube.com/watch?v=k0kbgXDMQUs

지난 5월 밀라노에서 이탈리아의 예술가 살바토레 가라우(Salvatore Garau, 1953)가 만든 'IO SONO'(I am) 조각상이 1만5천유로(한화 2000만원)에 거래되었다. 특이한 점은 조각이 놓여 있어야 할 곳에 아무것도 보이지 않는다는 것이다. 이 작가는 눈에 보이지 않는 소재로 조각상을 만든다. 실제 경매를 진행했던 회사의 제품 설명 페이지에도 작품 사진란은 공백이다. 이 작품의 판매 예상가격대가 6,000~9,000유로인 것으로 봐서 해당 작품은 두 명 이상의 비더(Bidder)가 패들(Paddle)을 여러차례 올렸을 것이다. 이 작품을 낙찰 받은 사람에게 주어진 유일하게 눈으로 식별 가능한 것은 살바토레 가라우가 서명한 진품 보증서가 전부였다. 과연 경매에 참여한 사람들이 이 눈에 보이지 않는 작품에 따라오는 눈에 보이는 보증서가 없었다면 패들을 올렸을까? 눈에 보이지 않는 이 작품은 사실상 전세계에 무한대로 이미 복제된 상태이다. 그 중에 진품인 단 하나의 작품은 바로 이 보증서가 가리키는 작품일 것이다. NFT 작품들도 마찬가지다. 살바토레 가라우의 작품에 따라온 진품 보증서 같이 NFT 작품은 위변조나 복제에 대한 위협으로부터 안전하다. 완벽한 복제품들 사이에서도 진품의 소유자를 정확히 구분할 수 있다. 블록체인이 가지는 순기능을 가장 현실적으로 작동시킬 수 있는 분야가 NFT 시장이다.

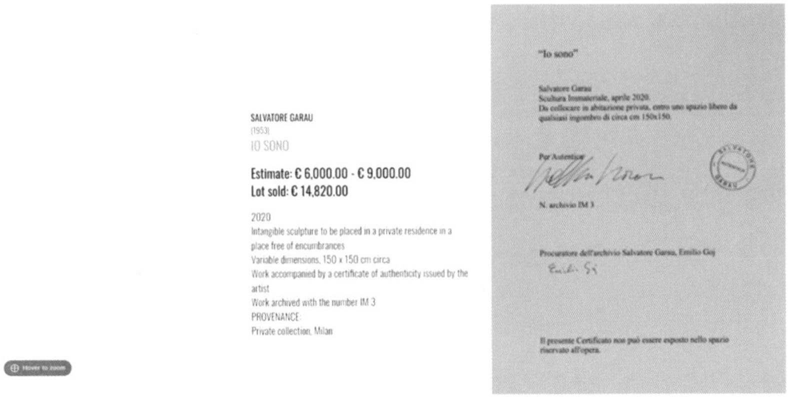

그림 3-10 'IO SONO'의 판매 페이지와 작품 인증서
출처: ART RITE, https://www.art-rite.it/en/lot/14067/71/1

미술품의 경우 판매가 완료되고 나면 사실상 저작권을 가지고 있는 창작가라 할지라도 추급권(Resale Royalty Right)을 통한 지속적인 수익 창출이 어렵다. 미술품 자체의 유통 과정이 실 소유자를 알아내기 쉽지 않은 구조이기 때문이다. 또한, 미술품 시장은 음악이나 영화와 같은 문화예술 콘텐츠 시장에서의 창작가들과는 달리 지속적인 저작권 수입이 발생하기 어려운 구조다. NFT 예술품 시장은 이러한 구조적 문제를 해결해 줄 수 있다. 작가들의 작품이 어떻게 유통되고 있는지는 물론 현재 소유자를 정확히 알 수 있다. 물론, 소유자의 신원이 노출되는 것은 아니다. 단지, 거래가 이뤄지는 순간 구매자와 판매자는 스마트 컨트랙트를 통해 일정 부분 수수료를 원작자에게 지불할 수도 있다. 작품에 대한 시장 가치가 높아지게 되면 원작자와 구매자 모두 수익이 발생한다. 이것은 수익증권 개념이 아니다. 이미 1920년 프랑스를 시작으로 세계 미술시장에서 오랫동안 통용되어온 추급권의 디지털 버전일 뿐이다. 이를

통해 창작가들에게는 더 다양한 작품을 위한 지속적인 재원이 마련되고 결과적으로 문화예술 시장의 작품들은 더 풍성해 질 것이다. 매년 다양한 분야의 예술교육을 마치고 시장에 진입하는 수 천명의 작가들이 있다. 모두가 작품을 업으로 하는 프로의 길을 가지는 않더라도 이중에는 우리 미술계를 이끌고 갈 인재들을 포함해 다양한 예비 예술가들도 있다. 이들이 자신의 작품을 포트폴리오로 만들어 간직해 왔듯이 이제는 NFT 작품들을 통해 자신의 아트체인(Art Blockchain)을 구축하면 좋겠다. 자신의 삶을 기록하는 브이로그처럼 창작가의 아트체인은 자신의 작품들을 세상에 당당히 등단 시키고 권위로부터의 탈퇴와 공정한 평가 그리고 자신의 몫이 자신에게 돌아갈 수 있는 새로운 생태계를 구축하는 밑알이 될 수 있다. 얼마전 한 언론사와의 인터뷰에서 쓴 글을 나누며 글을 마무리 한다.

"<기생충>과 <오징어게임> 대한민국의 문화예술 컨텐츠들은 전세계인들의 사랑과 관심의 대상이 되었고, K-Culture 산업은 우리나라의 대표 수출 상품으로 자리잡았죠. 이러한 성공 안에는 열악한 환경에서도 자신의 미래를 위해 노력해준 젊은 창작가들의 땀과 노력이 있었습니다. 매해 젊고 실력 있는 신진 창작가들이 다양한 문화예술 분야에서 배출되고 있습니다. 그 친구들이 과연 공정하고 투명한 평가를 받으며 자신에게 돌아갈 몫을 받고 있는지에 대해서도 관심을 가질 필요가 있습니다. 영화 산업뿐 아니라 모든 영역에서 이제 사회에 진출하려는 젊은 친구들에게는 왠지 넘어야할 벽이 있는 것 같은 느낌이 드는게 사실입니다. 경쟁이라는 것은 공동체의 발전을 위해 반드시 필요하다는 것에 동의하면서도 그것을 운영하고 있는 룰이 과연 공정하고 투명하게 집행되고 있는가에 대해서는 의문이 들죠. 게임의 룰은 누구에게나 동일하게 적용되어야 함에도 불구하고 어떤 이들에게는 좀 더 빠르고 편한 길이 제공되고 있다는 사실은 부정할 수 없는 현실입니다.

블록체인이 가지고 있는 기술의 장점 하나만을 뽑으라면 무결성이 되겠지만 이것은 이미 오래전 해쉬함수와 같은 일반적인 암호기술들이 완성해 놓은 평범한 것들입니다. 우리는 블록체인이 가지고 있는 이러한 기능 요소가 아니라 그것이 가지고 있는 기호적 가치로 탈중앙화, 즉 권위로 부터의 탈출에 매력을 느끼는 것이죠. 왜 지금 이제와서야 수십년전에 완성된 기술들의 결합물이 이러한 가치로 재평가되고 있는지에 대해서는 우리 주변을 둘러보면 쉽게 답을 찾을 수 있죠. 젊은 친구들이 어느때보다 불공정한 시대를 살고 있다고 느끼는 이유는 바로 자신의 노력과 상관없이 자신의 것이 자신에게 돌아오시 못하고 있다는 좌절감 때문일 것입니다. 누군가가 가로채간 자신의 몫을 바라보면서 허탈감을 느끼고 있을 그들에게 무엇을 해줄 수 있을까요? 우리 사회는 지금 이 질문에 답을 해야합니다.

우리는 지구가 오염되어 인간이 살수 없는 곳이 된다면 인류가 이주할 수 있는 새로운 행성을 찾아 이사를 가야 할 것이라고 생각했죠. 화성이 너무 춥거나 뜨겁고 산소가 없어 살기 힘들 것 같으면 우리는 대형 돔을 만들어 그 안에서 살아가야한다는 것이 우리의 상상이었죠. 하지만, 지금 우리 젊은세대들의 생각은 어떤가요? 돔에 갇혀 생존하는 인류 대신 화성을 인간이 숨쉴수 있는 곳으로 행성 개조 작업(Terraforming)을 추진하자는 칼 세이건의 제안에 더 공감하고 있지 않습니까? 저 역시 그쪽에 서겠습니다"

문화를 뜻하는 Culture 라는 단어의 원래 의미는 경작을 뜻한다. 농사와 경작을 통해 시작된 문화의 의미를 되돌아 본다. 한 시대의 문명은 사회 전체가 만들어낸 시스템이다. 2022년을 사는 MZ 세대들의 새로운 문명은 이미 시작되었다. 그들의 도전이 성공하기를 응원해 본다.

4. NFT와 블록체인에 대한 알아 두면 좋은 상식

본격적으로 블록체인에 대해 다루기 전에 우리 인류의 정보기술 진화에 대해 먼저 알아보자. 이전에 우리는 정보의 생성, 보관, 유통을 극히 제한적인 계층에서 독점하여 권력으로 활용했던 적이 있었다. 그러나 PC가 나오면서 많은 양의 정보를 효율적, 대중적으로 관리하게 되면서 인터넷이 등장했고, 방대한 양의 정보를 다루다보니 정보의 신뢰성에 의구심이 생겼다. 예를 들어 어떤 플랫폼에서 한 이용자가 궁금하여 올린 질문에 대해 비전문가가 자유롭게 답을 달 수 있게 되다보니 마치 "대학생이 묻고 초등학생이 답을 단다"는 말이 나올 정도였다.

NFT를 알려면 먼저 블록체인을 알아야한다. 블록체인은 앞으로 우리 일상생활 전반적으로 많은 변화를 가져올 것으로 생각된다. 정보의 변화에 따라 블록체인이 생겼고, 블록체인이 생김으로써 가상자산도 생겼다. NFT도 암호화폐, 가상자산의 일종이다. 1988년에 네덜란드의 암호학자로 EFF(Electronic Frontier Foundation)이라는 시민단체의 데이빗 차움(David Chaum) 박사가 중요한 다음과 같은 세 가지의 전제 조건하에 암호화폐를 제안했다. 이 세 가지의 조건은 지금도 블록체인 내지는 암호화폐의 생성에 있어 중요한 위치를 점하고 있다.

첫 번째는 익명성(Anonymity), 두 번째는 양도성(Transferability), 세번째

는 중복사용 방지(Prevent copy & double-spending)이다. 데이빗 차움박사는 실제로 이를 근간으로 1991년도에 "Digi Cash"를 만들었다. 암호학계에서는 그를 '프라이버시의 아버지' 또는 '익명성의 아버지'라고도 호칭하고 있다.

4.1 NFT의 기본개념인 암호화폐 비트코인의 탄생

2008년 10월, 사토시 나카모토(Satoshi Nakamoto)라는 사람(=사실은 사람인지, 즉 1인인지, 다중인지, 그룹인지, 가명인지, 실명인지 모든 것이 베일에 쌓여있어 누구도 특정하지는 못한다. 그러나 최근에 필자는 이 사토시 나카모토란 사람을 직접 만났다는 사람을 만났고 그로부터 그 사람이 미국인이고, 백인이라는 얘기를 들었다. 물론 정확히 검증된 내용은 아니다. 그러나 그 사람의 말을 빌자면 사토시 나카모토로부터 4만 불 정도의 투자도 받았다고 하니 개인적으로는 어느 정도의 신빙성도 있지 않을까 생각하고 있다)이 당시에 미국에서 일어난 서브프라임 모기지 사태(subprime mortgage crisis)를 보고 중앙화된 금융의 모순점을 해결하려는 의도를 가지고 2008년 10월에 "Bitcoin: A Peer-to-Peer Electronic Cash System"이란 제목의 9페이지짜리 논문을 발표하고 비트코인 발행을 제안했다. 이것이 1세대 비트코인이고, 이후 이더리움 등 수많은 알트코인이 계속 출현하고 있다. 1세대의 비트코인은 가상자산업계의 대장으로 최근 가격이 급등하여 얼마 전까지 8천 만원을 넘어 한때는 1억 원대를 넘길 것으로 전망되기도 했다.

그러나 비트코인은 치명적인 약점이 있다. 블록체인 하나를 생성하는데 10분이라는 긴 시간이 걸리는데 이는 실제로 거래하는데 있어 상당한 제약요건이었다. 가령 비트코인으로 커피 한잔을 마셨는데 결제 시간이 10분 이상 걸린다고 하면 어떨까? 심한 경우에는 다음날까지 결제가 안되는 경우도 있었다. 비트코인의 이러한 불편함을 보완하여 출현한 것이 바로 이더리움이다. 이 이더리움이 비트코인의 체결시간을 12초 정도로 획기적으로 단축시켜 거래의 원할성을 도모하였다.

이더리움(Ethereum)은 상호계약이라는 스마트컨트랙트 기능이 특징이며, '비트코인 2.0' 또는 제2세대의 암호화폐라고도 부른다. 이더리움이 제공하는 이더(Ether)는 비트코인과 마찬가지로 암호화폐의 일종으로 거래되고 있다. 엄밀한 의미에서 '이더리움'은 플랫폼이고, '이더'는 암호화폐이지만 통상적으로 이를 구별하지 않고 '이더리움'을 암호화폐의 이름으로 사용하고 있다. 이더리움의 스마트컨트랙트 기능 때문에 이후 많은 알트코인들이 이더리움을 기반으로 발행되고 있다.

2017년도와 2018년도에 걸쳐 제3세대 암호화폐가 "이오스(EOS)"라는 이름으로 나오는데 이오스는 위임지분증명(DPoS) 방식을 사용하였다. 2017년 5월부터 미국 블록원(Block.one)사의 브렌든 블루머(Brendan Blumer) 대표이사와 댄 라리머(Dan Larimer) 기술이사 등이 이더리움 기반으로 개발했고, 2018년 6월에 이더리움에서 벗어나 자체 메인넷을 오픈했다. 웹어셈블리(WebAssembly), 러스트(Rust), C, C++ 등 다양한 프로그래밍 언어를 사용하여 개발했고, 이오에스 또는 이오스아이오(EOS.IO)라고도 부른다.

NFT는 왜 만들어졌을까?

NFT는 '대체 불가 토큰'이라고 한다. 비트코인과 같은 암호화폐도 토큰이라 불리고 거래도 된다. 그런데 같은 거래 가능한 토큰인데 왜 NFT만 '대체 불가'라고 하는 것일까? NFT는 이더리움, 클레이튼과 같은 메인넷상에서 스마트컨트랙을 통해 구현되는 기술이다. 그동안 발행된 수많은 FT(대체 가능 토큰)들 상당수는 이더리움 스마트컨트랙 상에서 교환되고 대체 가능했지만, NFT는 그 자체로 유일무이하고 쪼갤 수도 없고, 토큰 ID로 식별이 가능하도록 구현된 기술인 것이다.

자세히 들여다 보면 암호화폐와 NFT는 다르다. 비트코인이 똑같은 코인을 2,000만 개 이상 발행하여 유통되는 반면 NFT는 오직 원본이 하나밖에 없다. 즉 NFT는 이 세상에 단 하나 밖에 존재하지 않는 '디지털 정품 인증서'라는 고유의 인식표를 달고 있는 소장품인 것이다. 크리스티 경매 같은 곳에 매물로 나오는 희대의 골동품을 NFT 거래소에 그대로 옮겨두었다고 보면 된다. 일종의 디지털 소장품인 샘이다.

NFT는 사진, 비디오, 오디오 등 디지털 파일을 나타내는 데 사용할 수 있다. 사본은 인정되지 않는다. 이러한 디지털 항목의 사본은 누구나 얻을 수 있지만 NFT는 블록체인에서 추적되어 소유자에게 저작권과 소유권을 블록체인상에서 증명한다.

2021년에는 NFT 사용이 높아졌다. 이더리움, 플로우 등의 가상화폐는 자체 표준을 가지고 있지만, 각각 표시된 디지털 항목의 독보적인 확보를 위해 노력한다. NFT는 인기있는 엔터테인먼트에서 디지털 자산을 상업화 하는 데 사용한다. 대부분의 NFT는 이더리움 블록체인의 일부이다. 물론 다른 블록체인도 자체 버전의 NFT를 구현할 수 있다.

NFT 시장 가치는 2020년에 2억 5천만 달러 이상에 도달하는 등 갈수록 그 금액이 치솟고 있다. NFT는 암호화 토큰처럼 작동하기는 하지만 비트코인과 같은 다른 암호화폐와는 달리 상호 교환이 불가능하다. NFT의 암호화 트랜잭션 프로세스는 NFT 소유권을 추적하는 데 사용되는 디지털 서명을 제공하여 각 디지털 파일의 인증을 보장한다. NFT의 소유권은 디지털 자산에 대한 저작권과는 구별되어 저작권이 부여되지 않는다. 누군가 자신의 작품을 NFT화하여 판매할 수 있지만, NFT의 소유권이 변경될 때 구매자가 반드시 저작권 권한을 얻지 못한다는 점은 원래의 소유자 입장에서 보면 동일한 작품의 많은 NFT를 만들 수 있다는 것을 뜻한다. 이처럼 NFT는 저작권과는 분리된 소유권 증명에 다름아니다. 쉽게 말하자면 기존의 암호화폐에 개인의 특정 소유권을 입증하는 소스값을 덧붙여서 독립적으로 판매하는 것이라고 보면 된다. 이로써 그 상품에 대한 독점적 지위의 소유권을 증명받는 것이다. 이때 스마트컨트랙에 의해서 소유권은 반드시 소유권 뿐 아니라 저작권등 기타의 권리도 포함할 수 있다. 위조, 복사, 소유권분쟁으로부터 안전한 보관을 목적으로 나온 결과물인 NFT는 고유의 값을 가지고 있어서 다른 토큰으로 대체가 불가능하고 또한 이 기술을 활용하면 복제나 위·변조를 막을 수 있다.

FT나 NFT 모두 스마트컨트랙 토큰임에도 불구하고 쓰임새나 서로 상반된 특징을 가진다. 특히 지금까지 암호화폐에 대한 부정적인 인식을 불러일으켰던 내재 가치 이슈에 대해 NFT는 FT 특성을 갖는 비트코인, 이더리움 그리고 이더리움 상의 수많은 ERC20 토큰과는 사뭇 다른 특성을 보인다. 즉 NFT는 이미지나 영상으로 보이고 때로는 사운드로 듣기도 하여(이를 영어로 'tangible 하다'로 한다), 디지털 콘텐츠나 게임 아이템으로 표현될 수 있다. 기술적으로는 ERC721의 토큰 메타데이터에 의해 해당 콘텐츠에 연결되어 사용자에게 토큰이 소유하는 콘텐츠가 보이게 하고 있다. 이런 대표적인 특징으로 인해 NFT는 수집이나 예술분야의 디지털 콘텐츠, 그리고 게임이나 메타버스에서 눈에 보이는 아이템이나 자산을 나타나는 데 사용된다. 그래서 FT의 주 응용이 금융분야이고 실재하지 않는다는 특징으로 인해 규제기관으로부터 눈에 보이는 실체도 없고 기존 금융에 저해될 수도 있다는 생각에 FT에 대해 금기시했던 기조가 NFT 시장이 성장하면서 다소 흔들리고 정부의 규제 입장이 달라질 가능성이 높아지고 있다.

특히 일반 사용자 입장에서 FT보다 NFT는 훨씬 빠르고 쉽게 이해되며, 콘텐츠가 유명세를 타고 있을 경우 재미가 있기 때문에 더 친화적이다. 그래서 NFT는 표시되는 콘텐츠에 대한 디지털 소유권의 의미를 갖게 되어 이제까지 웹에 떠돌아다니는 콘텐츠들이 HTML 문서로 내 컴퓨터에 전달되면 언제든지 복제되어 진본과 복제본의 구별이 잘 안되었던 인터넷 세상을 바꿔놓을 수 있게 된 것이다. 다시 말해 NFT을 사용하면 디지털 콘텐츠의 복사에 의해 만들어진 사본이 가능하지만, NFT에 연결된 해당 콘텐츠는 복사되지 못함으로써, 콘텐츠 분야의 일대 혁명을 낳게 된 것이다. 이와같은 ERC721 구현 기술은 생각보다 간단한 스마트컨트랙 기술이다. 코인메트릭스에 따르면 올해 3월 말 기준으로 이더리움 ERC20 스마트컨트랙이 1,784만 건이 등록된 것에 반해 ERC721 스마트컨트랙은 1만 9천여 건이 등록되어 ERC20 컨트랙의 0.1% 수준에 있다고 한다. 배포된 스마트컨트랙에서 ERC20 토큰 함수들은 소유자의 계정에 있는 해당 토큰을 다른 계정으로 얼마만큼의 토큰 개수를 전송하는 목적으로 개발되어 있는 반면, ERC720 토큰 함수들은 토큰 ID에 해당하는 소유자를 다른 소유자로 변경하는 기능을 제공한다. 결국 ERC721에는 토큰 ID를 특정 소유주 계정에 매핑하는 기법이 적용되는 것이다. 당연히 ERC20에는 해당 토큰 몇 개를 원소유자 계정에서 다른 소유자 계정으로 소유권을 넘기는 함수가 호출된다. 또한 ERC721 토큰생성함수(민팅)의 경우 생성 시 Token ID와 함께 메타데이터로 콘텐츠의 이름과 저장 위치와 같은 정보를 입력하여 관리할 수 있는 기능이 제공된다.

NFT의 시초는 2017년 스타트업 대퍼랩스(dAPPER lABS)가 개발한 "크립토키티(Cryto Kittis)"를 들 수 있다. 이는 유저가 NFT 속성의 고양이들을 교배하여 자신만의 특별한 고양이를 만들고 키우는 게임이다. 2017년말에 이 게임의 디지털 고양이가 11만달러(약 1억 2천만원)에 거래되면서 화제가 되었다. 이더리움 ERC-721 토큰 방식의 디앱(DApp)이다. 크립토키티의 개발회사인 액시엄젠에서 분사한 스타트업인 대퍼랩스(Dapper Labs)는 2018년 말에 삼성전자 산하 벤처투자 조직인 삼성넥스트(Samsung Next), 구글의 모회사인 알파벳의 벤처투자 조직인 GV, 록펠러 가문의 투자 회사인 벤록(Venrock), 한중일 합작 크립토펀드인 지비아이씨(GBIC) 등으로부터 약 170억 원의 투자를 받았다.

여기에서 다른 궁금증 하나. NFT 거래소에서 상품을 구매하면 왜 집으로 배송을 안 해주는걸까? 물론 NFT 그림을 샀다면 프린팅 해서 집에 걸어 둘 수는 있다. 하지만 집에 걸어둔 프린팅 그림은 원본이 아니고 또한 원본으로 인정도 안된다. NFT 그림에는 고유의 블록체인 주소가 삽입돼 있다. 즉 그 블록체인의 소유권을 사는 방식이다.

또 다른 의문. 바둑 기사 이세돌 9단의 이세돌 NFT는 한 번에 여러 개 발행했다는데 이것은 뭐야? (이세돌 9단이 알파고를 꺾은 대국의 NFT는 2억5000만 원에 거래). 이세돌 NFT는 판화처럼 하나하나 고유 블록체인 주소가 다 다르다.

NFT거래 사례들

언론에 나오는 것을 보면 하루에도 몇 건씩 거래가 되고, 그 금액이 하나같이 큰 것을 알 수 있다. 언론에 언급된 내용을 위주로 몇 가지 사례를 살펴보기로 하자.

지난 7월 말 카카오 블록체인 기술 계열사인 그라운드X는 카카오톡 암호화폐 지갑 '클립'에서 진행된 디지털 아트 '크레바스 #01 바이 미스터 미상(작가 미스터 미상)'이 판매 시작 27분 만에 완판됐다고 밝혔다. 이 작품 가격은 개당 100클레이(약 11만원, 1클레이 1100원 기준), 1인당 구매할 수 있는 작품 수는 1개로 한정했다. 999개의 작품을 선보였는데 1억 989만 원어치가 순식간에 매진된 것이다. 이전의 유화작품들과 달리 애니메이션과 사운드 효과가 삽입된 한 NFT 작품은 4만 7,000클레이(약 5,700만 원)에 낙찰되기도 했다.

2021년 8월 NFT 시장은 침체기 이전 수준을 능가하는 최대 호황을 맞았다. 월 거래량은 20억 달러로 최고 기록을 세우면서 끝나지 않은 시장 열기를 보여줬다. 시가총액 10억 달러를 넘는 NFT 컬렉션도 등장했다. NBA 탑샷과 판매량 기준 상위 100개 이더리움 NFT의 NFT 시가총액은 약 142억 7,000만 달러에 달한다는 통계도 있다. 이는 액시인피티니 NFT와 WAX의 아토믹허브(Atomic Hub), 테조스의 힉엣눙크(Hic et Nunc) 같은 기타 플랫폼의 시가총액은 반영되지 않은 수치다. 한달간 NFT 판매량이 폭발적으로 증가해 52억 9,000만 달러를 넘어섰다. 전월 대비 315%, 6월 대비 1,103% 증가한 수치다. 판매 건수는 총 560만 건으로 7월보다 22% 증가했다.

구글 검색량을 통해 대중의 관심을 나타내는 구글트렌드에서도 NFT에 대한 높은 관심이 확인됐다. 디파이 검색 지수는 7월 이후 급락한 반면, NFT와 오픈씨에 대한 검색은 모두 급증해 최고 수준인 '100'을 기록했다.

8월 코카콜라, 구찌, 돌체앤가바나, 버버리 등이 NFT 시장 진출을 발표하는 등 대기업 및 유명 브랜드가 시장에 참여했다. 글로벌 결제 대기업 VISA 역시 15만 달러를 들여 크립토펑크 7,610번을 구매했다. 세계적인 경매 회사인 소더비는 9월 '지루한 원숭이 요크 클럽(BAYC)' 101점과 '지루한 원숭이 애견가 클럽(BAKC)' 101점을 경매에 부쳤다. 이어서 다수의 대형 미디어들이 NFT를 집중 조명하면서 NFT 시장과 블록체인 산업에 대한 일반 대중의 관심을 불러일으켰다. NFT를 지원하는 많은 플랫폼들이 시장을 개척하고 있지만 NFT 전체 판매량의 97%는 여전히 이더리움(액시인 피니티, 로닌 포함)에서 이뤄졌다. 인기 컬렉션들이 대부분 이더리움에 호스팅되어 있고 오픈씨나 래러블 같은 이더리움 기반의 마켓플레이스에서 거래되고 있다.

NFT 판매량의 증가는 인기 NFT 마켓플레이스의 활성화로 나타났다. 이중 오픈씨는 8월 34억 달러 이상의 거래량을 기록하는 등 압도적인 시장 점유율을 보이고 있다. 전월 대비 743.5% 증가를 보여 전체 플랫폼 누적 판매량의 75%에 해당하는 수준에 도달했다. 8월 어느 하루 3억 달러, 일주일 평균 거래량은 2억 2,300만 달러의 NFT가 거래되면서 거래량 최고의 기록을 세웠다. 토큰터미널(Token Terminal)은 오픈씨는 8월에 이더리움 순수익의 17%에 해당하는 규모인 7,800만 달러의 매출을 보였다고 발표했다. 이용자 수도 급증했다. 8월에 유입된 사용자만 15만 명을 포함하여 8월 한 달 동안 20만 명 이상의 사용자(고유 지갑)가 오픈씨에서 NFT를 거래했다.

NFT 컬렉션 중 가장 큰 인기를 모은 건 '크립토펑크(Cryptopunks)'와 '지루한 원숭이(Bored Apes)' 이다. 최고 판매량을 기록한 두 NFT는 각각 시가총액이 10억 달러를 상회하고 있다. '크립토펑크'는 한 달 동안 평균 판매 가격과 최저 판매 가격이 모두 400% 이상 증가하며 40만 달러를 넘어섰다. '지루한 원숭이'는 유명 인사들의 관심과 기존 홀더를 대상으로 한 '돌연변이 원숭이(Mutant Apes)' NFT 드롭을 통해 최저를 15만 8,000달러까지 끌어올렸다. 8월에 출시된 신예 NFT 0N1 Force와 돌연변이 원숭이의 판매량도 이미 1억 달러를 넘었다. 대형 보유자 집중도가 높은 NFT는 크립토펑크와 아바스타로 나타났다. 크립토펑크의 경우 대형 보유자 집중도가 약 9% 수준이다. 상위 5명의 보유자가 1억 300만 달러 상당, 약 900개의 크립토펑크를 보유하고 있다. 크립토펑크 보유자는 개발사인 라바랩스(Larva Labs) 소속 NFT인 미비츠, 아트블록 등을 선호하는 경향을 보였다. 미비츠의 대형 보유자 집중도는 7.2% 수준이다. 이더리움 상위 5개 컬렉션 중 보유 현황이 가장 분산된 NFT는 지루한 원숭이 요트 클럽이다. 사용자(고유 지갑)는 5,100명 이상이며 상위 5명의 보유자가 전체 4%만을 차지하고 있다. 대형 보유자 집중도가 가장 높은 컬렉션은 아바타스로 무려 21%에 달했다.

NFT 인기 게임인 액시 인피니티가 게임을 하면서 돈을 버는 '플레이투언(Play to Earn)' 돌풍을 일으키고 있다. 액시 인피니티에 매일 100만 명 이상의 플레이어가 참여하고 있다. 누적 판매량은 8월 말 기준 17억 달러를 넘었다. 거버넌스 토큰 AXS 가격은 7월 말 대비 약 73.17% 상승해 71.5달러(9월 2일 기준)에 거래되고 있다.

액시 인피니티는 8월 한 달 3억 5,500만 달러의 매출을 올려 디앱 중 유일하게 오픈씨를 능가했다. 오픈씨와 액시의 종합 매출은 이더리움 총 수익의 87%에 해당한다. 필리핀에서는 이용자 수가 50만 명에 달해 현지 정부의 이목을 끌기도 했다. 액시 이용자는 게임 플레이를 통해 SLP 토큰을 얻을 수 있는데 게임에 재투자하거나 중앙화 거래소를 통해 현금화할 수 있다. 안토네트 티 온코(Antonette Tionko) 재무차관은 플레이투언 플랫폼을 통한 수입에 과세하겠다고 밝혔다. 두 번째로 많이 플레이되는 게임인 '에일리언 월드(Alien Worlds)'는 WAX 블록체인에 호스팅되어 있다. 58만 명 이상의 사용자를 유치하면서 WAX 사용량을 대부분 점하고 있다.

2021년 NFT 시장의 성장을 견인하고 일반인들에 확산시킨 대표적인 서비스는 농구를 좋아하는 팬들을 위한 NBA탑샷 서비스일 것이다. NBA탑샷 이외에도 비플의 NFT와 여러 유명인들 가령 패리스 힐튼의 고양이 그림 NFT, 엘론 머스크의 여자친구로 알려진 그라임스의 워님프 NFT, 음악가인 숀 멘데스의 NFT 등은 유명세를 이미 갖춘 사람들의 작품들이 NFT 기술에 의해 소유권 증서로 연결되어져서 고가로 팔린 사례들이다.

특히 비플 NFT의 경우, 금년 2월 크리스티 경매에서 6천 9백만불이라는 사상 최고가(800억 원 상당)에 팔린 작품(EVERYDAYS : THE FIRST 5000 DAYS)은 디지털 창작품으로 유일하게 발행된 NFT로서, 고작 21,069 x 21,069 픽셀 사이즈의 그림 파일임에도 불구하고 창작자인 '마이크 윙켈만'의 독창적이면서도 코믹하고 환상적인 예술 세계에 대한 높은 평가와 그의 독특한 창작 스토리를 담고 있기 때문이라는 이유로 살아있는 예술가 중에 가장 비싼 작품으로 등극된 것이라고 해석된다.

경매회사인 크리스티에서는 그를 "NFT의 최전선에 있는 선구적인 디지털 아티스트"로 EVERYDAYS 작품은 2007년 5월 1일부터 창작품을 매일 만들어서 처음 시작일부터 5,000일 동안 쉬지 않고, 심지어는 결혼식날에도 창작이 멈추지 않았으며 또한 자녀 출생일과 같은 집안 경사때도 윙켈만은 예술 작품을 쉬지 않고 만들었다는 집념의 스토리와 함께 5,000일간의 작품 모두를 엮어 콜라주 이미지에 NFT를 도입하여 최고가의 경매가 성공하였던 것이다.

'마이크 윙켈만'은 창작력이 훌륭한 디지털 아티스트이고, 그래픽 디자이너이며 애니메이터로서 비플 홈페이지와 인스타그램, 페이스북, 유튜브, 트위터, 아도비 비핸스와 같은 SNS 미디어에서 열성적으로 활동하고 있다.

결론적으로 그는 정치 풍자와 같은 뛰어난 창작력이 있었고 SNS를 통해 그 동안 왕성한 활동을 보여주어 인지도를 높여 왔으며, 독특한 인생 스토리와 함께 작품을 만들어내는 철학과 가치를 담은 스토리가 더해져서, 소유권 인증서의 역할을 하는 NFT 도구를 통해 이제까지 볼 수 없었던 놀라운 성과가 나오게 된 것이다. 그래서 NFT는 창작성 높은 예술가를 위해 그 성과를 액셀러레이팅시킬 수 있는 훌륭한 도구로 칭해질 수 있다.

4.2 NFT는 어디서, 어떻게 사고 팔까?

이번 장에서는 NFT 거래소에 대해서 알아본다. 작품이 나오면 이 작품을 거래할 곳이 있어야 하지 않겠는가? 그 거래하는 시장이 곧 거래소이다. 그동안 우리는 증권거래소나 암호화폐 거래소라는 이름을 수도 없이 자주 들어 봤다. 그런데 어느 날 뜬금없이 NFT거래소가 나타났다.

내 작품을 NFT로 팔고 싶다면? 거래소를 찾아야 한다. 2021년 상반기 NFT 시장의 규모는 지난해 전체 규모의 25배를 넘었다. NFT 거래소의 수도 종류도 늘었다. 국내외 주요 거래소들에 대해 알아보자.

OpenSea

오픈씨(OpenSea)

거의 모든 종류의 NFT가 거래되는 세계 최대의 NFT 거래소. 2021년 8월 한달에 30억 달러(약 100만ETH) 어치를 사고 팔아 거래량 최고기록을 썼다. 누구나 NFT를 발행하고 거래를 할 수 있어, 국내의 NFT 창작자와 수집가들도 이곳을 이용한다.

지난 5월 이세돌 대 알파고 NFT의 경매 역시 오픈시에서 진행되었다. 오픈씨는 명불허전 전세계 최대규모의 NFT 컨텐츠를 거래하는 플랫폼이다. 이곳에서는 아트워크, 음악, 도메인주소, 가상세계의 재산, 카드, 유틸리티 등 NFT를 기반으로 하는 모든 것이 거래된다. 누구나 이더리움 지갑을 만들고 수수료를 내면 자신이 소유한 NFT 컨텐츠를 업로드하여 판매할 수 있으며 거래가 가장 활발하게 일어나는 곳이다.

대부분의 매물은 디지털아트 종류로 퀄리티는 좀 아쉽다. NFT미술품 시장이 아직까지는 성숙해야 할 부분이 많아 보인다. 투자를 시도하려면 확실히 수익성이 있는 작품위주로 잘 접근해야 한다.

최근 24시간 거래자 수 : 56,961/최근 24시간 거래액 : $97.29M/사용화폐 : 이더리움(ETH), **폴리곤**(MATIC)

엑시인피니티(Axie Infinity)

엑시인피니티는 2021년 코인시장을 뜨겁게 달군 코인이다. 비트코인이 폭락하던 4월~6월에 홀로 역주행하며 가격이 폭등한 화제의 주인공이다. 엑시인피니티 코인 가격이 폭등한 이유에는 나름의 이유가 있는데 바로 이 게임의 폭발적인 성장성 때문이다. 엑시인피니티는 이더리움을 기반으로 한 NFT게임으로 '놀면서 먹고 살 수 있는 게임'이라는 꿈같은 소문으로 많이 알려졌다.

엑시인피니티에서는 엑시라는 NFT화 된 애완동물을 기른다. 이 캐릭터는 한 마리에 최소 300불 정도인데 세 마리가 있어야 게임을 할 수 있기 때문에 게임을 시작하는데 100만원에 가까운 돈이 필요하다. 다양한 생김새를 가진 동물을 교배시켜 업그레이드하면 그 가치가 상승하는 모델이다. 이외에도 엑시들을 이용해 전투를 하여 얻게 되는 부수적인 아이템 그리고 엑시인피니티 세계의 부동산들로 수익창출이 가능해지면서 동남아를 중심으로 열풍을 일으킨 게임이다.

최근 24시간 거래자 수 : 35,293/최근 24시간 거래액 : $13.81M/사용화폐 : 이더리움(ETH)

레어러블(Rarible)

레어러블은 다양한 종류의 NFT를 원하는 사람 누구나 발행하고 거래한다는 점에서 오픈씨와 닮았다. 다만 NFT 발행에 비용이 들지 않는 오픈씨에 비해, 부담해야 할 트랜젝션 비용이 높아 성장세는 더디다.

크립토펑크(Cryptopunk)

크립토펑크만 사고 파는 전용 거래소이다. 크립토펑크란 2017년에 발행된 1만 개의 '제너레이티브 아트' NFT. 현재 최저가는 103ETH(4.4억 원), 최고가는 4,200ETH(179억 원)에 이른다. 사고 팔리는 수는 많지 않지만 사고팔 때 큰 돈이 오고 가므로 온라인에서 주목을 끌고 있다.

크립토펑크는 2017년에 두 명의 개발자들에 의해 만들어진 NFT로 '최초로 거래된 NFT'라는 타이틀로 인해 이쪽 세계에서는 전설적인 존재가 된 NFT아트워크다. 캐릭터 한 개당 수 억원에서 많게는 백 억원까지 엄청난 가격을 자랑한다. 최초라는 타이틀과 한정 발행되는 덕분에 희소가치가 상승하여 갑부들이나 접근할 수 있는 NFT가 되었다.

최근 24시간 거래자 수 : 32/최근 24시간 거래액 : $8.98M/사용화페 : 이더리움(ETH)

NBA TOP SHOT

미국 NBA(National Basketball Association)는 모두가 잘 알다시피 세계 최고의 농구리그로 수 많은 팬들의 사랑을 받고 있다. NBA TOP SHOT은 리그의 경기에서 있었던 기록적인 순간을 주로 NFT로 만들어 판매하며 그 외에도 리그에 관련된 모든 것을 디지털 굿즈로 만들어 거래하고 있다. 사용화폐는 플로우.

최근 24시간 거래자 수 : 9,563/최근 24시간 거래액:$588.44k/사용화폐: 플로우

수퍼레어(SuperRare)

단일 에디션 디지털 아트만 사고파는 거래소. 그래도 NFT시장에서 거래량 순위 5위권에 든다. 수퍼레어의 작가가 되기는 쉽지 않다. 지원을 하고 내부심사를 거치거나, 수퍼레어가 직접 초청해야 한다. 한국 작가 미스터미상의 작품이 약 5억원에 거래된 바 있다.

슈퍼레어 역시 이더리움기반으로 한 NFT컨텐츠 플랫폼으로 거래량은 오픈씨에 비해 많이 낮은 규모이다. 마찬가지로 슈퍼레어에서 독자적으로 발행한 토큰 SUPERRARE (RARE)토큰이 있으며 NFT트렌드에 따라 등락을 보여주고 있다.

최근 24시간 거래자 수 : 49/최근 24시간 거래액 : $410k/사용화폐 : 이더리움 (ETH)

라리블(Rarible)

라리블은 1위인 오픈씨와 같은 컨텐츠 거래소이다. 이더리움을 기반으로 디지털 아트워크가 활발하게 거래되고 있으며 오픈씨와 같이 자신의 작업을 업로드할 수 있다. 라리블에서 발행하는 토큰 라리(RARI)는 NFT가 크게 각광받던 올해초 급등하기도 했다.

최근 24시간 거래자 수 : 481/최근 24시간 거래액 : $466.32k/사용화폐 :

이더리움(ETH)

니프티 게이트웨이(Nifty Gateway)

이곳 역시 심사를 통해 작가를 선정한다. 작품의 멀티에디션 발행이 가능하고, 신용카드 거래가 가능하다는 점에서 수퍼레어와 차이가 있다. 비싼 값에 팔린 '날마다 : 첫5천일'을 그린 대표적인 NFT 예술가가 비플인데, 그 비플의 작품이 이곳에서 자주 거래되곤 했다.

클립드롭스(Klipdrops)

클립드롭스는 국내의 가장 큰 디지털 아트 거래소이다. 카카오의 블록체인 개발 자회사인 그라운드X가 운영한다. 직접 선별한 1명의 작가 작품의 경매(단일 에디션)와 고정가 판매(멀티에디션)를 매일 진행한다. 첫 판매는 미스터미상의 작품. 미스터미상이 올린 작품 999개가 27분만에 완판되어 화제가 됐다. 그외에 CCCV NET은 누구나 자유롭게 NFT를 발행하고 거래할 수 있는 오픈 마켓이다. 이미지, 동영상, 음원 파일 형태의 NFT가 거래 되고 있으며, 최근 진행 중인 간송문화재 38선을 담은 수집 카드의 판매가 눈길을 끈다.

메타아트(Meta Art)

메타아트는 신용카드와 카카오페이로 NFT를 살 수 있는 NFT 마켓플레이스이다.

메타아트를 운영하는 임팩트스테이션은 더 많은 이용자가 NFT를 구매할 수 있도록 가상자산 대신 온라인 신용카드 결제로 NFT 구매가 가능하게 했다.

(1) NFT 거래는 어떻게 하는 것인가?

경매장 방식, 거래소는 적어 NFT가 새로운 가상자산으로 각광받으면서 거래 방식에도 관심이 쏠린다.

현재 NFT를 자유롭게 거래할 수 있는 거래소는 대부분 해외 플랫폼이나 최근에는 국내의 다양한 플랫폼들이 나오고 있다. 오픈씨, 라리블, 민터블, 메이커스플레이스, 바이낸스 등이 NFT 거래를 지원한다. 플랫폼에 접속한 후 NFT 파일을 생성하여 판매하거나 기존에 보유해 온 NFT 파일을 판매할 수 있다.

거래는 크게 두 가지 형태이다. '경매'와 '고정 가격 판매' 형태가 있다. '경매'는 작품이 나오면 최저가에서 입찰을 시작하며 구매를 원하는 사람들이 가격을 올려가면서 제시하는 형태이다. 이는 통상 1개의 NFT가 발급됐을 때 사용하는 방식인데 정해진 기한 내 최고 높은 가격을 제시하는 사람에게 파일의 소유권이 지급된다.

'고정 가격 판매'는 경매와는 다르게 판매자가 가격을 미리 정해 놓고 응찰자를 봐가면서 조금씩 올리는 방법이다. 이는 주로 다수의 NFT 작품을 제작했을 때 적용되는 거래 방법이다.

거래 대금은 대부분 암호화폐 이더리움으로 지불한다. 이는 NFT 자체가 이더리움 블록체인 기반의 기술인 탓이다. JPG 등 디지털 파일을 'NFT'화하는 작업을 '민팅(Minting)'이라고 하는데 이때 이더리움 기술이 사용되기 때문이다.

국내의 경우에는 거래 플랫폼이 이제 막 걸음마를 뗀 상태라고 볼 수 있다. 금년 4월 국내 최초의 NFT 거래소인 '엔에프팅'이 설립됐다. 이후 그라운드X(클립 드롭스), 업비트(람다256), 코인플러그(메타파이), 위메이드트리(위믹스 옥션) 등 대형 업체들이 앞다투어 뛰어들기 시작했다. 다만 엔에프팅을 제외한 대형 업체들이 만든 플랫폼의 경우 이제 막 베타 서비스(시험 서비스)에 돌입한 상태다. 국내 업체들은 이더리움과 함께 토종 코인 거래를 사용하기도 한다. 이더리움을 기본 코인으로 지정하되 국내 코인으로도 결제가 가능하도록 하는 시스템을 구축했다. 엔에프팅과 클립 드롭스는 '클레이튼'을 사용한다. 메타파이는 모기업인 코인플러그가 발행하는 메타디움, 위믹스 옥션은 위믹스 토큰과 클레이튼을 지원한다.

(2) 세금과 판매수수료는 어떻게 될까?

수수료 종류 3가지, 세금은 아직은 미결 상태이다.

다음으로 생각해볼 수 있는 것이 바로 수수료와 세금이다. 거래소가 부과하는 수수료와 거래 시 부과되는 세금은 민감하다. NFT 역시 플랫폼을 이용해 거래하는 만큼 당연히 수수료가 발생한다.

NFT 거래 시 발생하는 수수료는 총 3가지인데 우선 '생성 비용'이 든다. 파일을 NFT화하는 '민팅' 작업 때 내는 비용이다. 이를 '가스 피(Gas fee)'라고 하는데 해당 블록체인 기술을 사용하는 대가로 지급하는 금액이다.

다음은 '거래 수수료'이다. 거래를 지원하는 플랫폼에 내는 플랫폼 사용료다. 거래소마다 수수료 부과 비율은 다르다. 세계에서 가장 큰 NFT 거래소인 '오픈씨'의 경우에는 2.5%의 판매 수수료를 징수한다. 보유한 NFT가 100이더리움에 팔렸다고 치면 판매자가 97.5이더리움을, 오픈씨가 2.5이더리움을 가져가는 구도이다.

마지막으로 제작자가 설정한 '추가 수수료'다. 처음 NFT를 만든 제작자에게 돌아가는 금액을 말한다. 작품이 거래될 때마다 수수료가 제작자에게 지급된다. 예를 들어 '가'라는 제작자가 '나'라는 작품을 오픈씨에 올리며 2.5%의 수수료를 책정했다고 가정해보면 '나'가 100에 재판매 되면 판매자가 95이더리움, 제작자 '가'가 2.5이더리움, 오픈씨가 2.5이더리움을 가져가는 구조이다.

NFT는 아직 세금이 부과되지 않는다. 이는 정부 당국에서 아직은 과세 여부가 확정되지 않은 때문이다. 현재 금융당국은 NFT를 '가상자산'으로 볼지 '미술품'으로 분류할지 논의 중이다. 가상자산으로 분류된다면 '특정 금융거래정보의 보고 및 이용 등에 관한 법률(특금법)'을 적용 받게 될 것이다. 다만 미술품으로 인정받으면 세금이 없을 것이다. 생존한 국내 작가의 작품이면 세금이 없다.

(3) NFT, 누구나 만들 수 있다.

누구든지 간단히 만들 수 있다. 다만 이때에 저작권은 엄청 주의할 것!

NFT의 장점 중 하나는 '누구나 만들 수 있다'는 점이다. 누구나 손쉽게 나만의 NFT를 제작하고 판매할 수 있다. 해외 사이트에서 개설하고 싶다면 오픈씨, 라리블 등 플랫폼을, 국내에서 만들고 싶다면 엔에프팅 등 국내 플랫폼을 사용하면 된다.

제작 방법은 간단하다. '엔에프팅'에서 만들 경우에는 준비물은 크게 2가지인데 'NFT화'할 디지털 파일과 민팅 비용으로 지급할 소정의 이더리움이나 클레이튼을 가지고 있으면 된다. 이후 플랫폼 사이트에 접속하여 'NFT 만들기' 배너를 누르면 '제작' 화면이 등장한다. NFT화할 파일을 업로드한 뒤 '제작' 버튼을 누르기만 하면 된다.

이후 NFT 파일을 거래소에 등록하는 단계를 밟으면 된다. 등록 단계에서는 제작자에게 3가지를 물어보는데 첫째 무슨 코인을 기반으로 하는가이다. 이때에는 이더리움과 클레이튼 중 하나를 택해야 한다. 이더리움은 수수료가 비싸지만 해외 거래가 용이하다는 장점이 있다. 클레이튼은 해외 거래가 힘든 반면에 수수료가 싸다.

두 번째로 생성 방식을 선택한다. '싱글(single)'과 '멀티플(multiple)'로 나뉘는데, 전자는 말 그대로 NFT 작품 하나만을, 후자는 다수의 작품을 생성하는 방식이다. 싱글 형태로 만들어진 NFT는 경매에 붙여진다. 멀티플 형태의 작품은 제작자가 책정한 가격에 맞춰 판매된다. 마지막 세번째로 '로열티'의 추가 여부를 묻는다. 로열티를 붙이면, 작품이 재거래될 때마다 수수료가 제작자에게 들어오는 구조이다. 이 과정을 거치고 나면 나만의 'NFT'가 거래소에 등록된다.

단, 아무 파일이나 제작하면 곤란하다. 저작권 문제를 명확히 해야만 한다. 본인에게 저작권이 없는 파일을 올리는 일은 절대 금물. 이럴 경우에는 나중에 임의로 NFT 파일이 삭제될 가능성이 있을 뿐만 아니라 저작권 등 법률 분란 소지가 다분하니 필히 먼저 점검하고 NFT 파일을 만들어야 한다.

PART 01

NFT, 디파이가 쓰일 메타버스 세상 / 백남정

PART 02

블록체인이 바꿔 놓은 NFT 비즈니스 시장 / 박상민

PART 03

NFT 블록체인 예술을 만나다 / 강신범

PART 04

NFT와 블록체인에 대한 알아 두면 좋은 상식 / 임명수

PART 05

분산금융의 이해 / 김형중

PART 06

가상자산·NFT·메타버스의 법률 이슈 / 김주은

5. 분산금융의 이해

돈이 필요한 사람과 돈이 넘치는 사람을 연결해서 돈이 돌고 돌게 하는 것이 금융(金融, finance)이다. 금융은 '금전'의 '융통'이란 의미를 지니고 있다. 주로 자금을 빌리고 원금과 이자를 갚는 행위를 일컫는다. 금융시장은 크게 자금 공급자, 중개자, 자금 수요자로 구성되어 있다. 이 가운데 금융회사는 자금 공급자와 자금 수요자 사이에서 중개자의 역할을 한다. 은행과 같은 중개자를 통해 이루어지는 금융을 간접금융이라고 하고, 직접금융에서는 중개자 없이 공급자와 수요자가 직접 거래가 이루어진다. 주식이나 채권을 발행해서 투자자로부터 자금을 직접 모으는 것이 직접금융이다. 코인공개(initial coin offering)도 직접금융의 한 형태이다.

금융에서 중요한 또 하나의 주체는 자금 공급자들이다. 유동성이 풍부해야 수요자들에게 좋은 조건으로 자금을 빌려줄 수 있다. 은행이 자금을 마련하려면 중앙은행으로부터 유동성을 공급받거나 고객의 예금을 유치해야 한다. 그런데 누구나 쉽게 유동성을 확보할 수 있는 것이 아니다. 은행의 신뢰가 전제되어야 자금을 유치할 수 있다. 그것도 적은 금액이 아니라 큰 금액을 확보해야 경쟁력이 생긴다. 분산금융에서 기존의 방식과 다른 새로운 유동성 확보 방식이 등장했다. 코인공개나 소위 이자농사(yield farming) 같은 것이 그것이다. 아무튼, 금융의 시작은 유동성 확보에서 출발한다.

돈을 빌려주려는 사람들과 돈을 빌리려는 사람들을 연결해 주는 장터

와같은 역할을 하는 것이 은행이다. 은행은 대주와 차주를 연결해 주는 전통적인 창구였다. 은행이 출현하기 전에는 돈을 빌리려는 사람이 돈을 빌려줄 사람을 찾아다녔다. 그런데 무턱대고 찾아온 사람에게 자본가가 덥썩 돈을 빌려줄 리 만무하다. 은행이 출현하면서 재력가들이 안심하고 돈을 맡길 수 있게 되었다. 은행이 그 돈을 잘 굴려서 유동성 공급자들에게 만족스러운 혜택을 돌려주어야 한다. 유동성이 풍부하면 수요자에게도 좋은 조건으로 자금을 빌려줄 수 있다.

그래서 금융에서 신용이 중요했다. 은행의 신용과 고객의 신용 모두 중요하다. 은행이 고객의 신용을 평가해서 돈을 빌려주고 고객으로부터 받은 이자의 일부를 수익으로 챙긴다. 돈을 떼이면 이자를 못받고, 그렇게 되면 유동성 공급자에게 이자를 주지 못한다. 그런데 은행도 돈을 떼일 수 있다. 자본 공급자와 자본 수요자 사이에 있는 은행은 차입자가 돈을 갚지 못해도, 또는 돈을 빌린 기업이 파산해도 자금 공급자들에게는 전혀 문제가 발생하지 않도록 해야 한다. 즉, 은행이 완충작용을 수행해야 한다. 은행이 대주와 차주를 연결하는 창구로서의 역할을 잘 수행해도 은행을 양면시장(two-sided market)이라고 부르지 않았다.

2014년 노벨 경제학상은 장 티롤(Jean Tirole) 교수에게 돌아갔다. 그의 업적 가운데 하나가 양면시장과 플랫폼에 대한 분석이었다. 기존의 시장은 대부분 단면시장(one-sided market)이었다. 단면시장에서는 판매자가 구매자 집단만을 직접 상대했다. 은행은 금융상품을 파는데 은행은 대출이 필요한 고객 집단만 상대했다. 그래서 은행을 단면시장으로 분류했다. 그런데 2000년대에 들어서면서 시장에는 양면시장이라는 플랫폼이

있다는 연구결과가 나오기 시작했다.[1)]

대표적인 것이 신용카드 시장이다. 신용카드 회사가 플랫폼이고 그 양단에 가맹점 집단과 카드 소유자 집단이 존재한다. 신용카드 회사의 고객은 카드 소유자 집단만 있는 것이 아니라 가맹점 집단도 있다. 집단이 둘이라서 양면시장이라 불린다. 카드 소유자만이 카드회사의 고객이라면 이 회사는 단면시장에 지나지 않는다.

양면시장을 정의할 때 첫째 조건이 두 개 이상의 서로 다른 고객 집단이 있어야 한다는 점이다. 카드 홀더 집단과 가맹점 집단처럼 둘 이상의 고객 집단이 있어야 한다. 둘째 조건은 네트워크 효과(network effect) 또는 네트워크 외부성(network externality)이 존재해야 한다. 가맹점 수가 증가하면 신용카드를 쓸 수 있는 곳이 많아져서 고객의 수가 증가하고, 고객의 수가 증가하면 가맹점 수가 증가하는 것이 간접적 네트워크의 효과이다. 셋째 조건이 가격구조의 비중립성이다. 쉽게 말해 플랫폼이 가격을 정하면 고객이 무조건 수용하게 되는 것이 가격의 비중립성이다. 요약하면 플랫폼이 독점상태에 도달하면서 가격은 플랫폼이 정하고 고객은 그 가격을 수용할 수밖에 없다.

단면시장에서 은행이 갑이고, 고객은 대부분 을이다. 돈이 필요한 사람들은 마음이 급하고, 빌려주려는 사람들은 느긋하기에 갑과 을의 위치가 분명하다. 은행의 신용평가 기준을 넘지 못하면 고객은 돈을 못 빌린다. 그런데 고객의 정보를 은행이 정확히 모르므로 정보비대칭(information asymmetry) 문제가 존재하는 것이 전통금융시장이다. 마찬가지로, 자본가들도 은행을 못믿는다. 고객이 예탁한 돈을 어떻게 관리하는지 잘 모른다. 2012년 파산한 부산저축은행 사태가 좋은 예이다. 은행 내부에 심각한 부패가 있었지만 고객들은 전혀 알지 못했다. 그래서 전통금융에서 유난히 강조되는 것이 신용이다. 신용이 강조된다는 것은 신용이 부족하기 때문이다.

전통금융에서 분산금융으로 오면서 상황이 크게 달라지고 있다. 아날로그 금융에서 디지털 금융으로 넘어가면서 정보비대칭 문제가 완전히 사라지거나 현저히 누그러졌다. 정보비대칭의 약화는 주로 퍼블릭 블록체인을 쓰는 경우 그랬다. 블록체인에 누가 누구에게 언제 얼마를 보냈는지 투명하게 기록되므로 그 기록만으로도 거래 당사자들 사이의 관계를 충분히 잘 유추할 수 있다. 또한, 분산금융 프로젝트들은 송금 기록이나 스마트계약 정보를 몽땅 퍼블릭 블록체인에 기록한다. 그래서 코인을 예치하는 스마트계약, 대출하려는 스마트계약, 유동성 풀(liquidity pool)에 예치된 코인을 빌려주는 스마트계약 등 모든 스마트계약이 블록체인에 낱낱이 기록된다. 따라서 빌리려는 자나 빌려주는 자 쌍방의 정보가 블록체인에 기록된다. 그 기록으로 인해 금융의 고질병이었던 정보비대칭 문제가 크게 줄어들었다.

아날로그 금융에서 중요한 두 요소가 있다면 하나는 유동성 공급이고 다른 하나가 신용이었다. 앞에서 살펴본 바와 같이 유동성 공급자(liquidity provider)는 은행을 믿지 못했다. 그래서 예금자보호법을 만들어 은행이 파산하더라도 최대 5천만 원까지 지급하거나, 중앙은행이 지급준비제도(reserve requirement system)를 마련하는 등 은행의 신용도를 높이는 장치를 마련했다. 돈을 빌리려면 고객은 담보를 제공하거나, 신용도가 높음을 입증하거나, 신용보증보험에 가입했다. 이런 장치들은 정보비대칭이 존재하기 때문에 필요했다.

그런데 분산금융에서 플래시론(flash loan)이 출현하면서 신용을 전혀 고려하지 않아도 되는 안전한 금융이 가능하다는 것이 입증되었다. 플래시론 같은 신박한 상품을 소개하는 것이 이 장의 목표이므로 뒤에서 자세히 설명하겠지만 신용조사를 전혀 하지 않고도 코인을 대출해주면서 떼일 것을 염려하지 않으니 신용이 필요 없는 금융이 등장한 것이다. 이는 수백 년, 수천 년 아날로그 금융 역사에 유례가 없던 혁신적인 일이다.

아날로그 금융에서 신의 한 수가 신용창출(credit creation)과 통화승수(money multiplier)였다. 쉽게 설명하자면 은행이 보관하고 있는 현금이 100인데 고객에게 500을 빌려주는 것이 신용창조의 예이다. 고객에게 500을 빌려주었다면 은행에 500 이상의 현금이 존재했어야 한다. 즉, 고객의 예금이 500 이상 있었고 거기서 500이 대출되었다. 그러니 고객이 일시에 몰려들어 예금했던 500의 인출을 요청하면 은행이 당장 보관하고 있는 현금은 100에 불과해서 고객의 요구를 들어줄 수 없게 된다.

은행이 감당할 수 없을 정도로 예금의 대량인출 요청이 이어지는 것을 뱅크런(bank run) 사태라고 한다. 이런 뱅크런 사태가 발생하면 은행은 지급불능(insolvency) 상태에 빠지게 되고 이 상태가 지속되면 은행은 파산하게 된다. 뱅크런이 무서운 것은 예금인출사태가 서서히 점진적으로 진행되는 것이 아니라 순식간에 기하급수적으로 폭증해서 누구라도 쉽게 감당하기 어렵기 때문이다.

은행이 실제로 보유하고 있는 현금보다 대출한 금액이 많은 것은 신용창출 때문이다. 예를 들어, 한국은행에서 현금 100을 찍었는데 시중에 500이 유통되면 통화승수(money multiplier)는 5가 된다. 현금 100의 5배인 500만큼 신용이 창출된 것이다. 그런데 100이라는 현금이 뻥튀기되어 500으로 늘어날 수 없다. 현금은 여전히 100만 존재하고 나머지 400은 허수로 존재한다. 허수가 많은데 경제가 잘 돌아갈 수 있는 이유는 무엇일까 생각해볼 필요가 있다.

경제가 원활하게 돌아가려면 사람들의 신용이 좋아야 하고, 신용이 좋으면 외상이 가능하다. 외상 매출은 당장 외형적으로는 매출로 잡히지만 실제로 외상이 정산되기 전까지는 허수이다. 그런데 경제는 이 허수를 통해 빠르게 성장했다. 허수이며 숫자로만 존재하는 신용경제가 화폐의 유통속도를 빠르게 했고 그것이 경제의 규모를 키우는 일등공신이었다. 외상은 정산될 것이므로 외상 거래가 외상 거래로 이어지고, 또 외상 거래가 이어지면서 화폐의 유통속도가 빨라진다. 현금 거래를 하려면 현금이 들어올 때까지 다음 거래가 이루어지지 않는다.

은행의 지급준비율이 20%라고 하자. 은행에 100의 현금이 있으면 이것의 20%인 20을 은행에 비축해 놓고 80을 대출해 줄 수 있다. 빌린 80을 모두 은행에 예금할 바보는 없지만 만일 그것을 몽땅 은행에 저축했다고 치자. 그럼 은행은 80의 20%인 16을 지급준비금으로 남겨두고 64를 대출해준다. 역시 이 바보도 64를 은행에 몽땅 맡긴다. 은행은 또 64의 20%를 예치하고 나머지를 빌려준다. 이런 일을 계속해서 반복하다보면 은행이 처음 확보했던 현금 100보다 많은 500을 빌려주었는데 시중에는 현금이 하나도 없고 최초의 현금 100이 몽땅 은행에 쌓이는 이상한 일이 벌어진다.

이 예는 교과서에서 통화승수를 설명하는 소재로 자주 사용된다. 대출받은 현금을 몽땅 예금하는 바보는 없지만 신용사회를 설명하는 예제로는 쓸모가 있다. 이 예에서 예금자 A가 은행에 맡긴 100을 바탕으로 지불준비금 20을 남기고 B에게 80을 빌려주었다고 치자. 그런데 갑자기 A가 예금했던 100을 찾으려 하면 은행은 비상이 걸린다. 은행이 보관하고 있는 현금이 20뿐이기 때문이다. 은행이 B에게 대출금을 갚으라고 독촉하겠지만 계약기한이 차지 않았으면 B가 법적으로 무시해도 된다. B가 그 은행에 예금해 둔 돈이 있어서 그걸 찾아 대출금을 갚으려면 B도 은행에서 예금을 찾으려 할 것이다. 이런 식으로 고객들이 패닉 상태에 빠져 너도나도 은행에 몰려들어 예금했던 현금을 인출하려고 달려들면 은행은 결국 뱅크런에 직면하게 된다. 이게 허수로 은행이 영업할 때 나타날 수 있는 최악의 시나리오다.

5.1 금융 역사에 대한 복습

밀레니엄은 1000년을 뜻한다. 1999년 말에서 2000년으로 해가 바뀌면서 밀레니엄을 경험한 세대를 밀레니엄 세대라고 부른다. 미국에서는 학술적으로 1981년생부터 1996년생의 인구집단을 밀레니얼 세대라고 정의한다. 밀레니엄 세대는 유소년기부터 정보통신기술의 홍수 속에서 성장한 세대로서 컴퓨터 활용력이 다른 세대에 비해 월등하게 탁월하여 디지털 원주민 또는 디지털 네이티브라 불렸다.

이들에게는 비트코인이나 이더리움 같은 디지털 화폐, 이 암호화폐를 기반으로 하는 분산금융(DeFi), 디지털 아트와 암호화폐를 연계한 NFT와 같은 걸 비교적 자연스럽게 여긴다. 밀레니얼 이후 세대는 이런 현상을 수용하기 위해 아날로그 세상에서의 노멀(normal)과 디지털 세상에서의 뉴노멀(new normal)로 구분했다. 밀레니얼 세대에게는 지금 벌어지는 현상 자체가 그대로 각인(刻印, imprinting)되었다.

이 세대에 속하는 암호화폐 업계의 인사들을 포춘(Fortune)이 정리한 자료를 보면 이렇다.[2] 나스닥에 상장된 거래소 코인베이스 공동창업자 브라이언 암스트롱(Brian Armstrong), 암호화폐 이더리움을 만든 비탈릭 뷰테린(Vitalik Buterin), 비트코인 채굴기업 비트메인의 공동창업자 우지한, 업비트를 설립한 두나무의 의장 송치형, 거래소 제미니를 창업한 카메론 윙클보스(Cameron Winklevoss)와 타일러 윙클보스(Tyler Winklevoss) 쌍둥이 형제, 암호화폐 스팀과 이오스를 만든 댄 래리머(Dan Larimer), 암호화폐 테조스를 만든 캐슬린 브라이트먼(Kathleen Breitman), 암호화폐 파일코인을 만든 후안 베넷(Juan Benet), 크립토 펀드인 폴리체인 캐피털을 세운 올라프 칼슨-위(Olaf Carlson-Wee), 거래소 비트스탬프를 만든 네이크 코드리치(Nejc Kodrič) 등 셀 수 없이 많다.

밀레니엄 세대에게는 기업공개(IPO)를 통한 주식 투자처럼 코인공개(ICO)를 통한 암호화폐 투자에 역시 거부감이 적다. 2013년 윌렛(J. R. Willet)이 마스터코인이란 것을 만들겠다며 백서를 공개했다. 그는 비트코인 홀더들에게 백서를 읽어보고 그 백서 내용에 동의가 되면 비트코인을 보내 달라고 부탁했다. 그러자 약 5,000개의 비트코인이 그에게 쇄도했다. 코인공개의 역사는 그렇게 별 거 아닌 것처럼 시작되었다.

2014년에는 이더리움을 만들겠다며 비탈릭 뷰테린이 코인공개를 했더니 불과 12시간만에 3,700개의 비트코인이 밀려들었다. 기업공개가 굴뚝산업 시대의 표상이라면 코인공개는 정보산업 시대의 대표적인 초기자본 모집 수단이었다. 불행하게도 이후 사기꾼들이 너도나도 불나방처럼 몰려들어 코인공개의 이미지를 흐렸다. 마치 닷컴 버블 때 쓰러져가는 회사 간판을 닷컴으로 개명하면 자본이 몰려들어 회생했던 것처럼.

월렛은 약속한 대로 마스터코인을 완성했고, 모은 코인을 들고 먹튀하지 않았다. 그 덕분에 이렇게 코인공개가 신뢰를 확보할 수 있었다. 그래서 비탈릭 뷰테린이 성공적으로 이더리움 코인공개를 마쳤고, 이더리움이 암호화폐 세상의 인프라 지위를 확보했다. 그런데 호사다마(好事多魔)라고 셀 수없이 많은 악덕 코인업자들이 코인공개를 악용하여 투자자들에게 손실을 입혔다. 코인에 부정적이던 회의론자들이 때는 이때다 싶어 코인의 내재가치 논쟁에 불을 지폈다.

마침내 미국의 증권거래위원회(SEC)가 코인공개를 통해 발행한 코인들을 증권으로 분류하기 시작했다. 코인공개는 미리 투자를 받아 나중에 메인넷을 만들어 코인으로 돌려주어 프로젝트 비용을 충당하는 방식이다. 그 코인이 증권 성격이 있다고 증권거래위원회가 판단한 것이다. 이 판단으로 인해 산불처럼 맹렬하게 번지던 코인공개는 시들해졌다. 대신 자체 메인넷을 미리 구축한 후 그 위에서 코인을 만들어 팔거나 남이 구축한 메인넷 위에서 토큰을 만들어 파는 자금모집 방식이 출현했다. 이후로 많은 토큰들이 이더리움 메인넷 위에서 만들어졌다. 물론, 이 책의 주제인 NFT도 대부분 이더리움 메인넷 위에서 만들어지고 있다.

1602년 최초의 근대적 주식회사가 만들어졌다. 네덜란드의 동인도회사가 바로 그것이었다. 네덜란드의 당시 인구는 고작 20만 명으로 유럽의 약소국 가운데 하나에 지나지 않았다. 그런데 동인도회사를 만들기 위해 암스테르담의 1,143명으로부터 투자금 3,674,945길더[3]를 모았다. 훗날 네덜란드 동인도회사 하나가 웬만한 나라의 경제 규모를 능가했고 향신료 무역으로 막대한 이익을 얻어 암스테르담은 2세기 동안 자본주의 금융의 중심지로서 영화를 누렸다.

이전에는 배가 귀환하지 못하면 주주들은 원금을 다 날렸다. 주식에는 내재가치가 있고 암호화폐에는 내재가치가 없다고 주장하는 사람들이 있다. 출항한 배가 침몰하거나 해적에게 털리면 남는 게 없다. 주식의 내재가치는 존재하지 않는다. 출항할 배의 가치가 내재가치는 아니다. 귀환한 배에 담긴 값진 상품 역시 내재가치라고 할 수 없다. 그 상품의 가치는 투자한 원금과 회수할 수익을 합한 것이다.

오늘날 주식을 사면 그 기업이 보유한 토지, 건물, 제품, 인력이 주식의 내재가치라고 말하는 사람들이 있다. 사실 주식은 믿음이 담긴 딱지에 불과하다. 그 주식을 가져가면 대표이사가 공장의 땅 일부를 떼어 주지 않는다. 주가를 계산해서 그에 상응하는 수량만큼의 제품으로 바꿔주는 것도 아니다. 그 주식이 시장에서 팔리지 않으면 그 주식은 전혀 가치가 없다. 주식은 꿈이고 기대이며 신뢰인 것이다. 주식 역시 내재가치가 없기로는 딱지와 다르지 않다. 암호화폐도 역시 내재가치가 없는 딱지인 건 마찬가지다.

증권을 정의하는 기준이 있는데 그걸 하우이(Howey) 테스트[4]라고 한다. 1946년 미국 연방대법원의 판례에 따르면 ① 돈의 투자이면서, ② 공동의 사업에 투자하여, ③ 투자에 대한 이익을 기대하는데, 그게 ④ 타인의 노력에 의한 이익일 때 그 계약을 투자계약이라고 본다. 하우이 테스트의 요지는 그 투자계약을 증권으로 간주할 수 있다는 것이다. ① 주주들이 돈을 투자해서, ② 배를 띄워, ③ 향신료를 잔뜩 싣고 귀항할 거라 기대하는데, 그 이익이 ④ 선원들의 노력으로 이루어질 때 주주들이 산 그게 주식이라는 것이다.

배가 향신료며 금과 은을 싣고 무사히 돌아오면 투자자들은 원금을 회수하고 큰 수익을 올렸다. 귀환하는 배가 있지만 귀환하지 못하는 배도 있었다. 후자에 투자해 원금 전액을 날리는 위험을 회피하기 위해 투자자들은 몇 척의 배에 동시에 투자하여 리스크를 줄이려 했다. 그렇게 리스크를 분산했어도 당시에는 투자계약이 출항과 귀항 1회에 한해 이루어졌다. 귀환 후 정산을 마치고 투자자들이 해산하면 수익을 확정할 수 있는 장점이 있지만, 자본의 안정적인 운용이 어려웠고 매번 투자자를 새로 모집하느라 비용이 낭비되었다. 네덜란드보다 2년 앞서 1600년에 설립된 영국의 동인도회사조차 이런 식으로 운영되었다. 1657년에 이르러서야 영국의 동인도회사가 본격적인 주식회사로 탈바꿈되었다. 그래서 사람들이 영국의 동인도회사를 최초의 주식회사라 부르는 데 주저했다.

네덜란드는 동인도회사 설립 당시 21년 기한의 사실상 '영속기업'으로 출발했다. 즉, 투자금이 21년간 묶였다. 21년 기한이 도래하면 또 기한을 연장하면 되었으니 회사를 안정적으로 운영할 수 있었고 자본축적이 가능했다. 그래서 네덜란드의 동인도회사를 최초의 주식회사라고 부른다. 실제로 이 동인도회사는 1799년에 해체되었으니 거의 200여 년간 존속되었다.

동인도회사는 단순한 무역회사가 아니라 원조 군산(軍産)복합체였다. 원양 무역을 하려면 예나 지금이나 해적은 물론이고 원주민의 피습이나 이웃 나라와의 충돌로부터 선원과 배를 지켜야 했다. 그러자면 배를 건조하고, 건물을 세우며, 요새를 건설하고, 군대를 양성하는 등 인프라 구축이 필요했다. 그래서 회사 설립 후 10년간은 주주에게 배당이 없었다. 이 회사는 네덜란드로부터 아시아 국가의 통치자들과 조약을 맺을 수 있는 막강한 권한까지 부여받았다. 게다가 이 동인도회사는 최초의 다국적기업이었다. 인도네시아의 자카르타(바타비아), 스리랑카의 갈레, 남아공의 케이프타운 등에 총독부를 설치했다. 무역 상대국은 일본, 대만, 중국, 인도네시아, 인도, 아라비아반도 등 광범위했다.

주식을 산 투자자들 가운데는 급전이 필요한 사람들이 있었다. 그런데 주식을 팔아 급전을 마련하려고 해도 사려는 상대를 만나기가 쉽지 않았다. 그래서 주식시장이 필요했다. 그런데 주식을 발행한 1602년부터 바로 암스테르담의 동인도회사에서 주식거래가 가능했다. 곧 대중은 선도(forward), 선물(futures), 옵션(option), 일종의 공매도(bear raid)를 포함한 각종 복잡한 거래에 참여하기 시작했고, 1680년까지 암스테르담 시장에서 사용된 기술은 오늘날에도 그대로 쓰일 만큼 정교했다.[5)]

암스테르담에 세계 각국의 온갖 화폐가 모이며 유동성이 넘치자 은행이 필요했는데 1609년 암스테르담 은행이 설립되었다. 네덜란드는 당시 유럽에서 국민소득 1위의 국가였고, 2위인 이탈리아의 1인당 국민소득의 두 배에 달했다. 17세기 금융의 중심지가 암스테르담이었다. 18세기에는 세계 금융의 중심지가 런던으로 옮겨졌고 영국에서 시작된 산업혁명이 그 지위를 반석 위에 올렸다. 런던은 유가증권의 대규모 국제금융결제를 할 수 있는 유일한 도시로 부상했다. 유가증권 거래를 표준화하기 위해 세계 최초의 증권거래소가 1802년 런던에 문을 열었다.

그런데 영국은 1차 세계대전과 2차 세계대전에 참전해서 승리했지만 막대한 군비를 조달해야 했고 피해도 막심해 '해가 지지 않는 나라'라는 명성이 무색해졌다. 영국의 금융패권은 약해졌고 심지어 1976년에는 국제통화기금(IMF)으로부터 구제금융을 받기에 이르렀다. 그러면서 20세기의 금융중심지는 뉴욕의 월스트리트로 옮겨졌고 달러가 기축통화 역할을 맡았다. 여기까지가 아날로그 금융의 역사였고, 이제 새로운 디지털 금융의 역사가 펼쳐지고 있다. 디지털 금융의 중심지가 어디로 옮겨질지 아무도 모른다. 한국이 그 중심에 서지 말란 법이 없다.

5.2 다오(DAO)의 등장

사토시 나카모토가 비트코인을 만들면서 블록체인 기반의 전자화폐를 만들었다. 그냥 전자화폐를 만든 게 아니고 전자화폐가 작동하는 컴퓨터 시스템을 만들었다. 전자화폐는 디지털 데이터를 기반으로 작동하므로 손으로 만져지는 화폐를 만들 수 없다. 즉, 아날로그 화폐인 동전이나 지폐처럼 만들 수 없고, 그 전자화폐는 디지털 데이터로만 존재한다.

그래서 디지털이란 관형사가 화폐 앞에 붙어 있으니 CTRL-C, CTRL-V로 무한복제를 피할 수 있는 길이 필요했다. 사토시 나카모토는 그것을 해결했다.

비트코인은 기본적으로 컴퓨터 시스템이었고 프로그램을 실행시켜 디지털 코인을 전송했다. 그런데 비트코인에서는 디지털 코인을 전송하거나 보관하는 아주 제한적인 기능만 수행하는 프로그램을 내장시켰다. 그래서 비트코인 컴퓨터 시스템은 컴퓨터이긴 하지만 우리가 상상할 수 있는 모든 생각을 프로그램으로 만들어 실행시킬 수 없는 한계를 지녔다.

비탈릭 뷰테린이 이더리움을 만들면서 비트코인의 한계를 부수고 월드 컴퓨터[6]를 만들었다. 우선 우리가 상상할 수 있는 모든 아이디어를 프로그램으로 만들어 실행시킬 수 있도록 튜링 완전한(Turing complete)[7] 프로그래밍 언어를 이더리움에 도입했고, 그 언어로 작성된 프로그램이 어떤 환경에서도 똑같은 결과를 낼 수 있게 이더리움 가상기계인 EVM [8]을 만들었다. 그 핵심에 스마트계약(smart contract)이 있다. 스마트계약은 '스마트'라는 관형사가 붙어 자동으로 실행된다는 것을 의미하며 '컨트랙트'는 계약이라고 번역된다. 이더리움은 스마트계약으로 인해 분산금융의 인프라로 거듭났고, 디지털 금융의 초석이 되었다.

이더리움이 처음 출현했을 때는 사람들은 또 하나의 비트코인이 만들어진 것으로 생각했다. 그런데 스마트계약의 진가를 깨달으면서 사람들의 상상력이 날개를 달기 시작했다. 파비앙 포겔스텔러(Fabian Vogelsteller)와 비탈릭 뷰테린이 2015년에 만든 ERC-20 스마트계약은 토큰을 만드는 데 유용하게 쓰였다. 이 스마트계약이 나오기 전에는 업계의 선구자들이 비트코인을 하드포크해서 새 코인을 만들거나 새로운 메인넷을 만드느라 혼신의 힘을 쏟아부었다. 그런데 ERC-20 스마트계약이 나온 후 사람들은 붕어빵 굽는 기계 돌리듯 온갖 토큰을 뚝딱 만들어냈다.

2016년에는 더 다오(The DAO)가 만들어졌다. 스테판 튜알(Stephan Tual), 사이먼 젠츠(Simon Jentzhch), 크리스토프 젠츠(Christoph Jentzhch) 등이 스마트계약을 기반으로 암호화폐 소프트웨어 벤처캐피털 펀드를 만들었는데 그게 더 다오였다. 토큰 판매를 통한 크라우드 펀딩 캠페인을 벌인 후 2016년 4월에 더 다오가 출시되었는데 역사상 가장 큰 크라우드 펀딩 캠페인 중 하나로 기록되었다.[9] 더 다오는 1,428,757번째 이더리움 블록에 올려졌고 28일간 자금을 모았는데 18,000명 이상의 참여자로부터 1,150만개의 이더(ETH)가 몰렸다. 그 수량은 당시 발행된 이더 진체 물량의 14%에 해당되는 것이었다.

5월부터 DAO 토큰은 여러 코인거래소에서 교환되기 시작했다. 그런데 더 다오 스마트계약에 오류가 있으니 그 취약점들이 제거될 때까지 투자자들에게 투자를 보류하라는 권고가 올라왔다.[10] 7월 14일 재귀호출(recursive call) 취약점의 해결책이 제출되어 더 다오의 승인을 기다리고 있던 와중에 7월 17일 드디어 이 버그를 악용해서 무려 360만 이더가 탈취되는 재앙이 벌어졌다.

여기서 스마트계약과 다오의 문제점이 여실히 드러났다. 튜링 완전해서 무엇이든 할 수 있는 것이 이더리움의 큰 장점이지만 그걸 잘못 쓰면 악용될 소지가 있고 큰 재앙으로 번질 수 있다는 사실이 알려지게 되었다. 그래서 이후 스마트계약 검증을 통해 취약점을 잡아내는 것이 필수 절차가 되었다. 다른 또 하나의 문제는 다오의 의사결정 구조였다. 다오에서 스마트계약 변경 등 중요한 의제는 참여자들의 투표로 결정되는데 투자자들이 많기도 하지만 관심도가 낮아 의사결정이 쉽지 않았다.

다오는 분산자율조직(decentralized autonomous organization)을 말한다. 분산이란 권한이 집중되어 있지 않으며 해당 코인이나 토큰을 들고 있는 주주들에게 나누어져 있다는 의미이다. 자율이란 정해진 프로토콜에 따라 프로그램이 투명하게 작동된다는 의미이다. 조직이란 주주들의 이익을 프로그램이 실현해주는 새로운 형태의 주식회사라는 의미이다. 그런데 첫 다오였던 더 다오는 이처럼 처참하게 무너졌고, 다오 토큰은 코인거래소에서 상장이 폐지되었으며 이더리움과 이더리움 클래식으로 하드포크하게 된 구실을 제공했다. 2017년에는 미국의 증권거래위원회에서 다오 토큰을 증권이라고 판정했다.

그렇지만 더 다오 이후 많은 다오들이 새롭게 출현하면서 분산금융의 터전이 닦이기 시작했다. 메이커다오(MakerDAO), 유니스왑(Uniswap), 컴파운드(Compound), 아베(Aave), 밸런서(Balancer), 알케믹스(Alchemix) 등이 그것이다. 다오는 국경이 없으며, 모든 거래가 투명하게 블록체인에 기록되고, 주주들은 의사결정에 참여할 수 있으며, 새로운 자금조달 창구로 쓰이고, 조달된 자금의 운용 역시 투명하게 공개되는 법인인데 직원은 한 명도 없다. 미국의 와이오밍주에서는 2021년부터 다오의 법인격을 유한책임회사로 인정했다.

다오는 인류가 기대했던 참된 민주적인 주식회사처럼 보이지만 실제로 여기에도 많은 문제점이 도사리고 있다. 더 다오 사례에서도 알 수 있듯이 프로젝트 제안에 대한 투표는 대부분 과반수의 찬성을 넘기지 못한다. 주주들의 무관심, 익숙하지 않은 온라인 투표제도, 의제에 대한 이해부족, 투표에 대한 홍보 미흡 등으로 인해 참여율이 매우 낮다. 또한, 주주들은 표결에 대한 열정보다 토큰 가격 상승으로 인한 이익에 집중하며 누군가 잘난 투자자가 다오를 잘 이끌것이라는 생각을 품는다. 다오라는 디지털 경제 시대에 맞는 새로운 조직이 출현했는데 투자자 대부분의 의식 구조는 아날로그 경제 시절의 유산을 그대로 짊어지고 있다.

다오에는 대표, 임원, 직원이 없지만 그래도 명색이 주식회사인지라 의제, 회계, 의사결정 등을 관리하는 소프트웨어가 필요하다. 주식회사를 설립하려면 자금을 모아야 하고, 주주들의 이해가 상충하면 법정에서 해결하는 과정도 필요하다. 목적에 맞게 맞춤형 다오를 만들어야 한다.

그래서 이런 일을 처리해줄 소프트웨어가 필요했는데 아라곤(Aragon)이 이더리움과 링크비(Rinkeby) 테스트넷 위에서 작동하는 플랫폼을 출시했다. 이제는 커브(Curve), 디센트럴랜드(Decentraland), 풀투게더(PoolTogether) 등 1,700개 이상의 조직이 이 플랫폼을 사용하고 있다.[11] 다오 플랫폼 분야에서 아라곤 외에도 다오스택(DAOstack), 다오하우스(DAOhaus), 콜로니(Colony), 몰록(Moloch) 등이 경쟁하고 있다. 그 가운데 아라곤이 단연 시장을 선도하고 있다.

다오는 역사가 길지 않으니 그 전례를 찾기 어렵다. 전례가 없으니 모든 것이 새롭고 그래서 시행착오를 거치며 정교하게 다듬어질 것이다. 다오가 지니고 있는 가장 큰 문제점은 앞서 지적한 바와 같이 저조한 투표율을 들 수 있다. 저조한 투표율이 리더십 부재 문제로 연결된다. 다오의 방향을 결정할 중요한 의제를 투표에 올리면 참여자들이 적극적으로 참여해서 심의한 후 채택 또는 거부해야 한다. 그런데 역대 다오들은 의결정족수를 채우지 못해 부결되는 사례가 부지기수였다. 이럴 때 기업의 대표처럼 자신의 전문성을 바탕으로 해당 프로젝트를 책임질 테니 '나를 따르라' 하는 리더십이 필요하다. 그러나 한편으로 리더십 오용으로 인해 많은 문제를 투자자들이 경험했기 때문에 다오를 선택했을 수도 있다.

이더리움 커뮤니티는 비교적 조직적이고 열정적인 참여자들이 많으며 비탈릭 뷰테린에 대한 신뢰가 커서 많은 안건이 제안되었고, 그 안건에 따라 하드포크가 성공적으로 이루어졌다. 이더리움을 이용하는 다오 프로젝트가 많아져 전송속도가 느려지고 가스비(gas fee)가 증가하여 이를 해결하려는 노력도 참여자들의 협조로 잘 진행되고 있다. 이런 사례를 볼 때 다오에서 탁월한 리더십과 적절한 수준의 투표율을 기대하는 것이 전혀 무리한 일은 아니다.

물론 투표제도에 대해서는 개선할 점이 있다는 데 많은 사람이 동의한다. 일반적으로 보유하고 있는 코인 또는 토큰의 수에 비례해서 투표권을 행사할 수 있다. 그런데 이 경우 재력이 좋은 투자자들에게 유리한 금권정치(plutocracy)가 될 수 있다고 우려한다. 그렇다고 1인 1표 제도를 시행하려 해도 주소 생성이 쉬워 효과를 발휘하기 어렵다. 일부 프로젝트에서는 중복투표를 하도록 허용하기도 한다. 예를 들어 한 사람에게 투표권을 10개 주고 그것을 마음대로 쓰게 하는 프로젝트가 있다. 그 투표권을 다 써도 좋고 하나도 쓰지 않아도 된다. 10개의 표를 한 안건에 몰아줄 수도 있고, 10개의 안건에 골고루 나누어 주어도 된다.

그 효과를 극대화하기 위해 제곱투표(quadratic voting)라는 방법을 쓰기도 한다. 만일 10개의 표를 한 안건에 몰아주면 10표를 던진 것이 아니라 10의 제곱인 100표를 몰아준 것이 된다. 10표를 10개의 안건에 하나씩 던지면 전체적으로 10개의 표를 준 것이다. 그런데 10개의 표를 한 안건에 9개, 다른 안건에 1개를 던지면 전체적으로는 82표를 던진 것이 된다. 즉, 9의 제곱인 81표와 1의 제곱은 1표를 합해 82표가 되는 것이다. 이처럼 다양한 논의가 이루어지고 있으나 가장 효과적인 해결책은 투표에 대한 보상이 확실해서 누구나 투표하고 싶게 만드는 것이다.

사실 첫 다오는 2014년에 덴마크 출신의 루네 크리스텐센(Rune Christensen)에 의해 만들어진 메이커다오(MakerDAO)였다. 물론 공식적으로 이디리움 메인넷 위에서 작동하기 시작한 것은 2019년 12월 18일이다. 메이커다오는 거버넌스 토큰으로 메이커(MKR)를, 스테이블코인으로 다이(DAI)를 발행했다. 다이는 1달러 부근에서 가격이 형성되도록 설계되었다. 2021년 7월 20일 루네 크리스텐센은 메이커다오가 완전히 분산화되었다고 선언했다. 이로써 장차 프로토콜의 개발과 운영은 완전히 열성적인 커뮤니티 회원들에 의해 이루어지게 되었다.

메이커다오는 부채담보부포지션(collateral debt position) 방식으로 암호화폐를 대출해주는 비즈니스 모델을 도입함으로써 분산금융의 문을 열었다. 쉽게 말해서 코인을 빌리고 싶은 앨리스는 메이커다오에 앨리스가 보유하고 있는 코인을 담보로 맡겨야 한다. 이더리움을 많이 가지고 있는 앨리스가 이더리움의 가격이 계속 오를 것으로 생각하고 이더리움을 더 사고 싶은데 추가로 이더리움을 더 살 현금이 없는 상황을 가정해보

자. 이때 앨리스가 가지고 있는 암호화폐 이더리움을 메이커다오에 맡기고 스테이블코인인 암호화폐 다이를 빌려 그 다이로 이더리움을 추가로 매입할 수 있다.

예를 들어, 150만 원 상당의 이더리움을 맡기고 100만 원 상당의 다이를 빌린다. 그 다이로 약 100만 원 상당의 이더리움을 산다. 그런데 이더리움 가격이 두 배로 뛰면 매수한 이더리움의 가치가 200만 원이 된다. 그걸 200만 원에 해당하는 다이를 마련해서 빌린 100만 원에 상당하는 다이를 이자와 함께 메이커다오에 상환하면 대략 100만 원 정도의 다이가 남는다. 이로써 원금과 이자를 갚았으니 담보로 맡겼던 150만 원에 해당하는 이더리움을 앨리스가 회수한다. 그 이더리움의 가격이 2배로 뛰었으니 300만 원의 가치를 지니며 게다가 100만 원에 달하는 다이까지 보유하게 되어 앨리스가 무척 기뻐한다.

여기까지는 행복한 시나리오가 전개되었다. 반대로 불운한 시나리오도 있다. 100만 원 상당의 다이로 이더리움을 샀는데 이더리움 가격이 폭락하면 그렇다. 이더리움 가격이 점차 떨어지기 시작하더니 100만 원에 바싹 근접하기 시작하면 메이커다오는 앨리스로부터 담보로 받은 이더리움을 즉각 청산해서 100만 원에 해당하는 다이와 이자를 챙기거나, 앨리스가 빌린 100 다이와 이자를 메이커다오에 상환하면 담보로 잡았던 이더리움을 돌려주는 방법이 있다. 정상적인 스마트계약을 사용했다면 메이커다오는 불운한 시나리오에서도 손해날 일이 없다. 행복한 시나리오일 때는 더구나 손해가 나지 않는다.

다이는 스테이블코인이므로 1다이의 가치가 1달러 언저리에서 움직여야 한다. 그런데 다이 가격이 1달러 이하로 내려갈 때는 다이의 수요는 적고 공급이 많으므로 직관적으로 생각해 볼 때 시장에서 적절한 양의 다이를 회수하면 된다. 다이 가격이 오르면 수요는 많고 공급이 적으므로 공급을 늘리면 된다. 이처럼 공급량을 조절할 때나 이자율 혹은 보상 비율을 결정해야 하는 경우 메이커 코인 소유자들의 투표가 필요하다. 다오는 이런 경우 투자자들의 투표로 의사결정을 한다. 메이커다오가 성공적인 모습을 보였기 때문에 루네 크리스텐센이 완전히 분산화되었다며 자신은 커뮤니티의 평범한 회원의 한 사람으로 남고 싶다고 말했을 때 그의 진심을 사람들이 인정했다.

다오는 시작하면서부터 글로벌 프로젝트가 되어 국경이 사라진다. 다오 홈페이시의 특징 가운데 하나가 회사의 소재지나 연락처를 공개하지 않는다는 점이다. 기껏해야 이메일 주소나 트위터, 텔레그램, 디스코드, 레딧 커뮤니티 링크가 공유될 뿐이다. 이게 불리적인 사무실이나 직원이 존재하지 않는다는 것을 부각하는 전략으로 볼 수도 있다. 그렇지만 고객의 문의나 불만에 신속히 대응하지 못하는 단점이다. 가뜩이나 분산금융을 난해하게 여기는 고객들에게 연락처가 없다는 것이 치명적인 약점이자 분산금융 확산의 걸림돌이 되고 있다.

다오는 백서를 통해 그나마 사람들이 쉽게 알아들을 수 있는 프로젝트 정보를 제공한다. 그렇지만 백서는 프로젝트에 대한 추상적인 정보를 담고 있다. 구체적인 정보는 스마트계약에 담겨있는데 이건 수준 높은 프로그래머들이나 해독할 수 있어서 사실상 해독된 암호문이거나 난독화(obfuscation)된 문서라고 보면 된다. 그래서 이 난해한 문서들을 풀어 설명한 쉬운 해설을 미디엄(Medium)이나 유튜브 등을 통해 이해해야 하는 것 또한 다오의 확산에 장애물이 되고 있다. 사람들은 블록체인에 다 기록되어 있고 소스 코드는 공개되며 개요는 백서에 담겼다고 말한다. 그런데 "악마는 디테일에 있다"(The devil is in the detail)는 말이 있다. 전문가가 아니면 다오의 프로젝트를 이해하기 어렵다. 코인 다단계 사기가 횡행하는 데는 일확천금을 이룰 수 있다는 감언이설 이면에 이런 난해함이 도사리고 있기 때문이다. 프로젝트에 대해 잘 모르니 눈뜨고 코 베임을 당하는 것이다.

그런데 진국을 감별할 수 있는 능력을 지녔다면 좋은 다오는 금융의 역사를 새로 써야 할 정도로 혁신적인 게 많다.

5.3 분산금융이란

분산금융이란 간단하게 디지털 화폐의 스마트계약을 기반으로 하는 금융이라고 정의할 수 있다. 정의가 너무 어렵다면 클레이스왑에 코인을 맡기면 이자로 클레이스왑 토큰을 받는 게 분산금융이라고 말할 수 있다. 이자농사가 분산금융의 모든 것은 아니나 그렇다고 스마트계약이 어쩌고 하며 설명하면 어렵다며 눈을 돌릴 독자들에게 이자농사는 분산금융으로 이끄는 붉은 양탄자이다.

분산금융이란 "암호기업가들이 기업과 정부의 통제 밖에서 분산형 구조로 전통적인 금융상품을 재창조할 수 있다는 개념"[12], "분산원장 기반 스마트계약을 활용하여 무결성과 보안을 보장하는 피어 투 피어 금융

시스템”[13]이라고 정의된다. 한편 “개방형 금융”이라고도 불리는 분산금융은 현재 존재하는 금융시스템을 보완하거나 대체하기 위한 블록체인/분산원장 기반의 금융 서비스 및 애플리케이션의 집합”이라고 분산금융을 정의하기도 한다.[14]

여기서 중요한 키워드는 ‘기존 금융시스템을 대체하는 새로운 금융시스템’과 ‘분산원장’이라 불리는 블록체인이다. 더 엄밀하게 말하면 분산금융의 스마트계약이 핵심이다. 기존 금융시스템을 대체한다는 의미는 하늘 아래 새로운 게 없다는 말을 감안할 때 분산금융 역시 기존 금융상품과 서비스의 연장선 위에 있을 뿐 분산구조를 활용한 재창조에 방점을 찍었다. 여기서 기존 금융시스템은 지폐나 동전을 근간으로 하는 아날로그 금융을 말한다.

그렇다면 기존 시스템에 어떤 문제가 존재했는지 살펴보아야 한다. 기존 금융시스템은 관치금융이었고 예대마진 또는 순이자마진(net interest margin)으로도 충분히 생존할 수 있었기에 은행들이 나서서 혁신하며 시대의 변화를 따라가려고 노력하지 않았다. 한국에서는 카카오톡을 통해 상대의 전화번호로 부의금을 송금할 수 있는 세상이 되었다. 상주의 계좌번호를 몰라도 조의를 표할 수 있다. 그런데 국제송금은 심하면 3일 이상 걸리는 게 수많은 중개기관을 거쳐야 하고 중개기관 직원이 퇴근하면 출근할 때를 기다려야 하는 우스꽝스러운 일이 실제로 벌어지고 있다.

블록체인 네트워크를 쓰면 분산금융은 중개기관을 거치지 않아도 된다는 게 핵심 개념이다. 중앙은행이 발행하는 디지털 화폐, 즉 CBDC가 출현하면 기존의 시중은행이 기능이 크게 달라져야 한다는 예측이 있다.

누리엘 루비니 교수는 "시중은행이 유동성 예금보다 더 많이 대출할 수 있게 돈을 창출하는 현재의 지불준비금 제도를 파괴하는 게 CBDC의 문제"[15]라고 말했다. 전자화폐의 특성상 보유하고 있는 금액만큼만 대출할 수 있어서 신용창출이 불가능하므로 시중은행들은 대출을 취급하지 않고 수취한 예금 전액을 지급준비금으로 보유하는 지급결제 전문은행(narrow bank)이 될 수 있다고 예상한다.

CBDC가 블록체인에 기반을 둘 것인지 정해진 바 없다. 설혹 블록체인에 기반을 둔다 해도 중앙은행이 단독으로 운영하는 단일원장 시스템이 될 수도 있다. 지금까지 블록체인 시스템은 여러 노드가 각각의 원장을 각자 관리하되 모두가 같은 원장이 되게 관리하는 복수원장을 근간으로 했다. 그래서 노드들은 그 원장들이 모두 같게 만들어 무결성(integrity)을 유지하려고 했다. 그러나 CBDC가 논의되면서 단일원장 데이터베이스를 사용하되 그 원장에 대한 접근성을 통제하는 접근법도 논의되고 있다. CBDC 설계에서 블록체인의 분산원장이라는 개념이 그리 중요하지 않을 수도 있다.

분산금융의 핵심은 전자화폐를 사용함으로써 얻어지는 장점의 극대화에 있다. 전자화폐는 신속한 결제가 가장 큰 장점이다. 인터넷이나 스마트폰을 통해 순식간에 결제가 이루어진다. 중간 단계가 사라져서 빨라지는 게 맞다. 그러나 고객등록이나 신원확인(KYC)과 같은 절차가 필요하지 않은 점도 중요하다. 국경을 넘나들어도 규제하는 기관이 없다는 것도 장점이다. 물론 이러한 장점이 자금세탁이나 테러 지원, 탈세, 수뢰 등에 악용될 소지가 충분히 있다. 그래서 FATF는 여행자 규칙(travel rule)의 강화 등으로 자금세탁 등 악용의 여지를 줄이려고 한다.

분산금융이 원래 취지대로 운영된다면 거래의 투명성이 큰 장점이자 단점이 될 수 있다. 단점은 개인정보 또는 영업비밀 누출의 가능성에 있다. 장점은 정보가 투명하게 공개되어 즉시 감사가 가능하다. 분산금융의 장점 및 단점을 고려해서 개인정보 또는 영업비밀 유출 가능성이 적은 응용분야를 찾는 게 중요하다. 다행히 분산금융은 암호화폐의 투명성이라는 단점보다 투명성의 장점이 더 유용해서 정보비대칭성을 줄여 신뢰가 없는 금융을 실현했다.

전통적인 금융은 상품이나 서비스의 내용에 대한 정보를 고객에게 충분히 제공하지 않았다. 이로 인해 불완전 판매라는 용어가 자주 매스컴을 타고 있다. 상품과 서비스를 판매하는 직원들조차 상품의 내용을 잘 모르는 경우가 있을 정도이니 불완전 판매가 일어나기가 십상이다. 분산금융 상품과 서비스 내용은 물론이고 스마트계약 정보까지 투명하게 블록체인에 공개한다. 심지어 메인넷 소스 코드까지 공개한다. 물론, 그것을 해독할 수 있는 전문가가 그리 많지 않다는 것이 한계이다.

분산금융의 장점 가운데 하나가 금융포용(financial inclusion)이다. 은행 문턱을 밟아보지 못했거나 신용카드 등이 발급되지 않는 고객의 수가 무려 20억 명이 넘는다. 분산금융은 이런 고객들에게도 금융 혜택을 줄 수 있다. 인터넷과 스마트폰이 연결되면 분산금융의 혜택을 받을 수 있다. 오지의 고객에게는 물론이고 신용불량자나 파산자들에게도 혜택이 돌아간다. 더 중요한 게 있다. 신용이 전혀 없는 사람들조차 담보 없이 대출을 받을 수 있다는 점이다. 플래시론 덕분이다.

분산금융의 가장 큰 장점은 화폐의 통계가 즉시 잡힌다는 점이다. 만일 측정이 가능하다면, 제어가 가능해서 "암호화폐는 경제학을 공학으로 변환한다"[16]는 글이 있다. 화폐를 발행하는 목적 가운데 하나는 교환의 매개체, 가치저장수단, 가치의 척도로서 세 가지 기능을 잘 수행하도록 하기 위함이다. 아날로그 화폐인 지폐나 동전이 이 역할을 잘 수행해 왔다. 그래서 지폐나 동전이 화폐 역할을 한 것이다. 그런데 아날로그 화폐의 한계에 갇혀 디지털 화폐가 가진 장점을 사람들에게 주지 못했다.

중앙은행이 화폐를 발행할 때 위에서 언급한 세 가지 기능 외에 물가의 안정, 고용의 안정, 그리고 금융의 안정이라는 정책 목표를 달성하기 위해 노력한다. 이 목표를 달성하기 위한 수단으로서 통화량 조절, 금리조절 등의 방법을 쓰는데 여기에 여수신제도, 지급준비제도, 공개시장운영(open market operation)[17] 등의 방법이 동원된다. 시장의 금리는 지금도 즉시 측정이 가능하다. 그러나 아날로그 화폐를 쓰는 한 유동성 지표측정은 즉각적으로 이루어지지 않으며 직접 측정도 어려워 정책의 시행에 한계가 있다는 비판이 있다.

예를 들어, 화폐 공급을 확대하거나 시장에 풀린 통화를 회수했을 때 유동성을 측정하는 지표 가운데 하나가 화폐의 속도이다. 화폐의 속도를 측정하는 전통적인 방법이 보통 1년 단위로 GDP를 계산하고 화폐 공급량으로 나누어 그것을 화폐의 속도로 간주한다. 이 속도는 화폐의 실제 속도라기보다는 화폐의 손 바꿈 횟수로 인식되고 있다.

전자화폐 또는 암호화폐를 사용할 때 그 기록이 블록체인 같은 공개된 원장에 남으면 이를 바탕으로 화폐의 유통속도를 즉시 측정할 수 있다.

전통적인 금융환경에서 한 번도 경험해 보지 못한 속도의 직접 측정이 가능해진다. 이와 같은 즉각적으로 직접 지표를 측정할 수 있으면 경제 운용이 훨씬 신속하고 효과적으로 이루어질 수 있다.

화폐를 발행하면 많은 부분이 매트리스 밑에서 잠자는 돈(idle money)으로 전락한다. 탈세, 증여, 수뢰 등 의도적인 경우도 있고, 현금 수요에 즉시 대응하기 위해 이자 수익 등을 포기하고 예치할 때도 있다. 이런 돈이 많아지면 중앙은행이 유동성을 풍부하게 공급해도 시중에 돈이 마르고 경제가 원활히 작동하지 않게 된다.

이럴 때 화폐의 유통속도를 향상시킬 수 있는 방법으로 체화화폐(demurrage currency)를 발행할 수 있다. 실비오 게젤은 화폐의 속도 향상과 전반적인 경제 활성화의 촉진을 위해 체화화폐의 발행을 지지했다.[18] 실제로 오스트리아의 작은 도시 뵈글(Wörgl) 등에서 체화화폐가 사용된 적 있고 그 효과도 충분히 입증되었다.

암호화폐나 전자화폐로 체화화폐를 구현하는 것이 매우 쉽다. 바로 스마트계약을 통해 미리 프로그래밍을 해두면 정확히 일정한 시간이 지나면 화폐의 가치를 떨어뜨릴 수 있다. 지폐를 이용할 경우 지폐의 일련번호와 발행 일시 및 거래 일시를 기록한 데이터베이스를 공유해야 한다. 지폐에서는 체화비용을 물리는 것이 기술적으로 쉽지 않아서 작은 도시 단위에서 운용하기에도 버겁다. 그러나 스마트계약을 적용하면 체화화폐 기능보다 훨씬 복잡한 것들도 쉽게 구현할 수 있다.

분산금융의 또 다른 특징은 제도권에 아직 진입되지 않았기 때문에 다양한 실험이 가능하다는 점이다. 비트코인의 하드포크가 좋은 예이다. 프로토콜에 이의가 있을 때 합의를 해서 하드포크를 막는 방법도 있지만 한편, 이견을 인정하고 하드포크를 감행해서 어느 프로토콜이 옳았는지 그 결과로 확인하는 방법도 있다. 프로토콜이 죽지 않고 살면 성공한 것으로 보면 된다. 둘 다 죽을 수도 있고, 둘 중 하나만 죽을 수도 있고, 비트코인과 비트코인 캐시처럼 둘 다 살 수도 있다.

하드포크가 있었음에도 참여자들의 불만이나 항의가 대부분 없었다. 각 진영의 이해 충돌 때문에 하드포크가 발생했고, 결과적으로 각 진영에 적절한 이익이 있었기에 불만이 없었다. 분산금융이 아직 제도권에 진입하지 못했기 때문에 법적 또는 행정적 제재를 기대할 수 없어서 피해자들이 불만을 표출하지 않았을 수 있다.

하드포크가 프로토콜의 실패를 의미할 때도 있으나 이해가 다른 진영의 이해충돌을 해소하는 방편으로 자리 잡을 수도 있다. 아마존 같은 기업에서 성격이 비슷한 여러 프로젝트를 병행해서 실시한 후 그 결과를 보고 성공적인 프로젝트를 고르는 것과 같은 이치이다. 각 진영의 피해의 경중에 따라 서로 양해하거나 소송으로 진행될 수 있다. 분산금융은 참여자들의 합의를 통해 하드포크로 결과를 미리 시뮬레이션해볼 수 있다는 점에서 미래 산업의 새로운 단면과 가능성을 보여주었다.

2020년 세계경제포럼(WEF)은 메이커다오, 체인링크(Chainlink) 등 100개의 스타트업을 기술선도기업으로 선정했다. 여기에는 비트코인 분석업체인 영국의 일립틱(Elliptic), 블록체인 기반의 디지털 자산의 권리 보전 기업인 대만의 비트마크(Bitmark), 라틴 아메리카의 금융포용 기업인 리피오(Ripio), 환경변화에 대응해서 탄소 신용을 토큰으로 거래하는 홍콩의

베리디움 랩스(Veridium Labs), 빠르고 저렴한 글로벌 지불수단을 제공하는 라이트닝 랩스(Lightning Labs) 등이 포함되었다.

현재 분산금융의 성공적 사례로 거론되고 있는 것 가운데 대표로 메이커다오가 손꼽힌다. 메이커는 분산자율조직(DAO) 또는 분산자율기업(DAC)이라 불리는 신종 투자기관이다. 세계경제포럼이 메이커다오를 기술선도기업으로 선정한 이유를 "세계 경제에 재정적 안정성과 투명성을 제공하는 분산조직"[19]이라고 했다. 메이커다오는 암호화폐 담보방식의 스테이블코인인 다이와 담보대출 수수료로 사용되는 메이커 토큰(MKR)을 만드는 기업이다.

주택이나 주식을 담보로 대출을 받는 것과 비슷한 개념으로 메이커다오는 이더리움을 담보로 잡고 달러에 연동된 스테이블코인인 다이[20]를 발행한다. 스테이블코인이므로 한 개의 다이는 1달러의 가치를 지니도록 설계되었다. 메이커다오는 분산자율조직이므로 분산 커뮤니티의 거버넌스와 스마트 계약의 자율성을 이용해 변동성을 제거한다. 메이커다오의 핵심 개념 가운데 하나가 CDP[21], 즉 부채 담보부 포지션이라는 스마트계약이다.

CDP는 이더리움을 담보로 잡고 스테이블코인 다이를 생성한다. 다이가 생성되면 담보로 잡힌 이더리움은 거래가 중지되는데 그 담보의 가치는 저당 잡힌 이더리움의 수와 현재 가격의 곱으로 표시된다. 최소담보비율은 담보자산의 가치 이상으로 정해지는데 메이커다오 거버넌스 시스템에 의해 투표로 정해진다. 최소담보비율은 발행한 DAI 가치의 150%로 정해졌지만 실제로는 이더리움의 가격 변동성을 고려해 350%

정도를 유지하는 것이 좋다.

예를 들어, 최소담보비율이 150%라면 150달러에 상당하는 이더리움을 저당 잡히고 100개의 다이를 받게 된다. 100개의 다이의 150%가 150달러이기 때문이다. 다시 이 100개의 다이와 이자를 함께 반납하면 CDP는 자동으로 소각되고 저당 잡혔던 이더리움은 빌린 고객의 계좌로 반환된다. 이자율이 연간 10.5%[22)]로 정해져 있는 상태에서 2년간 100개의 다이를 2년간 빌렸다면 이자는 21개의 다이에 이른다. 이자는 다이나 MKR로 낼 수 있다.

위의 예에서 만일 예치한 이더리움의 시가총액이 150달러 이하로 내려갈 경우 다이가 강제로 청산된다. 청산절차를 피하려면 담보를 추가하거나 이자와 함께 다이를 즉시 반환해야 한다. 담보가 부족하면 경매를 통해 청산절차가 진행된다. 담보인 이더리움 가격이 경매에서 빌린 다이의 가치인 100개의 다이보다 높게 결정되면 차액을 주인에게 돌려준다. 이때의 경매를 담보경매(collateral auction)라고 한다. 담보경매의 경우 3%의 가격을 할인하여 공개시장에서 경매한다.

반대로 담보인 이더리움의 가격이 폭락해서 경매 낙찰가격으로 상환해야 할 가치에 미달할 경우(예를 들어, 담보 경매로 90개의 다이까지 확보했다면 부족분인 10개의 다이를 추가로 확보하기 위해) 시스템이 MKR을 발행해서 경매에 부친다. 이때의 경매를 부채경매(debt auction)라고 한다. 이와 같은 방법으로 MKR 경매에서 확보한 다이로 부족분인 10개의 다이를 채운다.

이 예에서 이자와 청산가산금(liquidation penalty)을 합산하지 않았다.

청산할 때도 이자를 내야 하며, 청산가산금으로 13%를 더 내야 한다. 100개의 다이를 빌렸다면 청산가산금으로 13개의 다이를 더 내야 한다. 이자율 자체로도 고리대금이고 청산가산금까지 더하면 대단한 고리대금인데 다이에 대한 수요가 있다는 것이 신기한 일이다.

그런데 2020년 8월 19일 이더리움 부채 한도(debt ceiling)를 4억2천만 개의 다이로 투표를 통해 증대했다. 이로 인해 다이 부채 한도는 2020년 8월 21일 현재 6억8천8백만 개가 되었고 발행된 다이의 총 수량은 4억3천2백만 개가 되었다.[23] 그만큼 수요가 있고, 그 수요가 더 증가하고 있다는 것을 알 수 있다.

이더리움을 담보로 다이를 발행함으로써 시장에 추가로 유동성을 제공할 수 있다는 것이 메이커다오의 장점이다. 유동성이 증가하면 시장이 활성화되고 경제가 성장한다. 이더리움을 보유한 고객이 신원확인(KYC)이나 고객등록 절차 없이 대출을 받을 수 있다는 것이 장점일 수 있으나 이게 오히려 자금세탁 등에 악용될 소지가 있다.

메이커다오는 분산금융 상품 중 하나로 기존의 금융상품과 별반 크게 다르지 않다. 법정화폐 대신 암호화폐를 매개체로 이용한다는 점이 다르기는 하다. 그런데 메이커다오가 분산자율조직을 중심으로 운영되고 있다는 것이 가장 크게 다른 점이다. 분산자율조직이 더 민주적인 조직이라고 여길 수 있으나 효율성 측면에서 많은 문제점을 보이고 있다.

5.4 분산금융 대 전통금융

분산금융은 엄밀히 말해 관리의 주체가 없어야 한다. 물론, 관리의 주체는 있지만 그게 사람이어서는 안 되고 스마트계약이어야 한다. 암호화폐 거래소를 예로 들면 업비트나 코인베이스는 법인이 관리의 주체이고, 그 법인은 사람들에 의해 움직인다. 그런데 유니스왑 같은 것은 분산거래소(decentralized exchange, DeX 또는 DEX)라 불린다. 이게 말 그대로 스마트계약에 의해 움직이는 거래소인지라 이런 것을 다오라고 부르고 여기서 이루어지는 거래를 분산금융이라고 한다. 유니스왑을 만든 것은 헤이든 아담스(Hayden Adams)라는 개인이지만 그는 스마트계약을 만들었고 유니스왑의 토큰 UNI를 보유하고 있는 사람들이 투표로 유니스왑의 프로토콜을 관리한다. 디파이가 각광을 받자 전통금융도 디파이 업체라고 주장하고 있다. 이게 디파이의 시대가 열렸음을 보여주는 좋은 사례이다.

아무튼 물건을 빌렸다가 갚을 때 적어도 두 가지 방법이 있다. 이 두 방법의 차이에서 새로운 금융상품 설계에 대한 아이디어를 얻을 수 있다.

첫째, 빌릴 때와 동일한 수량으로 갚는 법. 연필을 10개 빌렸다면 갚을 때도 연필 10개를 돌려주면 된다. 연필 가격 등락과 무관해서 계산이 간단하고 기억하기도 좋다. 둘째, 빌릴 때 가격과 동일한 가격만큼 물건으로 갚는 방법이 있다. 연필 10개 가격이 빌릴 때는 1,000원이었는데 2,000원으로 올랐다면 5개만 갚는 방식이다.

금융에서 첫째 방법은 주식을 빌려주는 대주(貸株)라는 제도에서 볼 수 있다. 특히 빌린 주식을 높은 가격에 팔고 낮은 가격에 사서 갚는 공매도(

空賣渡)에 이용한다. 공매도는 "없는 것을 판다"는 의미이다. 둘째 방법은 공매수(margin buying, 空買受)에 해당한다. 공매수는 "없는 것을 산다"는 의미로서, 타인의 자금을 차입하여 매수 주문을 하는 것을 말한다. 신용거래에서 자금을 충분히 가지고 있지 않거나 가지고 있더라도 주권을 인수할 의사 없이 강세장이 예상되는 경우 주가 상승에서 오는 시세차익을 목적으로 매수하는 것이다. 비트코인을 담보로 맡기고 비트코인을 빌리는 신종 금융기법에서도 공매도나 공매수의 예를 찾을 수 있다. 비트코인 가격이 상승할 때 구미가 당기는 상품을 예로 들어보자.

비트코인을 담보로 비트코인을 빌려주는 델리오(Delio)라는 한국 기업이 있다. 델리오에서 담보인정비율(LTV)은 90%다. 이자에 해당하는 취급수수료가 하루 기준 0.044%이니 연리 16%에 해당한다. 비트코인 10개를 담보로 LTV에 따라 비트코인 9개를 빌릴 수 있다. 빌릴 때의 개당 가격 5천만 원으로 환산하면 4억5천만 원이다.

비트코인 가격이 1억 원으로 상승했다고 치자. 9개를 빌렸으니 이때 이자를 제외하고 비트코인 4.5개를 상환하면 4.5개가 남는다. 9개를 빌리고 4.5개를 상환하는 것이 이상하지 않다. 5천만 원일 때 9개면 4억5천만 원이고, 1억 원일 때 4.5개면 역시 같은 가치를 지니니 원금으로만 환산하면 4.5개를 상환하는 것이 맞다.

비트코인 가격이 오르기만 하는 건 아니다. 내리기도 한다. 비트코인 가격이 폭락하면 비트코인을 빌려준 기관이 반대매매에 나선다.

주식을 예로 들어보자. 대출을 받아 산 주식 가격이 급락해 담보가치가 하락하면 증권회사가 담보물인 주식을 강제로 파는 것을 반대매매라고 한다. 반대매매를 실행할 때 기준으로 삼는 지표가 담보유지 비율이다. 전체 자산가치(예를 들어 담보로 맡긴 주식 가치와 신용으로 매수한 주식 가치의 합)가 대출금액의 140%를 하회하면 통상 반대매매 통지가 간다. 담보로 맡긴 비트코인 10개와 빌린 9개를 합쳐 19개 가격이 빌릴 때 담보 총액 4억5천만 원의 140%인 6억3천만 원에 이르면(즉 비트코인 가격이 3,316만 원까지 하락하면) 그런다.

비트코인 가격이 계속 상승하면 둘째 방법처럼 비트코인을 빌리려는 수요가 늘어난다. 그 수요를 가늠해볼 수 있는 지표가 TVL(Total Value Locked, 예치자산가치)이다. 델리오는 아직 자체적으로 비트코인을 충분히 보유하고 있지 못해서 거래소 빗썸에서 코인을 빌려다가 영업을 하곤 했다. 그래서 델리오는 TVL이라는 말을 쓰지 않고 TVU(Total Value Utilized)라는 신조어를 사용한다. 빗썸에서 빌려와 대출해준 비트코인 가격 총액을 의미하는데, 2021년 10월 3일 현재 비트코인 TVU가 2조6,600억 원을 돌파했다. 이더리움 TVU도 3,354억 원을 넘었다. 또한 델리오스왑도 운영하고 있다. 최근 FATF가 분산금융도 가상자산사업으로 간주한다는 보고서가 나오면서 델리오의 입지가 탄탄해졌다.

빌릴 때 수량 그대로 갚는 방법과 빌릴 당시 가격에 해당하는 수량으로 갚는 방법 모두 구현하면 좋을 텐데 델리오에서는 공매수만 가능하다. 초기에는 델리오가 비트코인 대출만 했는데 지금은 이더리움도 담보로 맡길 수 있고, 해당 암호화폐를 대출받을 수 있는데 더 나아가 암호화폐를 담보로 원화 대출은 할 수 없다. 이는 델리오가 델리오가 특금법에 따라 가상자산사업자 신고를 했는데 원화 대출을 하지 않기로 하면서 신고가 수리되었다.

5.5 플래시론의 신박함

뻔히 떼일 줄 알면서 대출을 해주는 바보는 없다. 그래서 담보 확보 또는 신용 확보가 대출 전에 반드시 이뤄져야 한다. 이게 전통금융의 모습이다. 신용은 과거의 이력을 바탕으로 평가하는데, 문제는 정보비대칭을 피하기 어렵다는 점이다. 대출자가 차입자에 대해 아는 데 한계가 있다. 게다가 과거 차입자 이력이 없으면 신용평가 비용이 증가하고 기간도 길어진다. 담보 평가도 그렇다.

그런데 담보도 없이, 신용평가도 하지 않으면서, 빌려준 후 돌려받을 때까지 눈 깜짝할 사이지만 놀랍게도 떼일 염려가 전혀 없는 대출이 있다. 그런 대출이 있다는 게 정말 놀라운 일이다. 이게 미래금융의 한 단면이다. 소위 무담보·무위험·초단기 대출이 정말 존재한다. 플래시론(flash loan)이 그것이다. '눈 깜짝할 사이'를 강조해서 플래시라는 단어를 썼지만, 본질은 무위험에 방점이 찍혀 있다.

유동성 풀에 있는 자산을 그냥 당겨가기만 하면 되기 때문에 대출이 순식간에 이뤄진다. 차입자는 플래시론 스마트계약을 제출하고 자기 코인 꺼내듯 그냥 가져다가 쓰고 이자와 함께 원금을 갚으면 된다. 빌린 코인을 가지고 여러 분산거래소를 거치면서 다른 코인으로 몇 번 교환하면서 차익을 챙기고 그 코인을 원래 자산으로 교환해 상환하고도 이익을 남기는 작전 같은 스마트계약을 만들어야 한다. 그런데 친절하게도 그런 용도의 표준 스마트계약이 만들어져 있다.

여기서 플래시론이 지니는 두 가지 점에 주목할 필요가 있다. 첫째, 무위험 대출이 완벽하게 가능하다는 함의이다. 둘째, 이익을 남기는 과정을 정교하게 설계해 광속으로 실행할 수 있는 환경이 마련됐다는 점이다.

첫째, 함의를 이해하려면 블록체인 성질을 알아야 한다. 대출과 상환 기록이 한 블록에 동시에 담기지 않으면 대출이 아예 없었던 것처럼 블록체인에서 처리할 수 있다. 그게 스마트계약이 지닌 매력이다. 정해진 시간 내에 상환이 되면 문제가 없지만 상환이 되지 않았을 때 대책이 필요하다.

금융거래 처리에서 반드시 지켜져야 하는 것이 원자성(atomicity) 유지 원칙이다. 송금을 처리하던 도중에 정전이 되면 송금 이전의 원상으로 되돌려야 한다. 대출부터 상환까지 모든 과정 중 어느 것 하나라도 완결되지 않으면 대출이 없었던 것으로 처리해야 한다. 이 원칙은 전통금융에서도 지켜지고 있다. 무위험 대출이 가능하도록 이 원칙을 스마트계약에 담은 것이다.

둘째, 함의를 설명하자면 스마트계약에 대해 더 알아야 한다. 스마트계약은 쉽게 말하면 애플리케이션(앱)이다. 앱은 스스로 정해진 절차에 따라 한 치의 오차도 없이 실행된다. 따라서 전광석화처럼 순식간에 대출과 상환이 이뤄질 수 있다.

전통금융에서는 대출 절차도 복잡하고 상환이 되지 않으면 담보 처리도 어렵다. 담보로 잡은 아파트는 경매를 거쳐야 하는데 제값을 받는 게 불가능하고 청산에 긴 시간이 걸린다. 담보 경매에서 어지간해서는 제값을 쳐주지 않고 유찰시키면서 버티면 경매물건의 가격이 폭락한다는 것을 누구나 다 알기 때문이다. 플래시론에서는 대출자는 손실이 없고 차입자도 순식간에 상환하고 이익을 남겨서 누이 좋고 매부 좋은 식이다.

이런 금융상품이 전통 금융시장에는 없었다. 앞으로도 블록체인 같은 신기술에 눈을 돌리지 않으면 이런 금융상품을 만들 수 없다. 전통금융이 분산금융과 경쟁해 버티려면 이런 금융상품에서 배워야 한다. 이런 상품을 처음 출시한 것이 아베(Aave) 프로젝트이다. 영국에 기반을 둔 아베가 2020년 1월 처음으로 개발자들을 위해 이 서비스를 출시했다. 개발자들에게 신용 없이 큰 규모의 코인을 빌려주는 데 수수료는 0.09%이다. 이 프로젝트에서 아이디어를 얻은 유니스왑이 플래시스왑을 내놓았다. 2020년 말 아베는 20억 달러의 플래시론을 처리했으며 2021년 11월 3일 현재 55억 달러로 증가했다(그림 1 참조). 플래시론 정보를 제공하는 서비스인 아베워치(AaveWatch)에 따르면 가장 큰 규모의 플래시론 대출이 일어난 날은 2020년 11월 14일이었고, 이더리움 대출 3억4,859만 달러, 다이 대출 66만 달러였다(그림 2 참조).

그림 1을 보면 플래시론 대출이 가장 많이 일어난 코인은 스테이블코인인 다이로 누적 21억 달러가 나갔다. 다음으로 이더리움으로 17억 달러, 3위가 스테이블코인인 USDC가 14억 달러를 차지했다. 그림 2는 플래시론 대출 빈도와 규모를 보여주고 있다.

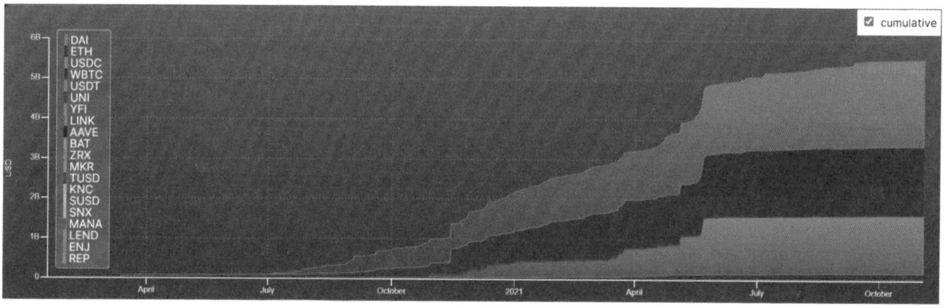

그림 1. 2020년부터 2021년 사이 아베 플래시론 누적 대출금액 추이

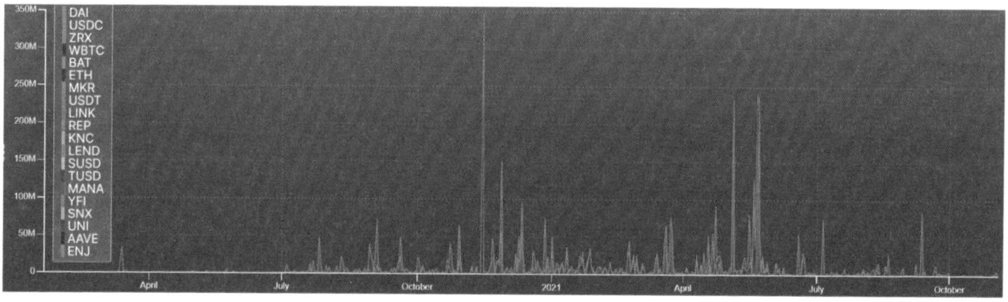

그림 2. 2020년과 2021년 아베 플래시론 대출 발생 빈도와 규모

플래시론이 특별한 것은 대출을 상환하는 방법에도 있다. 보통 대출을 받으면 일정 기간 상환유예기간 또는 거치기간(grace period)을 둔다. 대형 프로젝트를 준비하기 위하여 거액의 대출을 받는 경우, 차입자가 대출을 상환하려면 공장을 짓고, 기계를 설치하고, 상품을 생산해서 판매하는 등 시간이 필요하므로 일정 기간을 정해 그동안은 이자만 내고 원금 상환을 유예하는 제도가 채택되고 있다. 그래서 원금을 다 상환할 때까지 긴 시간이 걸리며, 원금도 일시상환보다 분할상환하는 경우가 많다. 그런데 플래시론은 거치기간이 없으며 분할상환도 없고 빌렸나 싶은데 바로 갚아야 한다.

플래시론이 해킹을 당했고, 그래서 안전하지 않다는 보도가 있었으나 이것은 사실과 다르다. 플래시론 자체에 버그가 있었다면 지금쯤 플래시론은 사라졌을 것이다. 그런데 플래시론이 건재하다는 것은 플래시론 그 자체에 문제가 있었던 것이 아니라 그것을 활용하는 과정에서 오라클 문제 등이 발생한 것일 뿐이다.

5.6 마켓 메이킹의 변모

전통적인 주식시장의 상징 가운데 하나가 오더북(order book)이다. 오더북은 매도자와 매수자들의 원하는 가격과 수량을 보여준다. 원하는 가격과 수량이 일치하면 그 지점에서 주식 매매가 이루어진다. 이것은 경매의 일종인데 이중경매(double auction)로 가격을 알 수 없는 주식의 가격 탐색을 오더북이 도와준다. 상품의 가격을 모르기 때문에 가격을 알아보려고 등장한 것이 경매다.

매도자와 매수자 간 가격 차이를 스프레드라고 한다. 스프레드가 0이라는 것은 바로 매도가격과 매수가격이 일치한다는 의미이므로 즉시 거래가 이루어지지만 스프레드가 크게 벌어지면 매매가 성립되기 어렵다. 지금까지 주식거래는 오더북을 기반으로 이루어졌다. 스프레드가 크면 그 간격을 좁히기 위해 마켓 메이커가 호가를 제시하고 유동성을 공급해서 거래가 성사되도록 한다. 스프레드가 커서 전혀 거래가 발생하지 않으면 매도자나 매수자 모두에게 손해이므로 증권시장에 없어서는 안 되는 존재이다.

매매에서 중요한 요소가 둘인데 하나는 가격이고 다른 하나가 수량이다. 주문을 낼 때 수량과 가격을 함께 제시하는 지정가 주문(limit order)이 있는 반면 수량만 제시하는 시장가 주문(market order)이 있다.

한국은 2016년부터 주식시장에 마켓 메이커 제도를 도입했다. 마켓 메이커는 유동성을 공급하기 위해 주식을 사고파는(개인 또는) 기관을 말한다. 제도적으로 허용했다는 것은 마켓 메이커의 순기능이 크기 때문이다.

많은 암호화폐 거래소도 주식거래소와 마찬가지로 오더북을 이용하고 있다. 그런데 암호화폐 시장에서 오더북 없는 거래가 가능하다는 것이 입증되었다. 2020년 유니스왑이 자동화된 마켓 메이커(AMM)를 도입했는데 그게 시장에 잘 정착했다. AMM에서는 매도하고자 하는 가상화폐 수량을 제시하면 매도가격이 자동으로 정해진다. 마찬가지로 매수하고자 하는 코인의 수량을 제시하면 매수가격이 자동으로 정해진다. 시장가 주문 제도가 먼저 도입되었다. 물론 수량 대 가격으로 환산하지 않고 수량 대 수량으로 환산할 수도 있다.

유니스왑이라는 이름에서 알 수 있듯이 이 프로젝트는 코인끼리 스왑(swap), 즉 교환하는 방식을 쓴다. 예를 들어, 이더리움/USDC처럼 이더리움과 USDC의 교환이 가능하다. 대신 유니스왑에 이더리움/USDC 쌍(pair)이 상장되어 있어야 한다. 유니스왑 같은 거래소를 분산거래소(DEX, decentralized exchange)라고 부르는데 여기는 완전히 프로그램에 의해 거래가 체결되며 가격 결정이 수학 공식에 의해 자동으로 결정된다. 분산거래소에 코인 쌍을 올리는 것 역시 상장이라 부른다. 최근 특금법의 영향으로 업체들이 국내 거래소에 코인을 상장하는 게 어려워지자 해외의 스왑 시장에 상장시키고 있다.

유니스왑이 사용한 마켓 메이커는 CPMM(constant product market maker)이라는 수학공식을 사용한다. 수학 공식이라고 하지만 산수에 지나지 않는 단순한 식이다. 예를 들어, 이더리움 수량을 X라 하고, USDC의 수량을 Y라 하자. 이더리움 하나의 가격이 5,000 USDC라 가정하자. 이 경우 유동성 공급자들은 이더리움 1에 USDC 5,000의 비율로 코인을 맡겨야 한다. 물론, 이 비율은 거래가 이루어질 때마다 조금씩 바뀐다. 이더리움 하나에 USDC 5,000개의 비율로 유니스왑 유동성 풀에 이더리움이 40개가 들어왔으면 USDC는 200,000개가 들어와야 한다. 이 상태에서 X는 40, Y는 200,000이 된다. 이때 X와 Y의 곱을 상수 K로 표시한다. X가 40, Y가 200,000이라면 상수 K는 8,000,000이 된다. 이 K를 항상 고정해서 말 그대로 K가 상수가 되게 하면서 가격을 결정하는 게 CPMM이다. 즉, 공식으로 쓰면 다음 식

$$X * Y = K$$

가 CPMM의 핵심이다. 이 상태에서 앨리스가 이더리움을 하나 팔려고 시장에 내놓으면 이더리움이 현재 40개 있는데 시장에 하나가 더 추가되므로 X는 40에서 41로 증가하게 된다. K는 8,000,000으로 고정되어 있으므로 Y는 위의 공식을 이용해서 간단히

$$Y = K / X = 8{,}000{,}000 / 41 = 195{,}122$$

이 된다. 즉, 이더리움이 41개로 증가하면 USDC는 200,000개에서 대략 195,121개로 줄어들어 둘의 곱이 상수 8,000,000을 겨우 유지한다. 즉

이더리움이 하나 증가하자 USDC가 4,878개가 줄어들었다. 다시 말해 시장에 이더리움이 증가하자 이더리움 가격이 5,000 USDC에서 4,878 USDC로 하락했다. 코인 수가 늘면 코인 가격이 하락하고, 코인 수가 줄면 코인 가격이 상승하는 이치를 CPMM이 잘 반영하고 있다.

다시 이 시점에서 유동성 풀에 진입하려는 사람은 이더리움 1개에 USDC 4,878개의 비율로 진입해야 한다. 물론, 유동성 풀에서 코인을 뺄 때도 그 비율을 유지해야 한다. 이 비율을 유지하지 않고 이더리움만 빼는 것은 이더리움을 사는 것이므로 가격이 높아진다. 이더리움만 넣는 것 역시 이더리움을 사는 게 되므로 가격이 낮아진다.

이 방식은 시장가 주문의 특성을 그대로 지닌다. 수량이 정해지면 가격이 일방적으로 정해지므로 그 가격이 만족스러울 수도 있고 불만스러울 수도 있다. 그렇지만 그 가격을 유니스왑에서는 수용해야 한다. 또한 수량을 늘리거나 줄이면 단가가 달라진다. 따라서 이득을 극대화할 수 있도록 수량을 정할 수 있다.

AMM의 마켓 메이커는 이익을 취하기 위해 시장에 참여하는 존재가 아니다. 가격을 결정하고 거래를 성사시키는 매치 메이커로 오더북 없는 거래를 가능하게 만들었다. 다만 수량을 제시하면 가격이 결정되는 구조 외에도 가격을 제시하면 수량이 결정되는 구조도 필요하다. 지정가 주문을 소화할 수 있는 방안도 필요하다.

주식시장에서도 AMM 도입을 고려해봄 직하다. 물론 지금의 AMM은 개선의 여지가 많다. 그렇지만 분산금융에서는 이렇게 신선하고 발칙한 아이디어들이 날마다 튀어나오고 있다. 뒤집어 이야기하면 전통 금융

시장이 지나치게 보수적이었다는 것을 반증한다. CPMM은 지나치게 단순해서 상대적으로 폭력적으로 보인다. 그런데 이렇게 단순해서 가격이 빨리 공정하게 결정되므로 사고파는 사람들에게 생각할 여유를 주지 않는다. 매매가 즉시 이루어지기 때문에 플래시론 같은 상품이 이런 분산거래소를 찾아다니며 차익거래(arbitrage)를 할 수 있다. 이런 관점에서 보면 국내 업비트나 빗썸 같은 거래소에서는 플래시론을 이용한 차익거래가 불가능하다. 이런 거래소는 아날로그 금융의 유산을 그대로 유지하고 있다.

5.7 스마트계약의 위력

분산금융에서 금융업무는 블록체인에 올려진 스마트계약의 코드대로 처리된다. 코드가 알아서 돌아가니 직원이 필요 없고 상주할 직원 공간이 없어도 된다. 그러니 이론상 분산금융에서는 비용이 발생하지 않는다. 모든 일은 인정사정 볼 것 없이 원칙대로 처리된다. 그래서 누구의 편의를 봐주는 정실이 개입할 여지가 없다. 프로토콜에 정해진 그대로 한 치의 오차도 없이 코드가 실행되고 그 결과는 만천하에 다 공개된다. 따라서 모든 게 투명하다.

디지털 화폐의 핵심이 이 스마트계약에 있다. 이 화폐는 놀랍게도 그 자체가 컴퓨터이기 때문에 프로그래밍 기능을 지녔다. 매달 정해진 날짜에 자동으로 월세가 나가도록 코딩할 수 있다. 구내식당, 구내약국 또는 구내서점에서만 결제되도록 부모가 코인에 코드를 담을 수 있다. 현명한 부모를 속여 자녀가 용돈을 받아도 술집에서 그 돈이 거절되게 하는 방법이 있다. 그래서 분산금융 시대가 본격적으로 시작되면 코딩 능력이 부족한 고객은 금융 문맹 수준의 고단한 삶을 살아야 한다.

물가 안정과 고용 확대를 위해 중앙은행이 지폐를 찍어냈지만, 그 효과가 미미할 때가 많았다. 많은 현금이 유통되지 않고 장롱 밑에서 주무셨기 때문이다.

전통금융에서는 마이너스 금리를 적용하는 게 사실상 불가능했다. 분산금융에서는 마이너스 금리를 실현해 화폐의 유통 속도를 높일 수 있다. 한 달 이상 쓰이지 않는 화폐의 액면 가치를 1%씩 사라지게 한국은행이 코딩할 수 있다. 실비오 게젤(Silvio Gesell)이 제안한 감가(減價)화폐(demurrage currency) 또는 체화화폐는 이렇게 구현된다.

자신이 담보로 맡긴 비트코인을 안전하게 돌려받을 수 있는지 알아보려면 코드를 세밀하게 살펴야 한다. 그렇지만 누구나 코드를 잘 다룰 수 있는 게 아니다. 그래서 법원 앞에 법무사가 있듯이 코드를 다루는 전문가가 필요하다. 그 전문가들이 스마트계약으로 스마트폰 속의 지갑을 개인의 전용 은행으로 만들었다. 그 손안의 은행이 알아서 좋은 조건으로 대출을 받고 이율이 높은 유동성 풀을 찾아 스스로 코인을 예치한다.

중앙은행이 발행하는 디지털 화폐(CBDC)가 나오면 시중은행의 명암이 갈릴 것이다.

고객은 손안의 은행인 지갑을 통해 CBDC를 바로 송금하고 최소 비용으로 최대 이익을 실현하는 코드를 돌려 자금의 관리부터 투자까지 모든 금융업무를 맡길 것이다. 이렇게 되면 기존 은행의 존재 이유를 찾기 어렵다.

중앙은행조차 CBDC 발행 이후 시중은행의 역할 축소를 우려하고 있다. 그렇지만 기업 대상의 장기자금 공급, 증권이나 채권 발행을 통한 유동성 확보, 신용장 개설 같은 보증 기능 수행으로 여전히 시중은행이 할 일이 많다.

그런데 인터넷은행이 출현하면서 시장 일부를 잠식한 것보다 '유니스왑'이나 '컴파운드' 같은 분산금융 기관이 정식으로 금융업 면허를 받으면 그로 인한 충격의 강도는 훨씬 더 클 것이다. 그 쇼크를 줄이고 경쟁력을 갖추려면 은행은 분산금융, 특히 코드에 주목할 필요가 있다. 스마트계약 시대의 주역에 금융 권력이 집중되리라는 것은 명약관화하다.

물론, 정부가 분산금융의 진입을 늦출 수는 있다. 각종 규제로 발목을 잡아 분산금융의 확산을 막을 수 있지만 완전히 막는 것은 불가능하다. 영국에서 적기조례가 자동차의 시장 진입을 막고 마부들의 삶을 지켜주려 했었다. 그런데 결국 마부는 사라졌고, 택시 운전사가 등장했는데, 자율주행 자동차가 등장하면서 그 운전사마저 사라질 것처럼 보인다. 이와 마찬가지로 분산금융, 스마트계약은 시장에 안착할 것이다. 최근 FATF가 분산금융도 가상자산사업자라며 규제할 수 있음을 시사했다. 다오는 완전히 스마트계약에 의해 움직인다. 다오를 어디까지 규제할지 궁금하다.

5.8 새로운 희망

가상화폐는 기존의 금융시장에서 소외된 사람들에게도 기회를 제공한다. 예를 들어 외국인 노동자 가운데 상당수는 불법 취업자라서 은행 계좌 개설이 어렵다. 그래서 본국의 가족에게 송금하는 것이 여간 번거로운 게 아니다. 노동자들이 힘들게 벌어 중간 브로커들의 배를 불려주고 있다. 만일 급여를 USDC 같은 스테이블코인으로 받는다면 노동자는 상대적으로 적은 비용으로 송금할 수 있고 가족은 본국에서 자국 화폐로 바꾸면 된다. 엘살바도르가 비트코인을 법정화폐로 정한 이면에는 해외에서 노동자들이 본국으로 송금할 때 겪는 장벽에 대한 저항도 반영되어 있다.

이처럼 가상화폐 거래소는 사실상 은행 기능을 하고 있다. 그렇지만 가상화폐 거래소는 은행으로서의 규제를 받지 않았다. 그러니 금융 소비자들을 위해서라도 적정한 규제가 필요하다. 또한, 가상화폐는 화폐와 증권의 속성을 모두 지니고 있어서 당연히 이들 거래소는 은행과 증권거래소의 양면성을 띤다. 그래서 마진거래 등 다양한 서비스를 제공하는 가상화폐 거래소도 있다. 그래서 한국에서도 특금법으로 거래소들을 신고하게 했고 제도권으로 진입을 시키고 있다.

미국의 가상화폐 거래소로 코인베이스라 불리는 코인베이스 글로벌은 2012년 설립되었다. 코인베이스는 미국에서 가상화폐 거래금액이 제일 많으며 인증을 마친 사용자가 무려 5,600만명이다.

코인베이스 글로벌의 나스닥 상장이 세간의 주목을 받고 있다. 코인베이스는 본격적인 미래형 종합금융기관으로서 상징성을 지니고 나스닥에 입성했다. 코인베이스가 후일 골드만삭스나 로스차일드까지 위협할 금융 공룡이 될 수 있다는 점을 예견하는 사람들이 거의 없다는 게 참 신기할 따름이다.

아무튼 미국의 또 다른 가상화폐 거래소인 크라켄도 2022년 나스닥 상장을 준비한다고 알려졌다. 그렇다면 한국의 업비트나 빗썸의 나스닥 상장도 시간문제다.

업비트의 거래량이 코인베이스보다 4배나 많다. 빗썸은 코인베이스보다 약간 적지만 크라켄에 비해서는 약간 많다. 그러니 업비트나 빗썸이 나스닥 문을 두드린다고 해도 조금도 이상하지 않다.

쿠팡이 나스닥에 상장하면서 국민이 한껏 꿈에 부풀었다. 어느 장관이 쿠팡은 미국 기업이라고 말했지만 한국에서 성장한 기업도 나스닥에 좋은 조건으로 상장될 수 있다는 것을 깨우쳤다. 그 와중에 코인베이스가 가상화폐 거래소로는 처음 나스닥 문을 열어젖혔다.

그렇다면 정부는 업비트나 빗썸이 나스닥에 상장될 수 있게 도와야 한다. 코인베이스는 연방예금보험공사(FDIC)를 통해 고객이 예치한 현금에 대해 25만달러까지 책임진다. 다만 가상화폐는 현금이 아니라서 FDIC의 보호를 받지 못한다. 그렇다면 한국의 가상화폐 거래소도 예금보험공사의 보호를 받을 수 있어야 한다. 코인베이스를 따라잡으며 한국이 디지털 월스트리트의 중심 국가로 우뚝 섰으면 한다.

5.9 이자농사

성경에 다섯 달란트 이야기가 있다. 현대판은 이렇다. 주인이 세 하인에게 다섯, 둘, 하나의 코인을 각각 맡겼다. 한 하인이 다섯 개의 코인으로 장사를 하여 또 코인 다섯을 남겼다. 다른 하인도 그리하여 또 두 개를 남겼다. 마지막 하인은 유동성 풀에 코인을 묻어두고 '이자농사'를 해 더 많은 코인을 남겼다. 주인이 돌아와 모든 하인을 다 칭찬했지만 특히 투자를 잘해 큰 이익을 남긴 것을 자랑스러워했다.

더 많은 코인을 받은 두 하인은 노동소득으로, 코인 하나를 받은 하인은 자본소득으로 이익을 얻었다. 노동소득은 받은 코인의 수에 비례하여 이익이 증가한다. 분산금융에서 자본소득은 코인 수에 반드시 비례하는 것은 아니다.

이자농사는 2020년에 '컴파운드 파이낸스'라는 분산자율조직(DAO)이 선보인 새로운 금융기법이다. 코인을 빌려주는 예치자와 코인을 빌리는 차입자에게 모두 보상 이자를 주는 이자농사라는 '신박한' 발상을 들고 나왔다.

가입자 수가 많은 구글이나 페이스북, 카카오를 성공한 기업이라고 평가한다. 아무리 서비스가 뛰어나도 가입자가 없으면 그 서비스는 사라진다. 그래서 가입자를 모으려고 업체들이 마케팅 비용을 쓴다. 컴파운드는 토큰인 COMP를 보상 이자라는 명목으로 뿌려 가입자를 모았다. 보상 이자를 현금도 아니고, 비트코인도 아니고, 내재가치가 전혀 없는 '듣보잡' COMP로 줬다. 이를 두고 봉이 김선달보다 더한 거 아니냐며 기성

세대가 혀를 찼다. 그게 기성세대의 한계다.

고객은 뭔가를 받으면 기뻐한다. 그게 쓰잘데기 없어 보이는 COMP 같은 토큰이든 '참 잘했어요' 스티커이든 따지지 않는다. 고객이 알아서 무용하면 버리고 유용하면 챙긴다. COMP는 2021년 7월 31일 현재 하나에 403달러에 거래되고 있다.

경제원칙은 최소비용으로 최대효과를 얻는 것이다. 컴파운드는 자체적으로 찍어낸 코인을 뿌려 최소비용으로 영업을 했다. 보상 이자를 노리는 투자자들이 물밀듯이 몰려와 순식간에 분산금융 시장에서 선두로 치고 올라왔다. 고객이 예치한 암호화폐의 가치(TVL)가 88억 달러에 이른다. 컴파운드는 분산금융의 원조라고 할 수 있는 메이커를 제쳤고 TVL 150억 달러의 아베(Aave)에 이은 2위다.

투자자들은 코인 가격이 단기적으로 크게 출렁거려도 괘념치 않는다. 결국은 가격이 오를 거라고 믿고 팔지 않는다. 코인을 붙들고 있다고 해서 얻을 인센티브가 없다. 그 코인을 유동성 풀에 예치하면 보상 이자라는 자본소득이 인센티브로 주어진다.

보상 이자 말고 약정 이자도 있다. 약정 이자는 자동으로 결정되므로 선택만 하면 된다. 다이의 예탁 이자는 연리 2.68%, 차입 이자는 4.31%이다. 코인을 사고팔 시점에만 집중하며 이자농사의 존재를 모르는 이들이 안타깝다.

2017년 케이틀린 롱이 모교인 와이오밍 대학의 여성 엔지니어들에게 비트코인으로 장학금을 기부하려고 했다. 그런데 주의 은행법 때문에 이 대학이 기부를 받아들이지 못했다. 그래서 그녀는 법을 탓하는 대신 와이오밍의 법을 바꾸기로 마음을 먹었다.

그녀는 살로몬 브라더스, 크레디트 스위스, 모건 스탠리 등에서 22년간 경험을 쌓고 2016년 월 스트리트를 떠나 2018년까지 기업용 블록체인 벤처기업인 심바이온트의 회장으로 일했다. 이후 2020년까지 롱은 와이오밍이 20개의 블록체인 친화적인 법률을 제정하는 데 함께 했다.

그 결과 암호화폐 거래소 크라켄, 블록체인 플랫폼 카르다노, 지불 프로토콜 회사인 리플 랩스 등이 와이오밍에 주목했다. IOHK가 하버드, MIT, 코넬을 제치고 와이오밍 대학의 블록체인 랩에 130만 달러 상당의 카르다노를 기증했다. 와이오밍 은행위원회가 크라켄의 특수목적예금기관(SPDI) 신청을 승인했다. 리플이 와이오밍에 자회사를 설립했다.

와이오밍은 2019년 입법을 통해 SPDI 은행 설립의 근거를 마련했다. 디지털 자산을 취급하는 SPDI 은행은 와이오밍에서 예금 업무, 신탁자산 관리 등의 영업을 할 수 있다. 다만, 대출은 허용되지 않는다.

크라켄이 전액 출자한 크라켄 은행이 2020년 9월 와이오밍에서 인가를 받은 첫 번째 SPDI 은행이다. 한 달 후 아반티 은행이, 금년 6월에는 WDT가 인가를 받았다.

금년 7월에는 아메리칸 크립토페드라는 분산자율조직(DAO)이 와이오밍에서 승인되었다. 이는 미국 증권거래위원회(SEC)의 헤스터 피어스가 제안한 '토큰 세이프 하버 제안'에 따라 스테이블코인 듀캣(Ducat)과 거버넌스 코인 로크(Locke) 등 두 종류의 코인을 발행한다.

이런 과정을 거쳐 와이오밍은 크립토 친화적인 주가 되었다. 와이오밍에서 일자리 창출, 주민 소득향상 등 어느 정도의 성과가 달성될지 모른다. 그러나 텍사스주 등이 와이오밍을 벤치마킹한다는 데 주목하자.

스위스의 크립토 밸리도 크립토 친화적이다. PwC의 자료에 따르면 금년 2월까지 크립토 밸리의 관련 기업 수는 960개로 늘었고, 5,184명의 고용이 이루어졌다. 이더리움, 카르다노, 폴카닷 등 유니콘 기업이 11개나 된다.

부산이 블록체인 특구로 지정되었다지만 특구다움을 체감할 수 없다. 부산시 의회가 지난해에 겨우 블록체인 전문인력 양성, 활용 분야 발굴 및 기술지원, 민관협력체계 구성 등을 골자로 하는 조례를 만들었을 뿐이다.

특구 사업에 정부의 예산이 투입되었기 때문에 오히려 암호화폐의 '암'자도 꺼내지 못하는 게 현실이다. 그러다 보니 예산 따먹기식 사업으로 전락했다는 평가다.

한국의 금융위원회는 '토큰 세이프 하버 제안' 같은 중재안을 낼 생각은 눈곱만큼도 하지 않는다. 오히려 보이지 않는 칼자루를 쥐고 암호화폐 산업의 싹을 자르려 한다.

부산 블록체인 특구는 와이오밍과 스위스처럼 진취적이어야 한다. 디지털 월스트리트는 저절로 만들어지지 않는다.

<참고문헌>

1. J. C. Rochet and J. Tirole, "Platform competition in two-sided markets," Journal of the European Economic Association, vol. 1, no. 4, pp. 990–1029, 2003.
2. https://fortune.com/the-ledger-40-under-40/2018/
3. L. Petram, The World's First Stock Exchange, Columbia University Press, 2014.
4. https://www.investopedia.com/terms/h/howey-test.asp
5. L. Petram, The World's First Stock Exchange, Columbia University Press, 2014.
6. https://consensys.net/blog/news/programmable-blockchains-in-context-ethereum-smart-contracts-and-the-world-computer/
7. https://en.wikipedia.org/wiki/Turing_completeness
8. https://blog.qtum.org/the-ethereum-virtual-machine-def21fdc8953
9. https://www.cnbc.com/2016/05/17/automated-company-raises-equivalent-of-120-million-in-digital-currency.html
10. https://www.nytimes.com/2016/05/28/business/dealbook/paper-points-up-flaws-in-venture-fund-based-on-virtual-money.html
11. https://www.gemini.com/cryptopedia/aragon-crypto-dao-ethereum-decentralized-government
12. J. Kauflin, "Why everyone in crypto is talking about DeFi," Forbes, 2019. "It's called DeFi, short for decentralized finance—it's the notion that crypto entrepreneurs can recreate traditional financial instruments in a decentralized architecture, outside of companies' and governments' control."
13. L. Gudgeon, D. Perez, D. Harz, B. Livshits, and A. Gervais, "The decentralized financial crisis," arXiv, 2020. "a peerto-peer financial system, which leverages distributed ledger-based smart contracts to ensure its integrity and security"
14. A.-D. Popescu, "Decentralized finance (DeFi) – The lego of finance," Social Sciences and Education Research Review, 2020. "DeFi, also referred to as 'Open Finance', is a set of Blockchain/DLTbased financial services and applications intended to augment or replace the currently existing financial system, which is comparatively referred to as 'Centralized Finance'."
15. N. Roubini, "Why central bank digital currencies will destroy bitcoin," The Guardian, 2018. "The main problem with CBDCs is that they would disrupt the current

fractional- reserve system through which commercial banks create money by lending out more than they hold in liquid deposits."

16.H. J. Kim, "Cryptocurrency transforming economics into engineering," Korea IT Times, 2020.

17.용어가 주는 어감 때문에 '공개시장조작' 대신 '공개시장운영'으로 부르고 있다.

18.S. Gesell, The Natural Order, Peter Owen Ltd., London, 1958. "Only money that goes out of date like a newspaper, roots like potatoes, rusts like iron, evaporates like ether, is capable of standing the test as an instrument for the exchange of potatoes, newspapers, iron and ether. For such money is not preferred to goods either by the purchaser or the seller. We then part with our goods for money only because we need the money as a means of exchange, not because we expect an advantage from possession of the money. So we must make money worse as a commodity if we wish to make it better as a medium of exchange."

19.https://widgets.weforum.org/techpioneers-2020/makerdao/ "MakerDAO is a decentralized organization dedicated to bringing financial stability and transparency to the world economy. It creates an inclusive platform for economic empowerment and unlocks access to the global financial marketplace for all. MakerDAO enables the generation of Dai, an unbiased currency and leading decentralized stablecoin. Dai eliminates volatility through an autonomous system of smart contracts, as well as through decentralized community governance."

20.DAI는 달러에 연성 연동(soft-pegged)되어 있어서 교환가치가 고정환율(fixed exchange rate 또는 hard-pegged exchange rate)과 변동환율(floating exchange rate)의 중간 정도의 변동 한계 내에서 가치를 고정시킨다.

21.Collateralized Debt Position의 약자인데 이 용어가 전통적인 금융시장의 상품과 같은 의미를 지녀 분산금융상품이라는 느낌을 주지 않기에 메이커다오는 볼트(vault)라는 용어로 대체하기로 했다.

22.stability fee를 이자라고 부르며, 이자율은 2019년 초에는 0.5%였다가 중반에는 20.5%에 달했으나 2020년 중반부터는 8.5%를 유지하고 있다. 이자율은 메이커다오 거버넌스 시스템에서 투표로 결정된다. 이자율에 대한 통계는 https://mkr.tools/governance/stabilityfee에서 확인할 수 있다.

23.https://blog.makerdao.com/the-vital-role-of-the-dai-debt-ceiling-in-the-maker-protocol/

PART 01

NFT, 디파이가 쓰일 메타버스 세상 / 백남정

PART 02

블록체인이 바꿔 놓은 NFT 비즈니스 시장 / 박상민

PART 03

NFT 블록체인 예술을 만나다 / 강신범

PART 04

NFT와 블록체인에 대한 알아 두면 좋은 상식 / 임명수

PART 05

분산금융의 이해 / 김형중

PART 06

가상자산·NFT·메타버스의 법률 이슈 / 김주은

6. 가상자산·NFT·메타버스의 법률 이슈

가상자산·NFT·메타버스와 같은 새로운 신기술 분야에 대하여 다양한 법률 이슈가 있을 것 같은데, 이에 대해 명쾌한 해답을 주는 경우는 많지 않은 것 같습니다. 가상자산·NFT·메타버스라는 것 자체가 기존에 우리가 일상 생활에서 각종 불합리하거나 과도한 규제에 대한 반작용으로, 기존의 규제에서 벗어나고자 하는 시도에서 발전된 측면이 있다 보니, 가상자산·NFT·메타버스 등의 신기술에 바로 적용되는 기존 법률이 없는 것은 어쩌면 당연한 일일 수도 있을 것입니다.

가상자산·NFT·메타버스 등 신기술에 대해서 기존의 법률이 적용되는 것인지, 어떤 범위에서 적용되는 것인지 여부에 대해서 1차적인 해석을 해 주어야 하는 중요한 역할을 담당하고 있는 정부의 공무원들은 공무원들 특유의 책임질 일은 가급적 하지 않으려는 습성으로 인하여 처음에는 가상자산·NFT·메타버스 등이 자신이나 자기가 속한 감독당국의 소관 사항이 아니라고 하면서 피하다가 정부의 높으신 분들이 특정 담당 부처를 콕 찍어서 "때려잡으라"는 임무를 부여하면 그 때부터 폭주 기관차처럼 한풀이하듯 과도하게 강력한 규제를 토해 내는 경우가 많은 것 같습니다.

가상자산·NFT·메타버스 등 신기술 분야에서 새로운 사업을 펼치려는 스타트업 기업들은 처음에는 아무도 자신의 사업에 어떠한 법률이나 규제가 적용되는지 이야기해주지 않고 있다가 해당 스타트업 기업의 사업이 대중들로부터 호응을 받아 사업이 크게 성장하면, 갑자기 감독당국에서 기존 법률의 규제를 들이대면서 법률 위반을 문제삼는 경우는 수도 없이 많을 것 같습니다. 타다 서비스가 택시 업계의 반발에 갑자기 법률까지 개정되면서 사업을 접어야 했고, 수많은 가상자산 거래소들이 은행으로부터 실명확인 입출금계정을 받지 못해 원화 입출금 거래가 원천적으로 봉쇄되었고, 특히 가상자산 거래소에 대해서는 ISMS 인증을 부여하는 것이 매우 엄격해졌기 때문에 새로운 가상자산 거래소가 탄생하는 길은 사실상 막혀 버린 상황입니다.

2021년 10월에 경제부총리가 국회 국정감사에서 NFT는 가상자산이 아니라는 발언을 한지 한달도 지나지 않아 바로 금융 감독당국에서 NFT도 가상자산으로 인정하고 2022년부터는 NFT로 인해 발생된 수익에 대해서도 과세가 되어야 한다고 발표를 할 정도이니, 가상자산·NFT·메타버스 등 신기술을 이용한 사업을 하려는 기업들은 어차피 하루 아침에도 바뀔 수 있는 법률 규제를 지키려고 노력하기 보다는, 그냥 무모할 정도로 용감하게 법률이나 규제를 무시하고 사업을 강행하는 경우가 생기는 것도 어쩔 수 없는 면이 있다고 생각합니다.

그래도 법률이나 규제를 완전히 무시하기가 어려워 주변의 변호사를 찾아가서 가상자산·NFT·메타버스 등 신기술 분야의 법률 이슈에 대해서 법률 자문을 받아보면, 속 시원하게 확실한 답변을 주는 변호사를 찾기는 매우 어려운 것도 현실입니다. 변호사들의 법률 지식이라는 것이 기존의 법령과 그 하위 행정규칙의 내용, 이러한 법규들에 대한 법원의 판례나 감독당국의 유권해석 또는 실무 적용 사례 등에 대한 지식인데, 가상자산·NFT·메타버스 등의 신기술 분야에는 대부분의 변호사들이 참고할 만한 법규나 판례, 유권해석 등이 없는 경우가 대부분이고, 아직 이러한 신기술 분야의 법률 문제가 현실화된 사례조차 없는 경우가 많기 때문일 것입니다.

대부분의 변호사들은 또 자신이 법률 전문가라는 자부심을 가지고 있기 때문에, 10개의 질문에 대한 10개의 답변을 할 경우, 차라리 10개의 질문 모두에 대해서 애매 모호한 답변을 해서 답변을 회피하는 한이 있더라도 1개의 질문에 대해서라도 틀린 답을 말하면 안 된다는 생각을 가지고 있습니다.

특정한 가상자산·NFT·메타버스 등 신기술을 이용한 구체적인 서비스가 법령에 위반될 가능성이 있는지 여부를 물어보면 상당수의 변호사들은 "법령에 위반될 가능성이 전혀 없다고 단정할 수 없다"는 정도의 추상적인 답변을 하거나, "감독당국에 유권해석을 받아 볼 필요가 있다"는 등으로 명확한 답변을 피하는 것이 보통일 것입니다.

현실이 이렇다 보니, 가상자산·NFT·메타버스 등 신기술 분야에서 새로운 사업을 하려는 기업들은 변호사들을 답답한 사람들이라고 생각하고, 변호사들이 사업을 키우는 데 그다지 도움이 되지 않는다고 생각하는 경우가 많은 것 같습니다.

저는 이 책에 저자로 참여하면서, 가상자산·NFT·메타버스 등 신기술 분야의 전문 변호사로서 글을 쓰기 보다는, 용감하고 상상력이 풍부한 변호사로서 가상자산·NFT·메타버스 등 신기술 분야에 적용될 수 있는 법률 이슈에 대하여 과감하게 기술을 해 보고자 합니다.

제가 기술한 법률 이슈에 대한 분석이나 설명 중에 비록 부정확한 설명이나 심지어 틀린 내용도 있을 수도 있겠지만, 모든 것이 불명확하고 확실하게 정해진 것이 없는 가상자산·NFT·메타버스 등 신기술 분야의 법률 규제에 있어서 용감하게 자신의 의견을 밝히는 변호사도 많지 않은데, 망신이나 창피를 당할 것을 두려워하지 않고 저의 개인적인 의견을 분명하게 제시함으로써 저의 생각을 많은 독자들과 나누고, 저보다 다른 생각을 가지고 계신 분이나 저보다 더 나은 식견을 가지고 계신 분의 비판과 지도를 통하여 제가 한단계 더욱 성장할 수 있는 기회가 될 것이라 기대하면서, 가상자산·NFT·메타버스와 관련된 법률 이슈들을 집필하게 되었습니다.

여기에서 설명된 다양한 내용의 법률 이슈에 대해서 추가적인 설명이 필요하시거나, 혹은 저의 짧은 지식이나 부족한 식견을 보충해 주실 귀한 의견을 전해주실 분께서는 언제든지 법무법인 린의 제 공식 이메일인 zukim@law-lin.com으로 연락 주시면 언제든지 환영하는 마음으로 감사히 의견을 받겠습니다.

6.1 NFT의 저작권 이슈

먼저 솔직히 독자들께 고백할 말씀이 있는데, 저는 금융 분야를 전문으로 하던 변호사이고, 지적재산권과 관련한 전문 변호사는 아닙니다. 4년간 인터넷전문은행인 케이뱅크에서 근무한 인연으로 핀테크나 자금세탁방지와 관련한 자문도 많이 하고는 있습니다만, 저작권 등 지적재산권에 대해서는 로스쿨을 갓 졸업한 새내기 변호사 정도의 기초적인 법률지식 밖에는 없는 것이 사실입니다.

정상적인 변호사라면, 저작권 등 지적재산권 분야 전문이 아니라면 변호사 이름을 달고 글을 쓰지 않는 것이 맞는데, 출판사 사장님이 요즘 독자들이 NFT의 저작권 이슈에 대해서 워낙 관심들이 많으시니 NFT의 저작권 이슈에 대한 글을 반드시 첫번째로 넣어야 한다고 강력하게 주장하셔서, 울며 겨자 먹는 심정으로 NFT의 저작권 이슈에 대한 글을 첫번째 장으로 쓰게 되었는데, "변호사로서 전문가인 척 공저자로 참여해 놓고 너무 뻔뻔한 것 아니냐"고 항의하셔도 정말 변명드릴 말씀이 없는 것이 사실입니다.

다만, 저의 부친이 한국저작권위원회 위원으로도 활동하셨고, 2007년경에 인터넷에서 소설 등의 저작권을 침해하는 이용자를 저작권법 위반으로 고소하면서 합의금을 받기로 악명이 높았던 "법무법인 솔로몬"의 대표변호사로 이름을 올려 놓으셨었는데, 제가 새내기 변호사 시절에 저의 친한 친구 중에서도 "법무법인 솔로몬"으로부터 연락을 받고 저에게 도움을 요청한 친구가 몇명 있어서 저작권법의 무서움에 대해서는 다소 이른 시기에 경험을 할 기회를 얻었습니다. "저작권"은 특허권이나 상표권 등과 같이 저작권의 구체적인 내용이 사전에 어떠한 관청에 등록되어 있지 않고, 그저 저작물을 창작한 저작자가 갖게 되는 불명확한 권리입니다.

물론, 음악저작권과 같은 특수한 저작권은 한국음악저작권협회 등의 사단법인에서 철저하게 관리를 하여 음악저작권을 상당히 엄격하게 지키는 경우도 있기는 하지만, 작곡가들 사이에서 표절 시비가 자주 발생하는 것도 어느 특정한 음악이 다른 음악의 저작권을 침해하는지 여부에 대해서 객관적인 판단 기준이 명확하지 않기 때문이지 않나 추측됩니다.

특허권이나 상표권은 어떤 특허권이나 상표권을 등록하기 위하여 신청하면, 먼저 그와 유사한 특허권이나 상표권이 있는지 여부를 먼저 심사하여, 유사한 특허권이나 상표권이 먼저 등록되어 있으면, 해당 특허권이나 상표권의 등록을 받아들이지 않으며, 설령 심사 과정에서 먼저 등록된 유사한 특허권이나 상표권이 있다는 사실을 발견하지 못하여 특허권이나 상표권의 등록이 되었다고 하더라도, 나중에 먼저 특허권이나 상표권 등록을 한 특허권자나 상표권자가 나중에 등록된 특허권이나 상표권의 무효를 주장할 경우, 나중에 등록된 특허권이나 상표권을 무효화할 수도 있습니다. 당연히 개별적인 특허권이나 상표권마다 등록번호가 있고, 등록일자를 누구나 명확히 확인할 수 있습니다.

그런데, 저작권은 개별적인 저작권에 등록번호가 있는 것도 아니고, 등록일자가 있는 것도 아니므로, 어떠한 글이나 사진, 그림, 동영상 등과 관련하여 누구에게 저작권이 있는 것인지, 언제 저작권이 발생된 것인지 확인이 어렵습니다. 그러다 보니, 저작권은 우리 주변에서 저작권이 무시되는 경우가 어렵지 않게 발생하고 있고, 저작권 침해 행위도 개인적인 범위에서 소규모로 이루어지는 경우에는 대부분 별다른 제재 없이 그대로 넘어가는 경우가 많습니다.

웹하드나 P2P 서비스를 통해서 영화나 드라마, 음악 등을 불법 다운로드하는 등 명백한 저작권 침해행위도 있지만, “짤”이나 “짤방”이라고 하는 명목으로 글이나 동영상 중간에 다른 저작자의 사진, 그림, 동영상을 삽입하는 행위나, 유튜브 등의 채널에서 음악 저작권자의 동의를 받지 않고 가요를 부르거나 음악을 연주하는 등의 행위 등 엄밀히 말하면 저작권 침해에 해당될 수 있지만, 워낙 광범위하게 저작권 침해가 벌어지다 보니 저작권자가 일일이 대응을 하지 못하여 방치되고 있는 경우도 있습니다.

최근에 언론사 중에서는 자사의 보도기사 문구를 인터넷으로 검색하여 자사의 기사 문구를 홈페이지에 올려 놓은 기업들을 상대로 저작권법 위반으로 고소하겠다고 하면서 합의금을 요구하는 경우도 있어, 언론사의 기사를 홈페이지에 올릴 필요가 있을 때에는 기사 내용을 그대로 옮기지 말고 요약 내지 수정하여 홈페이지에 올리거나 해당 언론사의 기사를 링크하는 방식으로 올려야 할 필요가 있다고 합니다.

저도 이 책의 NFT의 저작권 이슈 부분을 작성하기 전에는 여러 언론사의 기사를 스크랩하여 삽입하면서, 언론사와 기자 등 출처를 명확히 표시하는 정도의 성의를 보이면 문제가 없을 것이라고 생각했었는데(솔직히 이 책을 돈 주고 구입하는 독자는 많지 않고, 그냥 다 저자들이 선물하는 책을 받아 보는 독자들이 훨씬 많을 것 같아, 이 책에 기사를 사진으로 삽입하는 것이 “상업적 이용”이 아니라고 주장해 볼 수 있지 않을까 하는 기대도 있었습니다만...) 판매되는 출판물에 언론사 기사를 스크랩한 사진을 삽입할 경우, 저작권법 위반에 해당될 수밖에 없다는 점을 알게 되면서 언론사의 기사를 스크랩한 내용을 모두 삭제할 수밖에 없었습니다.

이렇게 저작권법은 우리 주위에서 자주 무시되고, 무시하고 살아도 대부분 아무 문제없이 잘 살아 가고 있지만, 그렇다고 아주 무시하기에는 뭔가 께름칙한 면이 있는 불편함을 주는 법이라고 생각됩니다.

저작물을 NFT를 통하여 판매하거나 거래하는 경우에도, 저작권법의 께름칙한 불편함은 동일하게 적용된다고 생각하셔야 할 필요가 있습니다. 순수한 창작물이 아닌 다른 저작자의 저작물을 이용하거나 응용하여 만든 NFT의 경우에는 다른 저작권자가 저작권법 위반으로 “걸면 걸리는” 불안한 위치에 놓일 수밖에 없다는 점을 유념하셔야 할 것입니다.

다른 저작자의 저작물을 NFT를 통하여 판매하거나 거래하는 규모가 소규모인 경우에는 저작권자가 이를 문제 삼을 가능성이 높지 않아 넘어갈 것을 기대해 볼 수 있겠지만, NFT 판매를 통하여 어느 정도 유명세를 얻거나, 수익을 얻게 될 경우, 사후적으로 저작권자가 저작권법 위반으로 걸면, 저작권법 위반에 따른 법적 책임을 부담할 수 밖에는 없게 될 것입니다.

NFT를 통하여 제대로 저작물을 판매하고자 하는 사람이라면, (i) 저작물을 100% 본인의 창작에 의하여 제작하거나, (ii) 저작물에 사용된 저작물의 저작권자에게 미리 승인을 얻거나, (iii) 저작권 보호기간이 종료된 저작물만을 사용한 저작물을 NFT를 통하여 판매하는 방법 정도가 선택가능한 선택지 아닌가 생각됩니다.

저작권은 저작권자가 개인인 경우에는 원칙적으로 저작자가 사망한 후 70년이 경과할 때까지 보호되고, 업무상 저작물이나 영상저작물은 대개 공표한 시점부터 70년간 보호되므로, 저작자가 사망한 후 70년이 경과한 고전 작품이나, 공표된 후 70년이 경과한 고전 영화나 업무상 저작물을 사용한 저작물을 NFT를 통하여 판매하는 것은 가능할 것으로 보입니다.

다만, 미키마우스는 1928년에 "증기선 윌리호(Steamboat Willie)" 영화를 통하여 공표되어 "증기선 윌리호" 영화 자체의 저작권은 1998년에 보호기간이 종료되었으나, 미키마우스 자체가 상표권 등록이 되어 있기에 "증기선 윌리호" 영상을 사용하여 제작한 저작물까지 미키마우스의 상표권 침해에 해당될 수 있는 등 공표된 후 70년이 경과하였다고 하여 무조건 마음대로 이를 사용할 수 있는 것도 아니라는 점을 유의하셔야 합니다.

현재 저작물 유통시장이 "걸면 걸리는" 불편한 불안감을 완전히 벗어나지 못한 상황에서 유지되고 있는 것과 마찬가지로, NFT의 저작권 이슈도 저작권자가 저작권 침해를 주장하면서 저작권법 위반으로 걸 경우에 어쩔 수 없이 저작권자의 공격에 시달릴 수밖에 없게 된다는 점을 유념하여, 타인의 저작권을 침해하지 않는 저작물만 NFT로 판매하는 것을 기본 원칙으로 생각하셔야 할 것입니다.

6.2 우리나라 자금세탁방지 시스템 운영의 현실

우리나라 사람들의 대부분은 자금세탁(Money Laundering) 행위나 자금세탁방지 관련 규제에 관하여 크게 의식하지 않고 하루하루를 살아가고 있습니다.

가끔 김제 외딴 시골의 마늘밭에서 111억원의 5만원권 현금 다발이 발견되기도 하고, 국내 시중은행들의 미국 지점이 자금세탁방지법 위반 혐의로 미국 정부로부터 천문학적인 금액의 벌금을 부과받았다는 뉴스가 나오기는 하지만, 이는 먼 세상의 이야기이고 나와는 전혀 혹은 거의 상관이 없다고 생각하는 사람들이 대부분입니다.

과연 그럴까요? 정말 자금세탁이 우리의 일상생활과는 별로 상관없는 것일까요? 사실, 자금세탁 또는 자금세탁방지 관련 규제는 우리의 일상생활, 특히 금융생활에 있어서 밀접한 관계를 가지고 있습니다.

업비트·빗썸·코인원·코빗 등 4대 거래소 이외의 수많은 중소 거래소들이 은행의 실명확인 입출금 계정 서비스를 받지 못해 원화 마켓 서비스를 종료하고 코인 마켓만 유지하게 된 것, 중국에서 가상자산 거래를 강력히 처벌하겠다고 발표하거나 강력한 단속을 벌이는 등 각국 정부에서 가상자산 관련 규제를 강화할 때마다 가상자산의 가격이 심하게 출렁이는 것, 과거에는 시중은행들의 자동화기기를 통한 현금인출이 1일 3,000만원까지도 가능했는데 자동화기기 1일 현금인출 한도가 600만원으로 축소된 것, 은행에서 계좌를 신규로 개설할 때 한도제한 계좌로 개설하여 1일 거래 금액을 30만원 정도의 소액으로 제한하면서 한도제한을 풀기 위해 복잡한 서류를 요구하는 것, 미성년 자녀 명의의 은행 계좌 개설이 극히 까다로운 것 등이 자금세탁방지를 위한 규제의 결과입니다.

이렇듯, 자금세탁방지를 위한 규제는 우리의 일상생활에 가까이 있지만, 의외로 "자금세탁"이라는 용어가 우리 일상생활에서는 별로 쓰이지 않고, 다른 나라의 일이나 나와는 큰 상관이 없는 남의 일처럼 느껴집니다.

"자금세탁"이라는 용어가 멀게 느껴지는 이유 중의 하나는 자금세탁방지 업무를 처리하는 금융기관, 특히 은행의 자금세탁방지부서 담당자들이 "자금세탁방지" 업무와 관련하여 "비밀보장"을 철저히 한다는 이유로 고객들에게 자금세탁방지 업무에 대하여 상세하게 알리거나 친절하게 안내하는 것에 대해서 극히 소극적이기 때문입니다.

「특정 금융거래정보의 보고 및 이용 등에 관한 법률」(이하 "특금법")에 따르면, 금융회사에 종사하는 사람 등은 직무와 관련하여 알게 된 금융거래정보에 대하여 비밀을 유지하도록 하면서(제12조 제1항), 이를 위반할 경우 5년 이하의 징역 또는 5천만원 이하의 벌금에 처하도록 규정하고 있습니다(제16조 제1호).

위 특금법의 비밀보장 의무와 비밀보장 의무 위반에 대한 처벌 조항을 근거로, 은행의 자금세탁방지부서 담당자들은 자금세탁 관련 업무의 처리에 관하여 고객들에게 거의 안내를 하지 않고 불친절하게 업무를 처리하는 것이 관행으로 굳어진 것으로 보입니다.

심지어 은행의 자금세탁방지부서 담당자들은 자금세탁 관련 업무에 관해서는 은행의 다른 동료나 상사, 심지어는 경영진에 포함되어 있는 사외이사들에 대해서까지도 비밀을 유지해야 한다고 생각하고 있는 경우가 많은 것으로 보입니다.

그러나, 사실 특금법 제12조 제1항에 규정되어 있는 이러한 비밀보장 의무는 「금융실명거래 및 비밀보장에 관한 법률」(이하 "금융실명법") 제4조에 규정된 내용과 크게 다르지 않으며, 금융실명법상 비밀보장의무 위반에 대한 처벌도 5년 이하의 징역 또는 5천만원 이하의 벌금으로 동일합니다.

특금법 제14조는 특금법의 일부 조항이 금융실명법 제4조에 우선한다고 규정하고 있는데, 이것이 특금법의 비밀보장 의무가 금융실명법의 비밀보장 의무보다 더 엄격하게 지켜져야 한다는 논리의 근거가 되는 것은 아니지만, 은행 등 금융기관의 자금세탁방지부서 담당자들은 특금법의 비밀보장 의무가 금융실명법의 비밀보장 의무보다 훨씬 더 엄격한 것처럼 실무를 처리하고 있습니다.

그 결과, 은행 등 금융기관의 자금세탁방지 업무에 관하여 고객들이 친절한 안내를 받거나 이에 관한 구체적인 정보를 얻는 것이 사실상 곤란하였던 관행이 오랜 기간 지속되어 왔고, 이에 따라 특금법을 비롯한 자금세탁방지 관련 규제가 우리 일상생활에 적지 않은 영향을 미치고 있음에도 불구하고, 자금세탁방지 관련 규제나 자금세탁에 관한 상세한 정보가 우리에게 거의 제공되지 않아 왔던 것입니다.

우선 우리나라의 자금세탁방지 관련 법규의 체계를 살펴보고, 자금세탁방지 업무의 대부분을 수행하고 있는 금융기관, 특히 자금세탁 장지에 있어서 가장 중요한 역할을 담당하고 있는 은행에서 어떻게 자금세탁방지 업무가 운영되고 있는지 살펴보는 것부터 이야기를 시작해 보고자 합니다.

우리나라 자금세탁방지 관련 법규는 뭐가 있어요?

우리나라 자금세탁방지 관련 법규의 가장 중심이 되는 법률은 역시 특금법인데, 특금법 제2조 제5호는 "자금세탁행위"를 다음 세 가지 행위로 정의하고 있습니다.

가. 「범죄수익은닉의 규제 및 처벌 등에 관한 법률」 제3조에 따른 범죄행위

나. 「마약류 불법거래 방지에 관한 특례법」 제7조에 따른 범죄행위

다. 「조세범 처벌법」 제3조, 「관세법」 제270조, 「지방세기본법」 제102조 또는 「특정범죄 가중처벌 등에 관한 법률」 제8조의 죄를 범할 목적 또는 세법에 따라 납부하여야 하는 조세·지방세를 탈루할 목적으로 재산의 취득·처분 또는 발생 원인에 관한 사실을 가장(假裝)하거나 그 재산을 은닉하는 행위

외국에서는 테러범들의 자금 조달을 차단하는 것이 중요한 만큼, "자금세탁방지"로 번역된 Anti-Money Laundering(AML)과 "공중협박자금조달행위 금지"를 의미하는 Counter-Terrorism Financing(CTF)이 거의 함께 요구되는 것이 일반적인데, 이에 따라 우리나라에도 「공중 등 협박목적 및 대량살상무기확산을 위한 자금조달행위의 금지에 관

한 법률」을 두어 "공중협박자금조달행위"를 자금세탁행위와 함께 규제하고 있습니다.

특금법 제2조 제5호에 규정된 "자금세탁행위"는 결국 (i) 범죄수익의 은닉·가장(가목), (ii) 마약류 범죄수익의 은닉·가장(나목), (iii) 탈세행위(다목)로 요약될 수 있는데, 나목의 마약류 범죄수익도 결국은 가목의 범죄수익의 일부이므로, 나목은 사실 특별한 의미가 없는 항목이고, 가목의 범죄수익을 은닉·가장하면서 100% 세금을 납부하는 경우는 거의 없을 것이므로, 결국 우리나라 특금법상 "자금세탁행위"는 탈세행위와 크게 다르지 않다고 이해하면 될 것으로 보입니다.

탈세행위의 가장 알기 쉬운 형태가 상속세·증여세를 탈세하는 행위이므로, 상속세·증여세 탈세행위에 이용되기 쉬운 금융상품이나 서비스는 자금세탁 리스크가 높은 것이고, 상속세·증여세 탈세행위에 이용되기 어려운 금융상품이나 서비스는 자금세탁 리스크가 높지 않다고 생각하시면 쉽게 자금세탁 리스크의 정도를 이해하실 수 있지 않을까 생각됩니다.

자금세탁방지 업무는 실제로 어떻게 운영되고 있어요?

특금법의 하위 규정으로 금융정보분석원에서 고시한 「자금세탁방지 및 공중협박자금조달금지에 관한 업무규정」에 의하여 우리나라 금융기관들에게 요구되는 자금세탁방지 업무는 크게 (i) 고객확인제도(KYC;

Know Your Customer), (ii) 직원확인제도(KYE; Know Your Employee), (iii) 고액현금거래보고제도(CTR; Currency Transaction Report), (iv) 의심거래보고제도(STR; Suspicious Transaction Report) 등으로 나누어 볼 수 있습니다.

자금세탁방지 업무 담당자들은 AML, CTF, KYC, KYE, CTR, STR 등의 약어 이외에도 위험기반접근(RBA; Risk Based Approach), 요주의인물 필터링(WLF; Watchlist Filtering), 국제자금세탁방지기구(FATF; Financial Action Task Force), 미국 재무부 해외자산통제국(OFAC; Office of Foreign Assets Control) 등 수많은 약어들을 즐겨 사용하는데, 은행을 비롯한 금융기관 직원들 중에서도 자금세탁방지 업무에 대해서 관심이나 흥미를 가지고 자금세탁방지 업무에 대한 공부를 하는 직원들이 그다지 많지 않은 데에는 이와 같은 외계어 비슷한 약어들을 많이 사용하는 현상도 상당한 기여를 했을 것으로 생각됩니다.

「자금세탁방지 및 공중협박자금조달금지에 관한 업무규정」에 의하여 우리나라 금융기관들에게 요구되는 자금세탁방지 업무에는 위에서 대표적인 업무로 예시한 고객확인, 직원확인, 고액현금거래보고, 의심거래보고 등 4가지 업무 외에도 내부통제체계의 구축, 보고체제의 수립, 임직원에 대한 교육, 자료보존 등이 있으나, 제가 케이뱅크의 자금세탁보고책임자로 있었던 2017년~2020년까지의 경험에 비추어 보면, 케이뱅크의 자금세탁방지 업무의 60~80% 정도가 의심거래보고 업무였고, 10~20% 정도가 고액현금거래보고 업무, 고객확인업무가 5~10% 정도, 기타 업무가 5~10% 정도의 비중을 차지하였습니다.

다만, 케이뱅크의 경우 인터넷전문은행으로서, 은행 지점의 창구에서 고객을 대면하여 이루어지는 금융거래가 전혀 없었고, 고객들도 외국인은 제외한 대한민국 국민으로 한정되어 있기에 고객확인업무와 관련된 업무 비중이 다른 시중은행에 비하여 상대적으로 낮았을 것으로 예상되며, 다른 시중은행들과 달리 지점의 창구에서 현금을 취급하는 경우도 없어 고액현금거래보고 업무의 경우에도 다른 시중은행에 비하여 업무 비중이 낮았을 것으로 보입니다.

참고로, 고액현금거래보고와 관련하여, 특금법 제4조의2 제1항 및 특금법 시행령 제8조의2 제1항에 따라 1,000만원 이상의 현금거래가 실행되면 금융정보분석원에 고액현금거래보고를 제출하도록 되어 있는데, 케이뱅크와 같은 인터넷전문은행의 경우, 고객들의 현금 거래는 현금자동입출금기(ATM)나 현금자동지급기(CD) 등의 자동화기기를 통한 입출금의 경우에만 발생하고 있습니다. 그런데, 시중은행들의 ATM의 경우에는 1회 출금 한도가 60~100만원이고, 1일 출금 한도가 600만원으로 설정되어 있으며, CD의 1회 출금 한도는 ATM에 비하여 더 작다 보니, 고객들의 CD/ATM 현금 거래로 인한 인터넷전문은행의 고액현금거래보고는 고객들이 1,000만원 이상의 현금을 ATM을 통하여 입금하는 경우에만 발생하고 있는 상황입니다.

케이뱅크에서 자금세탁보고책임자로 자금세탁 관련 업무를 하면서 느낀 점은, 우리나라에서 금융기관들이 자금세탁방지 업무를 정말 제대로 하려면, 금융기관을 이용하는 고객들이 금융거래를 통하여 탈세행위를 하지 못하도록 예방·방지하는 방향으로 업무를 처리하면 자금세탁방지가 거의 저절로 이루어질 수 있을 것 같은데, 진심으로 탈세행위를 예방·방지하기 위하여 자금세탁방지 업무를 운영하는 금융기관이 그렇게 많지는 않은 듯한 인상이었습니다.

자금세탁방지 업무가 제대로 운영되고 있는 거 맞나요?

우리나라 자금세탁방지 업무의 대부분을 차지하고 있는 금융기관들, 특히 은행들의 자금세탁방지 업무는 탈세행위를 예방·방지하는 것에 초점을 맞추고 있지는 않으며, 마치 "공중협박자금조달행위 금지"가 자금세탁방지 업무의 가장 중요한 부분인 것처럼 업무가 처리되고 있는 실정입니다.

2018년 8월 10일에 관세청은 국내 3개 수입업체가 2017년 4월~10월까지 7차례에 걸쳐 총 66억원 상당의 북한산 석탄·선철을 국내로 불법 반입했다고 발표했는데, 당시 국내은행 2곳이 수입업체에 신용장을 발급해 준 것으로 밝혀졌고, 2018년 10월 말에 국내 은행 중 한 곳이 미국의 "Secondary Boycott" 대상이 된다는 루머가 퍼지면서 시중은행들의 주가가 급락을 하기도 하였습니다.

이에 따라 은행 등 금융기관들이 이란 국적의 외국인이나 UN·미국·EU 등에서 발표한 제재대상자를 Watchlist Filtering 시스템을 통하여 조회한 후 이들의 계좌 개설만 막으면 자금세탁방지 업무의 가장 중요한 부분이 해결된 것처럼 생각하는 경우가 종종 발견되곤 합니다.

그러나, 이란 국적의 외국인이나 국제적인 제재대상자의 금융거래를 거부하는 것은 가장 기본적인 고객확인 업무의 일환으로서, 실질적인 자금세탁방지 업무에서 이러한 Watchlist Filtering 업무가 실질적으로 차지하는 의미는 그리 높지 않은 것이 사실입니다.

오히려 우리나라의 특금법에서 요구되는 자금세탁방지 업무는 국내·외 고객들의 금융거래를 통하여 탈세행위가 발생하지 않도록 예방·방지하라는 취지로 이해하여야 합니다.

은행 등 금융기관의 임직원들이 고객들의 탈세행위로 의심되는 행위가 조금이라도 있을 경우, 해당 고객의 금융거래를 의심되는 거래로서 빠짐없이 금융정보분석원에 보고하도록 하는 것이 특금법에서 이상적으로 추구하는 금융기관의 자금세탁방지 업무의 운영 모습이 아닐까 생각됩니다.

그러나, 일부 은행 등 금융기관의 임직원들이 우량 고객들의 탈세행위 가능성이 있는 금융거래를 발견하더라도, 이를 금융정보분석원에 보고하는 것에 대해서 소극적인 태도를 보이는 경우가 있습니다. 일부 은행들의 VIP 센터에서는 오히려 고액자산가들에게 "세무 상담 서비스" 내지 "절세 테크닉"이라는 명목으로 탈세행위를 권유하거나 우량 고객들의 탈세행위에 협조하는 경우도 있으니, 금융기관의 임직원들이 고액자산가 등의 우량 고객들의 탈세행위 가능성이 있는 금융거래를 적극적으로 확인하고 금융정보분석원에 제대로 된 의심거래보고를 하는 것을 기대하기는 사실상 곤란한 면이 있다고 생각됩니다.

아니면, 은행 등 금융기관의 임직원들이 세법에 대한 전문지식이 없다 보니, 고객들이 탈세행위 목적으로 거액의 금융거래를 빈번하게 하는 경우에도, 그러한 고액 거래행위의 진정한 목적이 탈세행위라는 점을 인식조차 하지 못하고 넘어가는 경우도 있을 수 있다고 생각됩니다.

은행 등 금융기관에서는 의심거래보고를 금융정보분석원에 전송하기 위해서는 자금세탁보고 책임자인 임원의 결재를 반드시 받도록 하면서, 지점에서 의심스러운 거래라고 하여 보고서가 작성된 거래를 금융정보분석원에 전송하지 않기로 결정함에 있어서는 자금세탁보고 책임자가 아닌 그 밑의 실무 직원인 팀장 선에서 결재를 하도록 하는 것 등도 고객들의 탈세행위 가능성이 있는 금융거래 정보가 모두 금융정보분석원에 모이도록 하는 것에 장애로 작용하지 않나 싶습니다.

물론, 금융정보분석원도 금융기관에서 제출된 의심스러운 거래 보고를 검토하거나 조사할 직원의 부족이나 처리 능력의 부족으로 인하여 금융기관에서 너무 많은 의심거래보고를 금융정보분석원에 제출하지 않도록 권고 내지 지도하고 있는 것이 현실입니다. 즉, 금융기관들에게 의심거래보고서의 품질을 제고하라고 요구하면서 의심거래보고를 많이 제출하기 보다는 정말 의심스러운 거래만을 선별하여 보고서를 제출하도록 금융기관들에 요구하고 있습니다.

그러나, 금융정보분석원에서도 담당 공무원이 인력으로 처리하고 있는 업무를 자동화하는 등 업무 효율을 높이는 방향으로 개선하여, 가급적 많은 의심스러운 거래 관련 정보를 금융정보분석원에 집중시키도록 하는 것이 특금법에서 요구하는 탈세행위 방지 측면에서 가장 이상적인 업무 처리 형태가 아닐까 하는 생각입니다.

금융기관 입장에서 우량 고객의 탈세 의심행위를 금융정보분석원 등 정부기관에 신고하는 것이 그리 달가운 일은 아닐 수 있으며, 법령이나 규정상 하도록 되어 있어 의무감에 하는 것이다 보니, 하는 시늉에 그치는 경우도 일부 있을 것입니다.

또한, 금융정보분석원의 입장에서도 금융기관에서 들어온 의심거래보고를 검토하고 처리하는 것은 "일거리"로서 많은 의심거래보고 정보가 금융기관으로부터 모인다고 하여 금융정보분석원 입장에서 크게 달가운 일은 아닐 것입니다.

금융기관으로부터 모인 의심거래보고 정보가 가장 유용하게 쓰일 수 있는 곳은 다른 어디보다도 국세청이 아닌가 싶은데, 국세청이 금융정보분석원 대신 의심거래보고 정보를 모으거나, 최소한 국세청의 풍부한 인력과 자원이 금융정보분석원에 할애되어, 금융기관으로부터 모인 의심거래 정보를 탈세행위를 추적하는 데 쓰이도록 하는 것이 어떨까 하는 생각을 해 봅니다.

태생적으로 민간 영리회사이기 때문에 그렇게 적극적으로 자금세탁방지 업무를 하기 싫어할 수밖에 없는 금융기관들에게 억지로 자금세탁방지를 철저히 하라고 압박하는 것이나, 인력도 부족한 금융위원회 산하에 소수의 인력으로 구성된 금융정보분석원에서 금융기관들이 보내는 의심거래정보를 처리하도록 하고 있는 현재의 부자연스러운 상황은, 자금세탁방지가 탈세행위방지와 크게 다르지 않은 국내 현실에서 국세청이 지나치게 뒤에 숨어서 전면에 나서지 않고 있는 것에서 비롯된 것이 아닌가 싶은 생각이 듭니다.

6.3 가상자산을 이용하여 자금세탁을 한다고요?

가상자산을 이용한 자금세탁행위는 당연히 존재해 왔다고 생각됩니다. 탈중앙화된 블록체인 네트워크를 통하여 특정한 국가 권력의 통제가 미치지 않도록 국경을 넘어 전세계적으로 거래가 이루어지며, 특히 익명에 의한 거래도 어느 정도 가능하다는 측면에서 가상자산은 자금세탁행위에 악용하기에 적합한 여러가지 특징들을 가지고 있습니다.

랜섬웨어를 침투시킨 해커들이 보상금을 가상자산으로 전송하도록 요구하는 사례나, 마약 등의 거래대금을 가상자산으로 지불하는 경우, 북한·이란 등의 제재대상국의 법인이나 개인이 가상자산을 이용하여 외국으로 송금을 하는 사례 등은 널리 알려져 있고, 당연히 예상 가능한 케이스입니다.

2021년 10월 21일 미국의 가상자산 거래소인 바이낸스에서 시스템 오류로 비트코인 가격이 65,000달러 선에서 8,200달러까지 떨어졌다고 하는데, 정말 시스템 오류로 인한 것인지, 가상자산 거래소를 이용하여 자금세탁 행위가 일어난 것인지 모를 일입니다.

특금법상 자금세탁 방지에서 가장 중요한 탈세행위 예방 측면에서 가상자산을 이용한 탈세행위가 어떻게 이루어질 수 있는지 여부를 살펴보는 것이 실질적인 자금세탁 방지 측면에서 의미가 있지 않을까 생각합니다.

가상자산 관련 규제는 뭐가 있어요?

우리나라에서 가상자산 관련 규제의 가장 핵심적인 법령은 특금법과 특금법 시행령인데, 특금법은 가상자산 거래소 등 가상자산 사업자에게 금융정보분석원에 신고하도록 의무를 부과하면서, 신고를 하지 않은 영업행위를 처벌하고 있습니다.

특금법에서 가상자산 거래소에서 원화마켓을 운영하기 위해서는 반드시 은행의 실명확인 입출금 계정 서비스를 이용하도록 의무화하면서, 2021년 9월 24일 현재 업비트·빗썸·코인원·코빗 등 과거부터 은행의 실명확인 입출금 계정 서비스를 이용하던 4개의 거래소만이 은행으로부터 실명확인 입출금 계정 확인서를 발급받아 원화마켓을 운영할 수 있게 되었고, 4개의 거래소를 제외한 나머지 가상자산 거래소들은 원화마켓을 운영할 수 없게 되면서 코인마켓만 운영하게 되었습니다.

세금 측면에서도 가상자산의 양도차익에 대해서는 2021년까지는 과세를 하지 않고 있었으나, 2022년부터는 가상자산의 양도차익을 기타소득으로 분류하여 250만원을 초과하는 가상자산의 양도차익에 대해서 20%(주민세를 포함하면 22%)의 소득세를 과세하는 것으로 변경되었습니다.

가상자산을 이용해서 어떻게 자금세탁을 해요?

□ 예상 사례 1

2021년까지의 가상자산을 이용한 탈세행위는 일부 가상자산 거래소들의 고객 실명확인 시스템 미비와 가상자산 전송에 대한 추적의 곤란함으로 인하여 적발하기가 쉽지 않은 면이 있었고, 가상자산의 양도차익에 대하여 2022년부터 과세를 하기로 한 결과 적발되더라도 처벌까지 될 가능성은 높지 않다고 볼 수 있습니다. 2021년 기준으로, 30억원을 초과하는 자산을 가진 고액자산가가 자녀에게 30억원을 초과하는 자산을 증여할 경우, 30억원을 초과하는 금액에 대해서는 50%의 증여세율이 적용되는데, 2021년까지 고액자산가 부모가 가상자산 자체를 구입한 후 이를 자녀의 지갑으로 전송하는 방법으로 상속/증여세를 탈세하는 경우도 있었을 것으로 보입니다.

이론적으로 가상자산의 분산원장은 공개되어 있어 누구나 가상자산의 이동을 파악할 수 있다고 하지만, 가상자산의 분산원장에 나타나는 정보는 지갑정보일 뿐, 지갑의 소유자가 누구인지 특정할 수 있는 정보는 없으므로, 고액자산가의 개인지갑에서 고액자산가의 자녀의 개인지갑으로 거액의 가상자산이 이전되었다고 하더라도 현재 상황에서는 고액자산가나 고액자산가의 자녀의 신원을 특정하기 쉽지 않은 것이 사실입니다.

특히 가상자산 지갑은 금융기관의 계좌와는 달리 실명 확인 절차 없이도 얼마든지 만들 수 있는 것이므로, 수십/수백개의 가상자산 지갑을 생성하여 가상자산을 분산하여 전송할 경우, 추적이 쉽지 않은 면도 있습니다.

또한, 고액자산가나 고액자산가의 자녀가 국내 가상자산 거래소가 아닌 해외 가상자산 거래소를 통하여 가상자산을 현금화하는 경우, 국내에서 이를 추적하는 것은 현재 상황에서는 사실상 불가능한 면이 있다고 평가됩니다.

물론, 미국 정부와 같이 외국 정부나 기업에 대해서도 사실상의 강제력을 행사할 수 있을 정도의 힘을 가지고 있다면, 해외 가상자산 거래소를 통한 가상자산의 자금세탁행위를 추적하는 것도 불가능한 것은 아닐 것으로 추측됩니다.

□ 예상 사례 2

소비자가 물품을 구입하거나 서비스를 받으면서 그에 대한 대금이나 요금을 지불하면, 농·축·수산물이나 의료, 문화(도서 포함), 금융 등의 부가가치세 면제 품목이 아닌 이상, 기본적으로 10%의 부가가치세가 부과됩니다. 우리가 의식하지 않는 경우가 많지만, 우리가 1,000원짜리 과자를 사 먹으면, 909원만 과자가게 주인에게 지급되는 것이며, 909원의 10%인 91원은 부가가치세로 납부되는 것입니다.

과거에 동네 가게에서 신용카드를 쓰지 않고 현금으로 구입을 하면 10% 정도 할인을 해 주는 경우가 있었는데, 이는 신용카드 수수료 때문이라기 보다는, 10%의 부가가치세를 탈세하려는 목적이 컸을 것이라고 생각됩니다. 고객이 신용카드를 사용하면 카드사에서 수수료 이외에

10%의 부가가치세를 빼고 입금을 해 주기 때문에 현금으로 받으면 탈세가 가능했던 부가가치세를 납부할 수밖에 없기 때문입니다.

우리나라는 세계적으로 신용카드가 가장 널리 사용되는 나라 중의 하나입니다. 「여신전문금융업법」 제19조 제1항은 "신용카드가맹점은 신용카드로 거래한다는 이유로 신용카드 결제를 거절하거나 신용카드 회원을 불리하게 대우하지 못한다"고 규정하여 신용카드 결제를 거부하지 못하도록 명시하였고, 이를 위반할 경우 1년 이하의 징역 또는 1천만원 이하의 벌금에 처한다고 규정하고 있습니다.

신용카드가맹점이 되지 않으면 신용카드 결제를 거부할 수도 있었겠으나, 신용카드가맹점이 되지 않은 영업장에 대해서는 국세청의 집중적인 세무조사 대상이 되었기에, 어느 정도의 규모를 갖추고 있는 영업장이라면 신용카드가맹점이 될 수 밖에는 없었고, 이에 따라 거의 대부분의 영업상에서 신용카드 사용을 거부하지 못하게 되어 우리나라 국민들은 현금 없이 카드 한장만 들고 다녀도 물품을 구입하거나 서비스를 받는 데 크게 불편을 느끼지 못하게 되었습니다.

영업장을 운영하는 입장에서는, 대놓고 부가가치세를 탈세하겠다고 할 수는 없으니, 다들 공식적으로는 신용카드 수수료가 너무 높다고 하면서 신용카드 사용 강제 조항을 삭제해 달라고 주장하고 있으나, 1.5% 내외의 카드 수수료율이 부담이 되어서 라기보다는, 10%의 부가가치세를 내고 싶지 않아서 신용카드 사용 강제 조항을 삭제해 달라고 주장하는 경우가 많을 것으로 추정됩니다.

이익이 많이 발생하는 가게 사장님이라면, 10%의 부가가치세 이외에도 소득세 부담도 적지 않을 수 있는데, 신용카드를 받지 않을 경우, 부가가치세 이외에 소득세 탈세도 훨씬 쉬워질 것입니다.

매출이 전산적으로 관리되어 부가가치세 탈세가 곤란한 프랜차이즈 업체나 대규모 영업장에서 카드 수수료가 너무 높다고 신용카드 사용 강제 조항을 삭제해 달라고 주장하는 경우를 보지는 못한 것 같고, 너무 영세하여 이익이 많이 발생하지 않는 가게의 사장님은 신용카드 사용에 대해서 그다지 크게 반발하지 않는 것 같은데, 신용카드 사용 강제에 대해서 가장 반발이 큰 분들은 맛집으로 소문나 멀리서부터 고객들이 찾아오는 대규모 맛집 사장님이나 유명 유흥업소 사장님들이 아닐까 생각됩니다.

부가가치세 이외에도 귀금속, 고급가방 등에는 20%의 개별소비세가, 유흥주점 등에는 10%의 개별소비세가, 자동차에는 5%의 개별소비세가 추가로 붙고, 개별소비세가 과세되는 경우에는 개별소비세의 30%에 해당하는 교육세가 따라붙기 때문에, 원가가 100만원인 고급 수입 핸드백을 사는 경우에는 개별소비세 20만원, 교육세 6만원이 붙은 126만원에 또다시 부가가치세 12.6만원을 부가하는 결과, 고객들이 지불하는 금액은 138.6만원이 되는 것입니다.

고급 수입 핸드백을 판매하는 백화점에서 개별소비세, 교육세, 부가가치세 등을 탈세하려고 시도할 가능성은 낮겠지만, 고객이 원가가 1억원인 귀금속을 금은방에서 구입하려고 하는 경우, 대략 3,860만원의 개별소비세, 교육세, 부가가치세를 추가로 세금으로서 납부해야 하는 것을 탈세하기 위하여 비트코인으로 귀금속 판매대금을 받고자 하는 경우가 있을 것입니다.

□ 예상 사례 3

부모가 가상자산 지갑에 고액의 가상자산을 예치한 후, 가상자산 지갑 주소와 비밀번호를 자녀에게 알려 주고 자녀가 가상자산을 사용하도록 하는 방식으로 자녀에게 상속/증여세 부담 없이 자산을 이전시키는 경우도 있을 것이고, 고액자산가 부모가 콜드월렛에 고액의 가상자산을 예치한 후, 콜드월렛을 자녀에게 교부하여 자녀에게 이전하는 방식으로 자녀에게 상속/증여세 부담 없이 자산을 이전시키는 경우도 있을 것입니다.

물론, 이 경우 자금세탁행위가 완성되기 위해서는 자녀가 가상자산을 사용하거나 현금화하는 작업이 추가로 필요하고, 고액의 가상자산을 단기간 안에 모두 사용하거나 현금화하는 작업이 그렇게 쉽지 않은 것도 사실이지만, 50%에 육박하는 상속/증여세를 부담하는 것이나, 장기간 고액의 현금을 보관해야 하는 불편함에 비하면, 장기간 동안 고액의 가상자산을 보유하면서 조금씩 분할하여 사용하거나 현금화하는 정도의 불편함은 충분히 감수할 수 있는 수준의 불편함일 것입니다.

□ 예상 사례 4

가상자산을 신규 발행하여 유통하는 방법을 통한 탈세행위도 가능했을 것으로 보입니다. 앞의 예에서 들었던 고액자산가의 자녀가 가상자산을 새로 만들어 판매하고, 고액자산가 부모가 자녀가 새로 발행한 가상자산을 매입하는 방식으로 자녀에게 상속/증여세 부담 없이 자산을 이

전시키는 경우도 있을 것입니다.

가상자산을 새로 만드는 데 그렇게 큰 비용이 소요되는 것은 아니기에 고액자산가의 자녀가 가상자산을 새로 만들어 판매하는 방법으로 상속/증여세를 탈세하는 경우도 있었을 것으로 추정됩니다.

□ 예상 사례 5

거래량이 극히 적은 가상자산을 자녀로 하여금 구입하게 한 후, 고액자산가인 부모가 가상자산을 구입하여 자녀로 하여금 양도차익을 얻게 할 경우, 증여세가 발생되지 않는 경우가 있을 수 있습니다.

고액자산가의 자녀가 어떤 가상자산이 100원일 때 이를 사기 시작하여 일정 금액을 구입한 후, 고액자산가 부모가 이를 추격 매수하면서 자녀는 가상자산을 매각하기 시작하는 형태로, 제3의 투자자들이 개입하지 않는다면, 자녀가 1,000만원을 가지고 가상자산을 구입한 것을 부모가 10억원이 될 때까지 가격을 높여 매수한 후, 부모가 가상자산을 매각하여 1,000만원에 가상자산의 매각을 완료하였을 경우, 부모와 자녀는 증여세 부담 없이 자녀에게 고액을 증여할 수 있는 방법이 가능하였던 것입니다.

거래량이 극히 적었던 가상자산의 가격이 급격하게 폭등했다가 폭락하는 이면에는 물론 가격을 인위적으로 폭등시켜 다른 사람의 매수를 유도한 후 가상자산을 매각하여 양도차익을 얻기 위한 세력의 작업도 있을 수 있지만, 고액자산가들이 증여세를 탈세하면서 자녀에게 자산을 증여하기 위하여 가상자산을 이용하는 경우도 있을 수 있다고 봅니다.

□ *예상 사례 6*

가상자산을 이용하여 물품 구매가 가능하도록 하는 결제형 코인의 경우, 물품 구입에 가상자산을 이용함으로써 거래의 추적이나 감시를 회피하는 자금세탁 행위도 발생할 수 있을 것으로 예상됩니다.

가상자산 거래소를 통하여 고액의 가상자산을 원화 등 법정 통화로 교환하여 출금할 경우, 현재 가상자산 거래소에 실명확인 입출금 계정 서비스를 제공하는 은행에 의하여 금융정보분석원에 의심거래보고가 이루어지게 되는데, 가상자산 중에도 제휴업체나 가맹점에서 물품이나 용역 구입이 가능한 가상자산을 이용하여 금융정보분석원에 의심거래보고가 이루어지는 것을 회피하는 방법이 사용되었을 가능성도 있다고 생각됩니다.

2021년 9월 말경에 보도된 기사를 보면, 미국에서 332억원의 고가 주택이 비트코인으로 매각되었다가 다시 매물로 나왔다고 하는데, 자금세탁 내지는 탈세행위를 목적으로 고액의 비트코인을 현금화하기 위하여 이루어진 거래행위가 아닌지 의심됩니다.

가상자산을 이용한 자금세탁을 어떻게 막아요?

가상자산을 이용한 자금세탁을 막을 방법은 분산원장에 기록된 거래내역에 대한 철저한 분석과 추적입니다.

가상자산 지갑의 생성이 용이하고, 지갑 소유자의 국적도 파악이 곤란하여 가상자산을 이용한 자금세탁을 막는 데 한계가 있는 것은 사실입니다. 하지만, 가상자산을 이용한 자금세탁은 분산원장에 기록된 거래 내역이 계속 남아 있어 추적이 용이하다는 점에서, 마음만 먹으면, 자금세탁을 막을 진정성 있는 성실함이 있다면 상당 부분 방지가 가능한 것도 사실입니다.

우리나라에서 자금세탁 행위의 가장 중요한 유형이 탈세행위라는 점을 고려하면, 국세청과 같은 국가기관에서 가상자산의 거래 내역을 분석하고 추적하는 조직을 신설하여 가상자산을 이용한 자금세탁 행위를 막는 것이 필요할 것입니다.

현재 우리나라의 자금세탁 방지 체계는 자금세탁 방지 책임을 은행 등의 금융기관이나 가상자산 거래소 등의 민간 기업들에게 부과하고, 금융정보분석원 등의 국가기관은 수동적으로 은행 등의 금융기관이나 가상자산 거래소 등의 민간 기업들에서 제출하는 의심거래 보고나 고액현금거래 보고를 수집하는 것에 그치고 있습니다.

자금세탁 행위의 가장 중요한 유형이 탈세행위라면, 자금세탁 방지를 위한 감시와 추적도 국세청에서 주도적으로 맡는 것이 효과적이라고 생각되며, 따라서 가상자산을 이용한 자금세탁 방지 책임도 국세청에서 맡는 것이 가장 합리적인 방안이라고 판단됩니다.

고객들의 탈세행위에 대해서 별다른 관심을 갖고 있지 않은 은행 등의 금융기관이나 가상자산 거래소 등의 민간 기업들에게 고객들의 탈세행위를 막기 위한 조치를 취하라고 요구하다 보면, 은행 등의 금융기관이나 가상자산 거래소 등의 민간 기업들에서는 고객들의 탈세행위를 막기 위한 자금세탁 방지 업무를 철저히 수행하기 보다는 공중협박자금조달행위 금지를 위한 요주의인물 필터링 등 우리나라의 현실에서 상대적으로 중요하지 않은 쪽에 오히려 강조점을 두면서 자금세탁 업무를 하는 외형만 갖추고 있는 현상이 발생하지 않을까 우려됩니다.

주식시장의 경우, 한국거래소(KRX)에서 이루어지는 모든 거래에 대해서 불공정거래행위가 있는지 여부를 시장감시부서에서 감시하여 불공정거래행위의 의심이 있으면 조사를 하거나 금융감독당국에 조사를 의뢰하여 수사기관에 고발하는 등의 조치가 취해지도록 하고 있으나, 가상자산 거래소의 경우 KRX와 같은 단일 거래소가 있는 것이 아니라 수없이 많은 민간 거래소가 존재하고 있는 경우이므로, 개별적인 민간 거래소에서 자금세탁 행위 특히 탈세행위를 적발하기 위하여 가상자산 거래 전반에 대하여 감시를 하기를 기대할 수는 없다고 생각됩니다.

금융정보분석원은 금융위원회 산하의 소규모 조직으로서, 가상자산 거래 전반에 대한 감시를 하기에는 조직이나 인력을 충원하는데 지나치게 많은 시간이 소요될 것이므로, 상대적으로 대규모의 조직이나 인력을 갖추고 있는 국세청에서 한국거래소에 수행하고 있는 시장감시 기능을 담당하여 분산원장의 거래 내역에 대해서 상시적으로 감시하여 가상자산 거래 전반에 대하여 모니터링을 시행하는 것이 좋지 않을까 하는 생각입니다.

6.4 디파이를 이용하여 자금세탁을 한다고요?

디파이 관련 규제는 뭐가 있어요?

디파이(DeFi, Decentralized Finance)란 블록체인 기술을 바탕으로 한 탈중앙화 금융으로서, 금융회사 없이도 결제, 송금, 예금, 대출, 투자 등의 금융거래를 가능하도록 구현하려는 서비스입니다.

기본적으로 다수로부터 예금을 유치하려면 대표적으로 은행업, 저축은행업, 신용협동조합 등 인가를 받아야 하고, 이러한 예금 유치를 위하여 필요한 인가를 받지 않고 예금을 유치할 경우, 「유사수신행위의 규제에 관한 법률」에 따른 유사수신행위로 5년 이하의 징역 또는 5천만원 이하의 처벌을 받도록 되어 있습니다.

투자와 관련해서도 투자매매/중개업 인가가 필요하고, 대출에 관해서도 여신전문금융업 인가 또는 대부업 등록이 필요하며, 결제/송금에 관해서도 전자금융업(전자자금이체업/직불전자지급수단업/지급결제대행업) 등록 등의 인허가가 필요합니다.

디파이는 이러한 결제, 송금, 예금, 대출, 투자 등을 주도하는 주체 없이 블록체인 기술을 바탕으로 결제, 송금, 예금, 대출, 투자 등의 금융거래를 구현함으로써 감독당국의 인허가나 규제를 벗어나 자유로운 형태로 금융업을 영위하는 효과를 가져올 수도 있을 것으로 기대되고 있습니다.

다만, 현재 블록체인 기술을 바탕으로 디파이를 구현하는 실제 형태는 가상자산과 거의 유사한 형태로 디파이 코인을 만들어 거래소에서 거래하도록 하는 방식으로 나타나는 경우가 많은 만큼, 디파이 코인에 대해서도 가상자산에 대해서 부과되는 규제가 동일하게 적용된다고 보아야 할 것입니다.

또한, 아무리 블록체인 기술을 바탕으로 한 탈중앙화 금융을 내세운다 하더라도 프로젝트팀 등 특정 주체가 가상자산을 만들어 판매하듯이 특정 프로젝트팀이 디파이 코인을 주도적으로 만들어 금전을 받고 판매하거나, 디파이 거래에 있어서 금전의 수수가 수반될 경우, 유사수신행위나 기타 금융관련 법령 위반으로 처벌될 가능성이 열려 있다고 판단됩니다.

과거 국내 빗썸 거래소에서도 디파이렌딩 서비스를 제공한 적이 있었고, 현재도 바이낸스 등 일부 해외 거래소에서 디파이 스테이킹(Staking) 서비스 등의 디파이 서비스를 제공하고 있는데, 금전을 예치 받거나 대출하면 금융관련 법령의 규제를 적용받게 되는데, 가상자산을 예치받거나 대출하는 것이므로, 금융관련 법령의 규제를 적용받지 않는 것으로 해석될 수밖에 없을 것입니다.

과거에 서비스되었던 빗썸의 디파이렌딩 서비스의 경우, 80%의 보증금을 원화로 예치하도록 하였는데, 이 경우 금융관련 규제의 적용을 받지 않는다고 단정하기 어려운 면이 있다고 보입니다.

한편, 특금법상 가상자산의 정의가 워낙 포괄적으로 규정되어 있는 관계로 디파이 코인 역시 특금법상으로는 가상자산의 일종으로 해석될 수 밖에는 없다고 보입니다.

디파이를 이용해서 어떻게 자금세탁을 해요?

디파이도 디파이 토큰의 형태로 구현되어 현재 일반적인 가상자산과 동일하게 가상자산 거래소에서 거래되고 있으므로, 앞서 가상자산을 이용한 자금세탁 행위 유형이 디파이 토큰에도 동일하게 적용될 수 있을 것입니다.

이외에도 디파이의 특성에 따른 자금세탁 행위 유형을 예상해 보면 다음과 같은 탈세행위가 가능할 것으로 생각됩니다.

□ 예상 사례 1

부모인 고액자산가가 매우 높은 이자율 또는 수익률을 보상하는 디파이 서비스를 만들고, 고액자산가의 자녀가 디파이 서비스를 이용하여 매우 높은 이자율 또는 수익률에 따른 이익을 수취함으로써 상속/증여세 없이 고액의 자산을 부모로부터 자녀에게 이전하는 형태가 존재할 수 있다고 생각합니다.

□ 예상 사례 2

고액자산가의 자녀가 디파이 서비스를 이용하여 고액자산가 부모로부터 가상자산을 예치받아 고위험/고수익 투자를 한 후, 높은 투자 수익이 발생할 경우 자녀가 수익을 얻고, 손실이 발생할 경우 부모가 손실을 부담하는 형태로 상속/증여세 없이 고액의 자산을 부모로부터 자녀에게 이전하는 형태도 생각해 볼 수 있을 것입니다.

디파이를 이용한 자금세탁을 어떻게 막아요?

디파이는 가상자산보다 좀 더 복잡한 구조를 가지고 있고, 디파이를 통하여 구현되는 탈중앙화 금융거래의 내용도 정형적·일률적이지 않으므로, 가상자산에 비하여 탈세행위를 추적·감시하는 것이 더욱 어려운 면이 있는 것이 사실입니다.

일단, 디파이 코인의 형태로 구현되어 가상자산과 같이 가상자산 거래소에서 거래가 되는 디파이 코인에 대해서는 일반적인 가상자산에 대한 탈세행위 추적·감시 노력이 필요한 것과 마찬가지로 면밀한 시장감시 기능이 필요하다고 생각됩니다.

앞서 가상자산을 이용한 자금세탁을 방지하기 위하여 국세청에 KRX의 시장감시본부와 같은 분산원장 감시 부서를 두어 자금세탁 행위로 의심되는 거래들을 감시·추적하는 것을 제안하였는데, 국세청의 분산원장 감시 부서에서는 디파이와 관련된 거래에 대해서는 일반적인 가상자산에 비하여 더욱 관심을 갖고 면밀히 살피는 노력이 필요하다고 생각됩니다.

디파이 중에는 금융관련 법령에 따른 인허가나 규제를 잠탈하기 위하여 디파이의 형식만 취한 경우도 있을 수 있고, 자금세탁 관련 추적을 피하기 위하여 의도적으로 복잡하고 불분명한 구조로 구현된 디파이 서비스도 있을 수 있을 것입니다.

디파이가 일반 가상자산에 비하여 더욱 복잡하고 불분명하여 추적이나 감시가 곤란하다는 점은 디파이가 자금세탁 내지 탈세에 악용될 위험성이 일반적인 가상자산에 비하여 더욱 높다는 의미가 될 수 있고, 따라서 디파이에 대해서는 일반적인 가상자산에 비하여 더욱 면밀한 탈세 행위 여부에 대한 감시·추적이 이루어져야 할 것입니다.

6. 5 NFT를 이용하여 자금세탁을 한다고요?

NFT 관련 규제는 뭐가 있어요?

국제자금세탁방지기구(FATF; Financial Action Task Force)에서 가상자산과 관련하여 배포한 과거의 "VA Guidance"에서는 가상자산을 대체가능한(fungible) 것만 가상자산에 해당된다고 정의하면서, 항공사 마일리지, 신용카드 혜택 또는 이와 유사한 멤버십 혜택 또는 포인트와 같이 양도불가하거나(non-transferable), 교환불가하거나(non-exchangeable), 대체불가한(non-fungible) 사용처와 용도가 제한된 것(closed-loop items)을 가상자산의 개념에서 제외하였는데, NFT라는 용어가 탄생된 배경에는 NFT가 대체불가(non-fungible) 하다는 점을 들어 가상자산에 대하여 적용되는 자금세탁 관련 규제를 피하고자 하는 의도도 일부 작용하지 않았을까 추측됩니다.

다만, FATF에서 2021년 2월에 개정한 "VA Guidance"에서는 가상자산의 정의에서 대체가능할 것(fungible)을 요구하는 대신, 전환가능 혹은 교환가능한(convertible or interchangeable) 것으로 표현을 바꿈으로써,

NFT를 가상자산의 정의에 포섭하기 위한 노력을 보여주고 있습니다.

이에 대해서, NFT Market에서 거래되는 NFT 중 원본 혹은 진품과 관련한 권리를 인증해 주는 NFT는, 원본·진품과 분리하여 그 자체로 교환될 수 없다는 측면에서, 전환가능(convertible)하지도 않고, 교환가능(interchangeable) 하지도 않아 2021년 2월 개정된 "VA Guidance"에 의하더라도 여전히 NFT는 가상자산의 정의에서 제외되어야 한다는 해석도 가능합니다. 즉, NFT를 거래하는 것은 NFT 자체의 거래가 목적이 아니며, 원본·진품에 관한 권리를 거래하는 것 또는 그러한 권리를 거래하는 것에 따른 당연한 결과에 불과하므로, NFT는 전환가능(convertible)하거나, 교환가능(interchangeable) 한 것이 아니라는 해석도 충분히 가능할 것으로 보입니다.

다만, NFT도 일단은 특금법에 따른 가상자산의 정의에 포함되는 것으로 해석하는 것이 일반적인데, 이는 NFT가 반드시 블록체인 기술을 통하여 구현되어야 하는 것은 아니지만, 현재 대부분의 NFT가 블록체인 기술을 통하여 구현되고 있는 현실의 영향이 크다고 생각됩니다.

NFT가 대부분 블록체인 기술을 통하여 구현되고 있는 이유는, 특정 발행 주체가 50인 이상에게 금전을 받고 NFT를 발행할 경우, 전자적 형태로 증권을 공모 발행한 것으로 해석되면서 「자본시장과 금융투자업에 관한 법률」(이하 "자본시장법")에 따른 증권신고서 제출의무를 부담하게 될 위험이 있기 때문으로 추정됩니다. 즉, 특정 발행 주체가 증권신고서를 미제출한 상태로 전자적 증권을 공모 발행하는 행위가 자본시장법 위반의 범죄행위로 해석되어 이로 인한 법적 처벌을 받게 될 Risk를 예방하기 위한 의도가 아닌가 생각됩니다.

자본시장법 제119조는 증권을 "모집"하려면 금융위원회에 증권신고서를 제출하여 수리되어야 증권을 "모집"할 수 있다고 규정하고 있는데, 여기서 "모집"이라는 용어는 일반적으로 "공모 발행"과 유사한 의미인데, 대체로 "50인 이상의 투자자에게 새로 발행되는 증권의 취득의 청약을 권유하는 것"으로 이해하면 됩니다.

"공모"는 50인 이상의 사람을 대상으로 청약을 권유하는 행위, 즉 마케팅 행위를 하게 되면 성립하기에, 일반에게 공개된 홈페이지나 블로그 등의 SNS을 통하여 마케팅 활동을 하는 것도 "공모"에 해당할 수 있으나, 현실적으로는 50인 이상의 사람을 대상으로 마케팅 행위를 한 것을 입증하기가 어렵기 때문에, 50인 이상의 사람에게 실제로 증권을 발행하는 경우에만 처벌되고 있는 것으로 보입니다.

만약 어떠한 유명 화가가 자신의 미술작품에 대한 지분적 권리를 종이에 인쇄된 증권 형태로 발행하면서 50인 이상의 사람에게 증권을 판매하는 경우에는 자본시장법 제119조에 따라 증권신고서를 제출하여 수리 받아야 한다는 결론에 이릅니다.

유명 화가의 미술작품에 대한 지분적 권리를 NFT로 발행하여 50인 이상의 사람에게 판매하는 경우, NFT가 종이에 인쇄된 일반적 "증권"은 아니라는 측면에서 "공모 발행"이 아니라고 볼 수도 있지만, 현재 주식이나 사채 등 대부분의 증권들이 전자증권의 형태로 발행되고 있는 현실에서, "NFT"가 증권이 아니라고 100% 확신하기 어려운 면이 있는 것도 사실입니다.

이에 증권신고서 제출·수리 없이 증권을 공모 발행했다는 이유로 처벌될 위험을 피하려면, 특정 주체가 NFT를 발행하는 것 보다는 블록체인 형태로 NFT를 발행하여 특정 발행 주체 없이 NFT가 발행되는 형태를 취하는 것이 공모 발행 issue와 관련된 법적 risk를 줄이는 방법이 되었을 것으로 추정됩니다.

다만, 특금법 제2조 제3호 가목은 "화폐·재화·용역 등으로 교환될 수 없는 전자적 증표 또는 그 증표에 관한 정보로서 발행인이 사용처와 그 용도를 제한한 것"은 가상자산에서 제외되도록 정의하고 있는데, NFT를 위 특금법 제2조 제3호 가목의 전자적 증표에 해당한다고 해석하여 NFT는 가상자산에서 제외된다고 해석하는 것도 불가능하지는 않다고 판단됩니다.

특금법 제2조 제3호 가목은 아마도 1990년대에 인터넷 세상을 휩쓸었던 1세대 블로그 서비스인 "싸이월드"에서 블로그의 배경음악이나 장식을 구입하는데 사용되던 "도토리"나, 고스톱이나 포커 등의 도박게임 사이트에서 도박게임을 하기 위하여 필요한 게임머니로 전환할 수 있도록 금전으로 충전하는 충전포인트(게임머니 자체는 특금법 제2조 제3호 나목에 규정된 "「게임산업진흥에 관한 법률」 제32조 제1항 제7호에 따른 게임물의 이용을 통하여 획득한 유·무형의 결과물"로서 가상자산에서 제외된다고 해석됩니다), 또는 카카오톡에서 사용되고 있는 "이모티콘" 정도를 염두에 두고 규정한 것으로 보이나, NFT도 화폐·재화·용역 등으로 교환될 수 없는 전자적 증표 또는 그 증표에 관한 정보로서 발행인이 사용처와 그 용도를 제한한 것으로 해석될 여지도 충분한 것도 사실입니다.

다만, 금융정보분석원 등 감독당국에서 “NFT가 가상자산이 아니므로, NFT를 거래하는 거래소는 가상자산 거래소 신고가 필요하지 않다”는 취지의 유권해석을 내려 줄 가능성은 거의 없을 것으로 예상되므로, 현실적으로 NFT를 발행하거나 거래하는 거래소는 가상자산 사업자로서 규제를 받게 될 가능성이 높아 보입니다.

NFT를 이용해서 어떻게 자금세탁을 해요?

예로부터 고가 미술품이나 골동품은 고액자산가들의 탈세수단으로 널리 사용되어져 왔습니다.

2007년에 삼성그룹에서 근무했던 김용철 변호사가 삼성그룹의 일가가 비자금으로 고가 미술품을 구입했다고 폭로하면서 알려진 리히텐슈타인의 ‘행복한 눈물’은 2002년 경매에서 716만 달러에 구매한 것으로 알려졌습니다.

우리나라에서도, 1990년에 2,000만원 이상 미술품이나 100년 이상된 골동품의 양도차익에 최대 60%의 세율로 양도소득세를 과세하는 것을 추진하였다가 미술계의 반대에 따라 1992년, 1995년, 2000년 3차례 법 시행이 연기된 후 2003년에 법안이 폐지된 적이 있었습니다.

2008년에 다시 미술품 양도 소득에 대한 과세 방안이 재추진 되었고, 2010년에 한차례 법 시행이 연기되고, 2013년에야 비로소 미술품에 대한 양도소득세 과세가 시작되었습니다.

다만, 미술품에 대한 양도소득세는 양도가격 기준 6,000만원 이상의 고가 미술품이나 작가가 작고한 미술품 거래시에만 과세가 되기 때문에, 생존한 작가의 미술품이나 6,000만원 미만의 미술품은 현재까지도 과세 대상에서 제외되고 있는 상황입니다.

미술품 등을 블록체인 기술을 통하여 구현한다는 NFT 역시 고가 미술품이나 골동품과 같이 탈세수단으로 사용될 위험이 없지 않다고 판단됩니다.

우선, NFT도 토큰의 형태로 구현되어 가상자산 거래소에서 거래되고 있는 경우가 많은데, 이러한 토큰형 NFT의 경우에는 앞서 가상자산을 이용한 자금세탁 행위 유형이 동일하게 적용될 수 있을 것입니다.

이외에도 NFT의 특성에 따른 자금세탁 행위 유형을 예상해 보면 다음과 같은 탈세행위가 가능할 것으로 생각됩니다.

□ 예상 사례 1

고액자산가의 자녀가 특정한 그림이나 문서 등을 NFT로 발행하고, 부모인 고액자산가가 NFT를 고가에 인수함으로써 상속/증여세 없이 고액의 자산을 부모로부터 자녀에게 이전하는 형태가 존재할 수 있다고 생각합니다.

고액자산가들의 자녀 중에는 화가가 여러 명 있을 수 있는데, 고액자산가의 부모가 자녀의 작품을 바로 고가에 주고 매입하면 국세청에서 상속/증여세 탈세목적이라는 것을 쉽게 알아챌 수 있기에, 화가들의 부모들인 고액자산가들이 모임을 만들어 서로 다른 고액자산가의 화가 자녀의 작품을 고가에 매입해 주는 방식으로 상속/증여세를 회피하는 행위가 현재도 없지 않을 것으로 예상됩니다.

현대 미술작품이라는 것이 누군가 비싸게 사주기만 하면 비싼 그림이 되는 것이고, 특정 미술작품의 가치에 대해서 일률적인 평가기준이 없기 때문으로 보입니다.

고 천경자 화백의 위 "미인도"의 경우, 천경자 화가 자신은 "자기 자식인지 아닌지 모르는 부모가 어디 있습니까?"라고 주장하면서 본인의 그림이 아니라고 주장하였으나, 미술 감정인들은 이를 고 천경자 화백의 그림이라고 인정하였고, 검찰의 수사결과에서도 고 천경자 화백의 진품 그림으로 인정받을 정도로 미술품의 가치평가는 절대적인 기준이 없어 보입니다. 미술품의 가치에 대한 절대적인 기준 또는 최소한의 객관적 기준조차 없으니, 지인의 자녀가 그린 "미술작품"을 고가에 매입해 주는 대신, 자신의 자녀가 그린 "미술작품"을 지인이 고가에 매입해 주는 방식으로 상속/증여세 없이 고액의 자산을 부모로부터 자녀에게 이전하는 탈세행위가 충분히 가능하다고 생각합니다.

그런데 고액자산가가 NFT를 이용하여 자녀에게 상속/증여세 없이 자산을 이전하면, 고액자산가가 굳이 자녀를 미대에 보내고 화가를 만들 필요 없이, 자녀가 제작해 판매하는 NFT를 구입하기만 하면 됩니다.

또한, 일반적인 가상자산은 투자목적으로 거래에 참가하는 당사자들로 인하여(가상자산의 가격이 급격하게 상승하기 시작하면, 추격매수에 나서는 투자자들이 생길 수 있어 경우에 따라서는 고액자산가의 자녀에게 이전되어야 할 투자차익의 일부가 다른 투자자들에게 가는 경우도 있음) 자산 이전 과정에 변수가 생길 우려도 있는데, NFT는 거래에 참가하는 당사자들이 많지 않아 외부 변수의 발생 없이 탈세행위를 하는 것이 가능한 장점이 있습니다.

□ 예상 사례 2

고액자산가의 자녀가 기존에 발행된 저렴한 NFT를 매수한 후, 부모인 고액자산가가 자녀가 보유한 NFT를 고가에 인수함으로써 상속/증여세 없이 고액의 자산을 부모로부터 자녀에게 이전하는 형태도 존재할 수 있다고 생각합니다.

이는 고전적으로 고액자산가들이 어떤 유명하지 않은 화가의 작품을 자녀가 먼저 다수 구입하도록 한 후(화가가 사망한 경우 추가적인 작품의 생산이 불가능하므로, 대개 나이가 많거나, 건강이 좋지 않은 화가의 작품을 사 모으는 경우가 많을 것임), 고액자산가 부모가 고액에 해당 화가의 작품을 사들여 자녀가 이미 사 모은 해당 화가의 작품들의 가격을 올리는 방식을 NFT를 통하여 구현하는 것을 생각해 본 것입니다.

□ 예상 사례 3

고액자산가의 자녀가 기존에 발행된 저렴한 NFT를 매수한 후, 부모인 고액자산가가 제3자와 짜고서 NFT를 고가에 거래하면서 가격을 높인 후, NFT의 가격이 상승하는 것을 보고 외부의 NFT 투자자가 NFT를 고가에 인수하겠다고 나설 때, 자녀가 NFT를 외부의 제3자에게 매각함으로써 상속/증여세 없이 고액의 자산을 부모로부터 자녀에게 이전하는 형태도 존재할 수 있다고 생각합니다.

NFT를 이용한 자금세탁을 어떻게 막아요?

일반 가상자산 거래소의 이용자들이 NFT 거래를 활발하게 하지는 않기에 한정된 부류의 이용자들 안에서만 NFT가 거래되고, 이러한 NFT의 상대적 폐쇄성으로 인하여 가격 조작을 이용한 탈세행위가 일반 가상자산에 비하여 상대적으로 쉽게 이루어질 것으로 예상해 볼 수 있습니다.

또한, 대형 가상자산 거래소에 특정인이 만든 가상자산을 상장하기는 쉽지 않은 일이지만, 특정인이 만든 NFT는 비교적 쉽게 NFT Market에 상장시켜 거래할 수 있습니다.

그리고, 저작권 등 창작물 관련 권리와 결합되어 있는 NFT의 특성상, 발행금액이나 거래 금액이 부당하다는 점을 객관적으로 입증하기가 일반 가상자산에 비하여 쉽지 않은 면도 있습니다.

이와 같이 일반적인 가상자산에 비하여 자금세탁행위, 즉 탈세행위에 쉽게 이용될 수 있는 NFT를 이용한 자금세탁 행위 역시 국세청의 분산원장 감시 부서에서 감시·추적함으로써 자금세탁을 막는 방법 밖에는 없을 것으로 보입니다.

NFT를 거래하는 거래소에게 자금세탁행위 내지 탈세행위를 막으라는 의무를 부여하더라도, 자금세탁 행위 내지 탈세행위를 막는 것에 대한 incentive가 없는 NFT 거래소에서 진정성 있게 자금세탁행위 내지 탈세행위를 막기 위한 최선의 노력을 기울일 가능성은 높지 않을 것입니다.

NFT는 가상자산만큼 거래가 빈번하고 대규모로 이루어지지는 않을 것이므로, 국세청 정도의 조직과 인력을 갖춘 국가기관이라면, NFT 거래에 대해서 탈세행위 해당 여부를 감시하는 것도 충분히 가능할 것으로 판단됩니다.

6.6 메타버스를 이용하여 자금세탁을 한다고요?

메타버스 관련 규제는 뭐가 있어요?

메타버스 관련 규제와 가장 관련성이 있는 법률은 「게임산업진흥에 관한 법률」(이하 "게임법")로서, 과몰입·중독 예방조치, 등급분류제, 게임제작업 등록, 게임제공업 허가, 표시의무, 광고·선전의 제한 등 복잡하고 다양한 규제가 존재합니다.

메타버스가 모두 게임이라고 볼 수는 없지만, 게임산업을 관할하는 문화체육관광부에 어떠한 메타버스 서비스가 게임에 해당하는지 여부를 문의하면 대부분 게임에 해당한다고 하지, 게임에 해당하지 않는다고 할 가능성은 낮기 때문에 대부분의 메타버스 서비스가 우리나라에서는 게임법 등 게임 관련 규제의 적용을 받게 될 것으로 예상됩니다.

특히 게임법 제32조 제1항 제7호는 게임물의 이용을 통하여 획득한 유·무형의 결과물(점수, 경품, 게임 내에서 사용되는 가상의 화폐로서 게임머니, 게임아이템 등의 데이터)을 환전 또는 환전 알선하거나 재매입을 영업으로 하는 행위를 금지하고 있습니다.

메타버스 서비스 내에서 사용되는 게임머니와 유사한 가상의 화폐나 게임아이템 등을 환전 또는 환전을 알선하거나 재매입 관련 영업을 할 경우, 게임법 제44조 제1항 제2호에 따라 5년 이하의 징역 또는 5천만원 이하의 벌금에 처해질 수 있습니다.

메타버스를 이용해서 어떻게 자금세탁을 해요?

메타버스 서비스를 통하여 가상의 부동산을 거래하는 경우, 메타버스 서비스를 통하여 투자나 수익활동을 하는 경우 등 메타버스 서비스의 구체적인 내용에 따라 다양한 형태의 자금세탁 행위가 가능할 것으로 생각됩니다.

□ 예상 사례 1

고액자산가의 자녀가 메타버스 서비스 내에서 특정한 아이템 등을 저가에 구입한 후, 고액자산가인 부모가 메타버스 서비스 내에서 해당 아이템을 고가에 구입해 줌으로써 상속/증여세 없이 고액의 자산을 부모로부터 자녀에게 이전하는 형태도 존재할 수 있다고 생각합니다.

가상의 지구의 부동산을 사고 파는 "어스2" 서비스의 경우, 고액자산가의 자녀가 "어스2" 서비스 내의 매우 저렴한 지점의 부동산을 저가에 구입한 후, 고액자산가인 부모가 자녀가 구입한 해당 지점 부동산을 고가에 구입해 주는 방법으로 상속/증여세를 탈세하는 방법도 시도되었을 것으로 추정됩니다.

□ 예상 사례 2

고액자산가의 자녀가 간단한 형태의 메타버스 서비스를 만들고, 고액자산가 부모가 해당 메타버스 서비스 내에서 고액의 금전을 소비함으로써 상속/증여세 없이 고액의 자산을 부모로부터 자녀에게 이전하는 형태도 존재할 수 있다고 생각합니다.

□ 예상 사례 3

고액자산가인 부모가 메타버스 서비스 내에서 자녀에게 고액의 게임머니 또는 게임아이템을 전송 또는 선물함으로써 상속/증여세 없이 고액의 자산을 부모로부터 자녀에게 이전하는 형태도 존재할 수 있다고 생각합니다.

오랜 기간 리니지 게임을 해 온 부모가 오랜 시간과 비용을 들여 확보한(혹은 일정 금액을 지불하고 구입한) 진명황의 집행검과 같은 고가에 거래되는 게임 아이템을 자녀에게 선물하는 등의 방식으로 이전할 경우, 상속/증여세를 부과하기는 쉽지 않을 것으로 예상됩니다.

메타버스를 이용한 자금세탁을 어떻게 막아요?

메타버스를 이용한 탈세행위를 막기 위해서는, 게임법 제32조 제1항 제7호에 규정된, 게임머니·게임아이템의 환전과 관련된 영업행위 규제를 철저하게 실행하는 방법이 중요할 것으로 생각됩니다.

현재도 게임아이템의 거래를 중개하는 서비스가 운영되고 있는 중인데, 개인간의 P2P 거래라고 주장하거나, 거래수수료를 받지 않는 영리성이 없는 행위로서 영업행위에 해당되지 않는다고 주장하는 경우로 추정됩니다.

그러나, 게임법 제32조 제1항 제7호는 게임아이템의 환전뿐만 아니라 환전의 알선도 금지하고 있으므로, 개인간의 P2P 거래를 위한 중개서비스 역시 환전의 알선에 해당된다고 해석될 가능성이 있습니다.

메타버스를 이용한 자금세탁 행위는 문화체육관광부의 사행성 게임 감시 부서와 같은 모니터링 조직에서 메타버스 서비스를 통하여 이루어지는 환전 내지 탈세행위를 감시·추적함으로써 자금세탁을 막는 방법이 가장 효과적인 수단이 될 것으로 보입니다.

메타버스 서비스 사업자에게 자금세탁행위 내지 탈세행위를 막으라는 의무를 부여하더라도, 자금세탁 행위 내지 탈세행위를 막는 것에 대한 incentive가 없는 메타버스 서비스 사업자가 진정성 있게 자금세탁 행위 내지 탈세행위를 막기 위한 최선의 노력을 기울일 가능성은 높지 않을 것입니다.

사행성 게임을 감시해 온 문화체육관광부의 담당 부서에서 인력과 조직을 확충하여 메타버스를 이용하여 이루어지는 환전 내지 탈세행위를 철저하게 감시하는 것이 필요하다고 생각됩니다.

6.7 글을 마무리하며…

조세법정주의

조세법정주의는 우리나라 헌법 제59조에서 "조세의 종류와 세율은 법률로 정한다"고 정한 헌법의 기본 원칙입니다.

과거 영국의 존 왕이 1215년에 귀족들의 요구에 의하여 승인한 대헌장(Manga Carta)에서부터 유래한 것으로, ① 납세의무자, 과세물건, 과세표준, 세율 등의 과세 요건과 ② 조세행정청의 조세 부과와 징수 등의 조세행정절차를 법률로 엄격하게 규정하도록 하고 있습니다.

과세물건, 과세표준, 세율 등의 과세 요건을 법률로 규정하도록 하고 있는 만큼, 가상자산, 디파이, NFT, 메타버스와 같이 새롭게 만들어지고, 특히 기존의 규제를 벗어나기 위한 목적에서 탄생된 새로운 서비스를 이용한 탈세행위 등 자금세탁 행위를 완전히 막는 것은 곤란한 면이 있는 것이 사실입니다.

실질과세의 원칙

현재 우리나라에서는 국세기본법 제14조 등에서 규정된 "실질과세의 원칙"이 널리 적용되면서, 조세법정주의가 사실상 의미를 상실한 상황입니다.

국세기본법 제14조는 다음과 같은데, 실질을 따져서 탈세 혹은 절세 효과가 있는 행위 또는 거래의 효력을 부정할 수 있는 강력한 효력을 가지고 있습니다.

국세기본법 제14조(실질과세)

① 과세의 대상이 되는 소득, 수익, 재산, 행위 또는 거래의 귀속이 명의(名義)일 뿐이고 사실상 귀속되는 자가 따로 있을 때에는 사실상 귀속되는 자를 납세의무자로 하여 세법을 적용한다.

② 세법 중 과세표준의 계산에 관한 규정은 소득, 수익, 재산, 행위 또는 거래의 명칭이나 형식과 관계없이 그 실질 내용에 따라 적용한다.

③ 제3자를 통한 간접적인 방법이나 둘 이상의 행위 또는 거래를 거치는 방법으로 이 법 또는 세법의 혜택을 부당하게 받기 위한 것으로 인정되는 경우에는 그 경제적 실질 내용에 따라 당사자가 직접 거래를 한 것으로 보거나 연속된 하나의 행위 또는 거래를 한 것으로 보아 이 법 또는 세법을 적용한다.

예전에는 사모펀드(PEF)에서 투자를 할 경우, 업무집행사원(GP)만 전면에 나서고 유한책임사원(LP)는 익명성이 보장되어 Cayman, Malta, British Virgin Islands 등의 조세피난처에 설립된 Paper Company나 PEF를 통한 절세가 가능하다고 생각되었는데, 현재는 이러한 Paper Company나 PEF를 통한 절세행위가 실질과세원칙에 의하여 모두 탈세행위로 규정되어 세금을 추징당하고 있는 중입니다.

세상에 공짜는 없다!!

분산원장에 거래 기록이 거의 영구적으로 남아 있게 되는 블록체인의 특성이나 거래 기록이 데이터 형태로 장기간 보존되는 NFT, 메타버스의 특성상 가상자산, 디파이, NFT, 메타버스를 이용한 탈세행위 등 자금세탁 행위는 상당기간 실질과세 원칙에 따른 세금추징의 및 탈세행위로 인한 형사처벌의 위험에 노출될 수 밖에는 없습니다.

"세상에 공짜는 없다"는 간단하지만, 언제나 틀리지 않는 원칙은, 가상자산, 디파이, NFT, 메타버스를 이용한 탈세행위 등 자금세탁 행위에도 역시 적용된다고 생각됩니다.

2021년에 FBI는 미국의 '콜로니얼 파이프라인'이라는 송유관 회사가 러시아 해커 집단인 '다크사이드'에게 지급한 75비트코인 중 63.7비트코인을 회수했다고 하는데, 최소한 미국 정부는 가상자산을 이용한 탈세행위 등 자금세탁 행위에 대해서 마음만 먹으면 충분히 추적하고 강제로 회수할 능력이 있다고 생각됩니다. 대한민국 정부 역시 필요에 따라서는 미국 정부의 협조를 얻어 필요한 경우 가상자산의 추적과 회수를 할 수도 있을 것으로 추측됩니다.

2021년 10월 19일에 미국의 자산관리업체인 프로셰어가 비트코인 선물을 기초자산으로 하는 상장지수펀드(ETF)인 BITO를 뉴욕증권거래소(NYSE)에 상장될 수 있도록 미국 증권거래위원회(SEC)에서 승인한 배경에도 이와 같이 미국 정부가 가상자산을 이용한 탈세행위 등 자금세탁 행위에 대해서 충분한 통제력을 가지고 있다는 점이 일부 작용하지 않았을까 하는 생각이 듭니다.

희망사항

가상자산, 디파이, NFT, 메타버스를 이용한 탈세행위 등 자금세탁 행위를 막으려면 국세청이나 문화관광체육부에서 거래 행위를 상시적으로 면밀히 모니터링할 필요가 있는데, 정말로 국세청이나 문화관광체육부에서 이러한 귀찮은 일을 나서서 맡을 가능성은 사실 그렇게 높아 보이지 않습니다.

결국, 가상자산, 디파이, NFT, 메타버스를 이용한 탈세행위 등 자금세탁 행위를 실질적으로 막는 것은 현실적으로 쉽지 않은 것이 사실인데, 그렇다면 차라리 가상자산, 디파이, NFT, 메타버스를 이용한 거래수익에 대하여 상대적으로 낮은 세금만 부과하면서, 이를 합법적인 절세 수단으로 인정하여 가상자산, 디파이, NFT, 메타버스 산업을 육성하는 것이 어떨까 하는 희망도 있습니다.

현재 각국에서 법인세율을 낮추면서 기업체를 유치하기 위한 경쟁이 벌어지고 있고, 이에 따라 선진국에서는 법인세율의 최저 한도를 설정하자는 논의가 이루어지고 있는 상황인데, 우리나라에서 가상자산, 디파이, NFT, 메타버스 관련 수익에 낮은 세금만 부과하면서 조세법정주의를 엄격하게 적용하겠다는 정책을 천명할 경우, 우리나라가 가상자산, 디파이, NFT, 메타버스 등의 신사업에서 세계적인 선도국가가 될 수도 있지 않을까 하는 꿈을 꿔 보기도 합니다.

금융중심지 육성 계획이 수십년 전부터 수립되어 추진되고 있지만, 외국인투자자들의 투자 자금이 우리나라로 유입될 유인이 무엇인가 있어야 하지 않을까 하는 생각입니다.

■ 우리가 NFT 투자를 위해 생각해볼 주제들

1) 가상자산 관련 도서를 읽고 토론을 해보자?

예)비트코인, 지혜의 족보, 오태민 저

2) 비트코인 총 발행 갯수는 몇 개일까?

3) NFT 관련 도서를 읽고 토론을 해보자?

4) 한국에서 가장 핫한 NFT 프로젝트는 어떻게 찾아볼수 있을까?

예) 이 책 1부 참조하면 나온다.

5) 2026년에 가상자산과 NFT 시장 투자자는 몇명이 될까?

예) 금융위원회의 '21년도 하반기 가상자산사업자 실태조사 결과'에 가상자산에 천만원 이상 투자한 사람은 82만명이라고 한다.

6) 2026년에 가상자산과 NFT 시장에서 내 위치는 어디에 있을까?

*이 책은 절대 투자 권유가 아니므로 단순 참고만 하시길 바랍니다.

디지털 부자가 꼭 알아야 할 NFT

초판 발행 2022년 4월 25일

지은이 백남정, 임명수, 김형중, 박상민, 강신범, 김주은

발행인 정유진
발행처 노북(no book)
주 소 서울특별시 서초구 강남대로3길 8 11층
전 화 031-8025-9200
팩 스 050-4211-8560
출판등록 2018년 7월 27일 제2018-000072호
홈페이지 www.nobook.modoo.at
이 메 일 nobookorea@gmail.com

ISBN 979-11-90462-28-0 [03320]